实现可持续发展的简单途径

中小型企业的绿色经营战略

A Simple Path to Sustainability

Green Business Strategies for Small and Medium-Sized Businesses

（美）
弗雷德·安德里亚斯（Fred Andreas）
伊丽莎白·S.库珀曼（Elizabeth S. Cooperman）　著
布莱尔·吉福德（Blair Gifford）
格拉哈姆·拉塞尔（Graham Russell）

杨　帆　刘　蕾　张亦楠　鞠美庭　等译

化学工业出版社

·北京·

《实现可持续发展的简单途径：中小型企业的绿色经营战略》系统介绍了建筑设计商和开发商、银行、酒厂、制造商、医院、酒店、机械商店、印刷公司、废品回收公司、金融投资机构等多种经济类型企业开展可持续发展探索的研究和实践经验，探讨了可持续发展战略在多种类型中小型经济类型中应用的现状和前景，总结了不同产业类型划分的中小型经济企业对可持续发展概念及发展的研究和成功实践经验。

《实现可持续发展的简单途径：中小型企业的绿色经营战略》可供从事环境管理的研究人员、政府机构管理人员、企业经营管理人员和高等院校相关专业师生参考阅读。

Translated from the English Language edition of *A Simple Path to Sustainability*: *Green Business Strategies for Small and Medium-Sized Businesses*, by Fred Andreas, Elizabeth S. Cooperman, Blair Gifford, and Graham Russell, originally published by Praeger, an imprint of ABC-CLIO, LLC, Santa Barbara, CA, USA. Copyright© 2011 by ABC-CLIO, LLC. Translated into and published in the Simplified Chinese language by arrangement with ABC-CLIO, LLC. All rights reserved.

No part of this book may be reproduced or transmitted in any form or by any means electronic or mechanical including photocopying, reprinting, or on any information storage or retrieval system, without permission in writing from ABC-CLIO, LLC.

本书中文简体字版由 ABC-CLIO, LLC. 授权化学工业出版社有限公司独家出版发行。未经许可，不得以任何方式复制或抄袭本书的任何部分，违者必究。

北京市版权局著作权合同登记号：01-2018-8292

图书在版编目（CIP）数据

实现可持续发展的简单途径：中小型企业的绿色经营战略/(美) 弗雷德·安德里亚斯（Fred Andreas）等著；杨帆等译. —北京：化学工业出版社，2019.9
书名原文：A Simple Path to Sustainability: Green Business Strategies for Small and Medium-Sized Businesses
ISBN 978-7-122-34704-6

Ⅰ.①实… Ⅱ.①弗… ②杨… Ⅲ.①中小企业-可持续性发展-研究 Ⅳ.①F276.3

中国版本图书馆 CIP 数据核字（2019）第 117129 号

责任编辑：满悦芝　　　　　　　　　　　　文字编辑：荣世芳
责任校对：王鹏飞　　　　　　　　　　　　装帧设计：张　辉

出版发行：化学工业出版社（北京市东城区青年湖南街13号　邮政编码100011）
印　　装：三河市延风印装有限公司
710mm×1000mm　1/16　印张13½　字数225千字　2020年3月北京第1版第1次印刷

购书咨询：010-64518888　　　　　　　　　售后服务：010-64518899
网　　址：http://www.cip.com.cn
凡购买本书，如有缺损质量问题，本社销售中心负责调换。

定　价：98.00元　　　　　　　　　　　　　　　　版权所有　违者必究

译者序

本书的翻译出版，旨在运用叙事的独特形式，向读者阐述多种中小型经济体通过不同的方式采用以可持续性概念为核心的经营模式和利用可持续产品的实践案例。书中系统地介绍了多种经济类型（设计商和开发商、银行、酒厂、制造商、医院、旅馆酒店、机械商店、印刷公司、废品回收公司、金融投资企业）开展可持续发展探索的经验；探讨了可持续发展在多种中小型经济类型企业中应用的现状和前景；衡量了此概念组成元素的绩效对企业总体、长期绩效的重要性，概括了中小型经济类型企业使用可持续性管理方式策略和方法的过程报告和相应定位指标，倡议中小型经济类型企业应在可持续性上投资，并总结了不同产业类型划分的中小型经济类型企业对可持续性概念及发展的研究和实践的经验。本书原著有索引，由于译成中文后某些词在不同场合翻译有区别，不宜制作索引，因此译作索引省略。

本书由南开大学环境科学与工程学院的鞠美庭主持翻译并统稿。各章翻译人员分别为：第1章，杨帆、刘蕾、鞠美庭；第2章，刘蕾、张亦楠、鞠美庭；第3章，杨帆、张亦楠、鞠美庭；第4章，杨帆、刘蕾、鞠美庭；第5章，刘蕾、张亦楠、鞠美庭；第6章，杨帆、张亦楠、鞠美庭；第7章，杨帆、刘蕾、鞠美庭；第8章，刘蕾、张亦楠、鞠美庭；第9章，杨帆、张亦楠、鞠美庭；第10章，杨帆、刘蕾、鞠美庭；第11章，刘蕾、张亦楠、鞠美庭；第12章，杨帆、张亦楠、鞠美庭；第13章，杨帆、刘蕾、鞠美庭；第14章，刘蕾、张亦楠、鞠美庭。（各翻译人员单位均为南开大学环境科学与工程学院）

本书得以翻译出版要感谢化学工业出版社的大力支持。

由于时间及水平所限，翻译可能存在疏漏之处，希望得到专家、学者及广大读者的批评指正。

译者
2019年10月于南开园

编　　者　弗雷德·安德里亚斯　伊丽莎白·S.库珀曼
　　　　　　布莱尔·吉福德和格拉哈姆·拉塞尔

生产操作经理　卡丽·亚塞明·帕伊科茨
项 目 经 理　伊丽莎白·朗和玛莉贝丝·尼利斯
技 术 编 辑　贝基·英格利希和莎拉·汤普森
研 究 小 组

弗雷德·安德里亚斯	大卫·雅各布斯
斯蒂芬·R.伯纳德	伊丽莎白·朗
肯尼斯·贝滕豪森	莉兹·劳里
伊丽莎白·布罗斯特	克林特·麦卡弗
克莱·蔡斯	K.J.麦科里
杰米·丹达尔	玛莉贝丝·尼利斯
莎兰·德斯特·奥尔德里奇	卡丽·亚塞明·帕伊科茨
布莱尔·吉福德	玛丽亚·艾琳娜·普赖斯
娜塔莎·格莱希曼	艾伦·罗梅罗
帕梅拉·古德里奇·约埃	格拉哈姆·拉塞尔

谨以此书献给本书提到的杰出的可持续发展领袖们，还有未来的变革驱动者们。

序言

在匹兹堡北面的郊外，那崎岖的小山的半山腰上坐落着汉普顿高中，凯勒先生的新生班就在这个高中内瞭望着远景。郁郁葱葱的山谷沉浸在夏末的薄雾中，满是飞翔的鸟儿和四处虫儿的嗡嗡声。凯勒挥动着胳膊同时用典型的罗伯特·顾雷特（Robert Goule）般的嗓音宣告到，"这是……生态学！"高中的第一天不出新生所料，这个学校科学科目的偶像马上就树立了一个全新的典范，学生们慌忙拿起铅笔问道"……生什么？怎么拼啊？铅笔都已经准备就绪……""生态学！"他更大声地挥动着胳膊喊出声。这是1967年的8月末，很多人和这个火药话筒先生在20世纪60年代一起见证了现代可持续发展运动作为主流的一部分的诞生。这，就是我的高中生涯；不能比这样子更主流了！

差不多快半个世纪后，2010年的夏天，英国石油公司（BP）在墨西哥湾灾难性的漏油事件，给开采行业敲响了警钟：即使他们满足了饥渴的美国经济的需求，但仍然要将公司的管理工作和责任与公司利益分开。这是21世纪，一个可持续发展的世纪，每一个学校小孩的嘴边都挂着这个词，然后我们一起经历了人类历史上最严重的人为灾难之一。所以我们能看到我们的公司文化从工业革命年代开始才稍稍进步了一点，可把这个比喻成最后的挣扎，漏油灾难或可阐明一个前所未有、国家尺度上的普遍觉醒。这个灾难是对廉价石油需求而导致的直接后果，但保护环境是我们共同的责任，而且可能会产生限制那首"宝贝，挖啊，宝贝"的颂歌继续传唱的影响。根据美国能源情报局（US Energy Information Agency）的资料，美国只有不到世界5%的人口，但能源消耗量却占据全球能源消耗总量的将近四分之一。我们这些被小布什总统称为喝油的醉鬼们也在不久前开始通过新的可持续发展规范逐渐清醒起来。

不受拘束、非可持续发展的经济模式在过去几十年里给我们上了痛苦的一课。很多环境灾难，其中最辛酸的是今日美国西部还在承受19世纪由城市建造导致的过度砍伐和皆伐的恶果——松小蠹虫对落基山脉松树和丛林的破坏。皆伐之后，先锋种美国黑松的生长开始了对整个松木雨林的破坏。在原始环境遭到破坏后，人为培养的单一害虫有机可乘，它们对整个高纬度丛林的破坏程度再次超过一个世纪的和。据美国林业局的预测，在接下来10年里，那些丛林会被完全破坏，也会改变美国西部地区几百年来的地貌。这些灾难只不过是接下来更大问题的风向标：不惜任何代价对账本底线的追求、对逐利的价值观超过一切，强调对商业上成功的片面追求。如果不考虑商业中可持续发展原则，那么我们今日的所作所为同样会破坏我们子孙的未来。

目前的金融和市场危机，结合2008～2010年持续的大衰退给美国的商业模式留下了未解之谜。美国的商业根本模式自从20世纪30年代大萧条以来从未受到过如此质疑。此次经济崩溃提出了一个根本问题，就是如何寻求一个保持大型经济长久存在的可持续模型。同时结合联合国的预测，中国和印度的GDP会在21世纪末分别达到美国GDP的3倍和2倍，这些预测同时编织了前景和巨大的机会。美国能源部提供的统计结果显示能源和碳顽固地附着在经济发展之上，简直就是1:1的关联。我们都知道这些事必须发生改变，但是如何改变？

"可持续性"是关于商业及发展的、挪威前总理创造的词，始于1987年联合国世界委员会环境话题。可持续性的要求包括"可持续发展是既满足当代人的需要，又不对后代人满足其需要的能力构成危害的发展"。可持续的发展，要用不会对自然产生危害、不会耗尽资源的方法、系统和材料。现在，距"可持续发展"概念提出四分之一个世纪后，按照今天的标准这些定义看似有些不足而且狭义。随着时间的推移，可持续性已经包含了很多新的原则，渗入了我们过去不曾想象的日常生活中。人们发展出了一个叫三重底线的概念，包括"人、星球、利润"的概念，强调了不同寻常的商业发展运动。

可持续发展的三重底线，通过经济底线、环境底线和社会底线的组合，从还没有达成一致的各方利益进化而来。所有三个价值观，每一个都是重要的，很不幸它们互相之间在很多方面都缺少关联。环保署把三重底线的概念转换成了P3 (People, Prosperity, Planet)——人、繁荣、地球，但很快过时了。很不幸，只是换了一个顺耳的名字。但这个P3的概念包含了基本的互联、合作、整合，摒除了原来概念里的失联问题，重新开始重视其内在的原则，揭示了合作和包容才是可持续性内含的根基。

新的范例发展出了包括道德和管家理论的大量内容，定义了21世纪可持续发展的新途径，这个途径包含了更宽泛的定义，超过了三重底线的界限。可持续性现象弥漫在我们周围，更广泛的道德和管家理论形成了我们未来的新的基础，在未来小生意会保持灵活性的同时专注于支持这些理论。如果可持续性贯穿所有的文化，例如多样化、时间、金钱彻底融入商业中，那么可持续性会展现一个途径，一个包含管理之路，而不仅仅是为了结果的那个底线。一个融合商业计划、参与者、服务、产品、金融、雇员、股东、公共、环保主义者而形成的多样化的方法，会带来影响深远的机会和责任。小公司，作为美国经济的脊梁，拥有灌溉可持续性的未来的重要机会。

事实上，写此书的动力来自个体间的基础合作。科罗拉多大学丹佛分校的新综合研究生教育和研究培训实习计划（也叫IGERT），与责任经济联合组织(CORE)合作，是一个着重于宣传环境和社会责任的非营利组织。他们一起专注于综合、合作的方式。建筑与规划学院以及科罗拉多大学丹佛分校的商学院，和责任经济联合组织（CORE）一起在书中展示了通过一系列成功小企业案例得出的可持续商业实践经验。一些来自双方的毕业生直接参与了本书的创作，包括研究，甚至写初稿和尾篇。本书所列出的一系列例子——多数不是有关传统的可持续类型的产品和服务——列举出了商业可持续发展的优势和广度。尽管可持续性不表达为一个解决问题的手段，却可作为一个途径，一个通往可持续性的简单途径。

可持续这个概念可理解为全球化思维的一个扩展，而不是20世纪70年代那个眼高手低的陈词滥调，意思是"全球化的思维，地区化的行动"，这个说法很狭隘。全球化思维同时全球化行动促进了今天复杂和互联世界的发展，它基于P3的整合：通过社会、经济和环境价值整合人、繁荣和地球。上述名词之间的关系阐明了一个拓宽了的P3概念，把所有这些名词用合作、互联、相互关联之类的方法编制在一起。企业文化氛围、对员工的态度以及公司环境政策把底线的概念扩展到了互相连接的那个网中（是不是互联网啊?）。P3扩展了我们的视野，这种区别就好似我们父辈那种二维的象棋和星际迷航游戏的不同，星际迷航游戏里的每一步都是在三维空间内的，要用三维的思维去思考。

全国公共广播电台指出可持续性以及绿色这两个词是2008年使用最多的词，并且它们还可能会发展成全球政治、经济和社会运动。这些概念如何转变为实践？通过对三重底线的扩展理解，这些概念会在可持续产业发展出新的方向。可持续性作为一个理念，始于20世纪下半叶，也许会戏剧性地影响到我们的未来。这些理念贯穿了商业、环境和社会的基础。小企业主们作为最大的私企雇主，可能会给可持续经济带来新鲜活力和提供最好的机会。可持续性的未来包含在创新的商业中，通过全球化、P3的扩展思维，矗立在合作、互联和总结的基础上。这些概念组成了本书的原则。

今天，很多企业、政府、组织通过关于可持续发展问题的合作，从不同层面接受了此概念。这些词、这些方法途径简直无处不在，无论是在联邦、州、还是地区政府，就连大学都用无数个项目（从可持续发展和投资，到雇员和选民的资源问题）来支持可持续发展。美国绿色建筑委员会以及美国绿色建筑评价标准（LEED）不断通过调动最低绿色环保门槛和推广可持续性的大众意识，来重新诠释建筑业的定义。人力资源整合"最佳实践"加大了员工授权。可持续性再也不是一个"无伤害"这样刻板的概念，而是扩展为一个支持全球化思维的地区化的综合解决方案。

本书名《实现可持续发展的简单途径：中小型企业的绿色经营战略》，以美国可持续发展的温床科罗拉多州的案例列举了一系列的故事。这些故事通过一系列不同的商业类型反映了实现可持续性概念的不同途径。没有一个单一的案例可解决众多公司的可持续问题的挑战。大量众多的答案提供了多姿多彩的可持续产业机会。本书包含的企业包括设计商和开发商，一些你能想象到的公司类型。当然也包括一些一般人们不认为和可持续有什么关系的产业，如银行、酒厂、制造商、医院、旅馆酒店、机械商店、印刷公司、废品回收公司或者金融投资企业，所有这些都提供了可持续性概念的成功商业实践。

在本书中的案例中，你会发现一个投资公司和一家银行改进了他们的方法来支持更加具有可持续性的贷款和商业活动；你会发现设计师们如何在支持可持续性投资和员工授权的同时创作绿色可持续性设计；你会看到一个产业为了专注于环境保护改变它的制造政策，同时给员工们机会；会看到一个酒厂用100%可再生能源和可回收材料来鼓励员工所有制和直接管理制度；会看到一个废品回收公司曾经在海外倾倒不可回收类型垃圾，而现在发展为本地回收率最高的废品公司，同时为员工提供良好工作环境；会看到一个酒店的核心价值是通过社区活动来贯彻能源管理和污染防治制度；会看到一个机械商店组建在长远道德的基础之上，同时支持团队精神和所有员工不同的价值观。所有列举出的公司都为自己的员工提供公共交通、教育机会、可持续性概念活动讲座，助力他们的绿色职业发展。所有的公司都把可持续性理念看为多面化的、至关重要的商业成功基石。

回到可持续性理念的开端，在20世纪60年代中期……凯勒先生那坐落在匹兹堡雾蒙蒙的小绿山腰的新生班讨论着生态学、管家理论、可持续的未来，这些比可持续性概念的定型早了二十年，但是像他们那样的人、他们的那些讨论，组成了可持续性理念作为现代文化中的一个根本价值观。

可持续性理念中的全球化层面思想建立在互联基础之上，不只是用结果来诠释其根本含义，而更是用一种未来途径来解释。每个公司都有一个故事。本书，一个通往可持续性的途径展现了此途径中道德、管家理论、互联性之间的紧密联系。从一开始受到的鼓舞到对未来的关注，这些主流企业建立可持续实践纲目，创造长期从事可持续性发展的途径、产生影响直到达到可持续性发展的胜利。通过这些例子，一个全新的对可持续概念的理解出现了——一个更宽广的应用，更着重于一些概念例如可持续性目标、道德和管家理论的实践，创造了一个通过全球化思维到全球化实践的转移。

弗雷德·安德里亚斯

摘要 以产业划分

建筑业

第 4 章 巴雷特建筑设计工作室

过去的 28 年,巴雷特为世界范围内的顾客们提供了可持续性设计,定位为一条龙服务环境设计建筑公司。其 LEED 认证的设计师们专注于绿色建筑设计结合当代风格要素,获奖的同时占据了一个独特的市场定位。

第 5 章 森林城市公司

始于 1920 年,是一个家族木料公司,森林城市公司后来发展成一个拥有多重房地产业务的上市公司,在美国获取、开发、拥有和管理商业和住宅房地产。1999 年,此公司成了一个可持续性公司,在丹佛和科罗拉多州成功地完成了斯台普顿计划,它的绿色实践同时益于环境和此公司的市场营销计划,最后可持续性成了此公司在美国的核心价值。

银行业

第 8 章 博尔德谷信用社

从小事做起,博尔德谷(BVCU)使用了太阳能电系统还有节能灯系统,以及减少浪费能源和碳足印的窗户。为了庆祝,此公司决定给客户提供环保礼物,还有提供低贷款利息给那些使用太阳能发电房屋、使用节燃汽车的客户。令 BVCU 公司吃惊的是,它被认可为行业中可持续性企业的龙头,它决定把环境作为所有决策都要考虑的一个因素,从绿色供应链到无纸化办公,再到对公众提供可持续性教育——所有这些都对此公司的声誉有益处。

制酒业

第 9 章 新比利时酿酒厂

新比利时酿酒厂是全美第三大工艺酿酒厂,是可持续化公司中的领袖,他们相信企业社会责任不仅仅针对环境而存在,同样针对雇员和社区而存在。1998 年,新比利时成为美国第一个风力驱动的酿酒厂,因股权化雇员的全体投票,这个公司证明了培养一个可持续性文化可以使公司变得盈利、成功,还可成为一个产业领袖。

环保产品

第 3 章 环保产品公司

1990 年当一对父子攀登落基山国家公园的长鼎峰(Longs Peak)时突想到

了一个分销由废弃塑料回收再造的纸张的主意，创建了环保产品公司，从车库开始了公司的经营。此公司在 16 年里稳步增长，每年营业额为 5 千万美元，拥有自主品牌的堆肥食品服务产品，分销到一些美国最大的食品服务分销商，包括迪斯尼主题乐园、普希花园游乐场（Busch Gardens）、海洋世界（Sea World），还有一些主要的大型棒球体育场，同时保持着碳中和。

医院
第 6 章　博尔德社区医院

博尔德社区医院从最底端开始做起，成为一个环保企业，使环保成为企业文化的一部分，在 1995 年把环保融入了公司制度。此医院拿到了 LEED 银色证书，收获了很多可持续性管理奖项，患者和员工都非常认可该医院。

酒店业
第 13 章　博尔德景色酒店

2002 年，一支投资团队收购了科罗拉多州博尔德的一家破败的小酒店，然后把其打造为博尔德景色酒店，成了一家在美国享有盛名的可持续性概念酒店，此公司支持减能，防止污染，还有社区支持计划。此酒店真切地让住客体验到环境友好概念：房间卡都是用可回收材料做成的，拥有紧缩性荧光灯，清洁时使用有绿色标识认证的产品，有如无氯泳池这样的娱乐设施，可出租、多次型的水容器，欧式有机早餐以及教学模式废品回收站。

机械再造和维修业
第 11 章　丹佛机械商店

丹佛机械商店是由一个家族在 1916 年创立的，提供了一个在几代人里商业道德长久流传的成功案例，包括对雇员和多样化的重视。这个获奖的公司通过使用大量的专业技术，包括器材维修、再造、重复使用技术，来延长机械器材使用寿命，来帮助其他公司找到除了淘汰再购买新设备这种如今普遍行为的另一种选择。

印刷业
第 7 章　数码前线

在越来越多的有绿色思维的消费者的监督之下，数码前线公司，一个丹佛的印刷公司，开始了向环境友好概念打印机和打印墨水的转向。然后，此公司把环保概念贯穿于整体运营中，同时向顾客宣传购买可持续性打印产品的重要性。

回收业
第 10 章　绝对回收专家

2004 年，网络工程师迈克·莱特（Mike Wright）收购了 GRX，一家电子废品回收小公司。他立刻指出了当回收复杂废品时的诸多问题，比如某些废品无法向特定国家运送，因为会导致环境和社会方面的不良后果。在他的领导以及他对美国法律框架之外的这个可持续性模式的承诺之下，GRX 自称可达到 94% 的回收率，一个贯穿全公司的可持续性承诺，实现了员工友好型工作环境，以及增加了 3 万到 8 万磅的废品收购。

社会责任投资领域

第 12 章　第一中肯金融网络公司

第一中肯金融网络公司，一家总部位于科罗拉多春田市的金融服务公司，自从 1987 年创立以来一直遵循着双重底线原则，揭穿了利润业绩和社会责任投资互相抵消的谣言。从 100 万美元启动资金开始，此公司目前管理着 70 万美元的资产，4000 个账户，使命是达到高回报的同时影响社会变迁，这也是顾客的共鸣。

第 2 章　测量成本和效益

正如任何策略，衡量此概念组成元素的成绩对长期的成绩相当重要，此章节提供了一个概览，概括了收入利益和节约成本，包含了中小型企业使用可持续性管理方式策略和方法报告过程和定位相应指标。同时提供资源给中小企业来测定碳排放，和可提供监测的公司合作，来协助对环保能源的投资。同时此章讨论了一个更深奥的制造业生命周期的课题，列举了本书将会提到的一些中小企业利益相关者手中的那些报告。

目录

第1部分 概述

1 引言 2
2 测量成本和效益 10

第2部分 中小型企业可持续发展战略案例

3 环保产品公司 28
4 巴雷特建筑设计工作室 42
5 森林城市公司：森林城市公司有关斯泰普尔顿可持续开发的革命 57
6 博尔德社区医院 68
7 数码前线 87
8 博尔德谷信用社：自然更好的银行服务 98
9 新比利时酿酒厂 115
10 绝对回收专家：使用清洁型技术的废品公司 127
11 丹佛机械商店：四代人的可持续性企业 141
12 第一中肯金融网络公司：回应社会责任的市场需求 158
13 博尔德景色酒店 171

第3部分 经验总结

14 可持续发展总结：为何中小型企业应投资可持续发展实践 180
名词解释 193
关于作者和撰稿人 200

第1部分

概述

1 引言
2 测量成本和效益

1
引言

格拉哈姆·拉塞尔

可持续发展最常被引用的定义来源于布伦特兰委员会于1987年向联合国大会所做的报告中。该报告将可持续发展定义为"满足目前的需求而不损害后代满足他们需求的能力。"自那时以来，为了阐述这个最初的努力做了各种各样的尝试，试图来体现这样一种想法，即在一个系统内经营包含自然资源和人力资源的任何经济或商业系统，该系统的可行性现在取决于这些自然资源和人力资源，将来也将继续取决于它们。一个可持续发展系统的合理可行的定义现在可能是：一个可持续发展的系统是在满足当前和未来需求的同时，使用并且不伤害一个地方的可再生资源和独特人类环境资源，如空气、土地、水、能源、矿产资源和人类生态和/或其他（异地）可持续发展系统。

近年来，掀起了经济"绿色化"的热潮，这似乎表明美国已经开始意识到现有的全球经济模式对世界资源的过度需求。这一迟来的觉醒（欧洲人和日本人在很多年前就已经意识到了这些问题）在很大程度上是由能源成本上升所推动的，尤其是2008年石油价格的上涨——在美国许多州连续好几个月以每加仑四美元（或更多）的形式蹂躏着美国人的钱包（然而，这仍然远低于在大多数欧洲国家严重的课税价格）。

虽然上涨的能源价格是快速增长的需求对全球资源压力最明显也最为直接的表现，但是铺天盖地的证据表明我们将很快在水、土地使用、森林产品以及一些矿物中看到类似的资源挑战。事实上，在2008年间，我们看到了全球许多食品价格大幅上涨，其部分原因是化肥成本的不断增加（化肥成本增加的部分原因是因为石油和天然气价格上涨了），但是另一部分原因也要归咎于世界主要发展中国家经济体（如印度及巴西等）的饮食偏好的改变，那里的人们对含高蛋白质的肉类和鱼类的饮食要求越来越高。世界资源需求的不断增长需要提高猪和牛的数量，并且家禽也对2008年世界食品成本上升负部分责任。

另一个对自然资源快速增长的需求压力产生影响的例子是铁矿石价格的急剧

增加。铁矿石的价格从 2000 年每吨仅二十几美元上升到 2010 年每吨约 200 美元。这一急剧增长在很大程度上是由于某些国家建筑和基础设施项目的爆炸性增长（有人曾数过最近一些城市 15 英里半径内有多少塔式起重机吗？），这种增长制造的钢铁在 2009 年比美国、欧洲和日本三个国家和地区的总产量还要多。在过去十年中，全球铁矿石开采公司向该地区钢铁公司收取了翻倍的价格。到目前为止，这种不断发展的局势在美国基本上没有被注意到，这是因为利用钢铁已不再如同一百年前铁路建设和美国大城市快速扩张那样推动美国经济了。然而，迟早，大宗商品包括铁矿石、钾肥（肥料的一个关键因素）、木材等在内的成本增加会给发达国家的经济带来潜在及极具破坏性的后果。

而虽然 2008 年全球经济衰退导致许多需求方面的压力有所减弱，但是中国经济仍然再次快速增长（2010 年最近几个季度年度增长百分之十或更多），而且有迹象表明美国和欧洲经济将在 2010 年及未来几年实现小幅增长率。一桶石油的价格已经从 2009 年早期的低价 30 美元恢复到 2010 年年底的高价将近 90 美元。全球主要大宗商品生产商的股票价格大幅上升，人们预期由于全球经济的全面复苏，我们将看到导致 2008 年夏天金融危机的许多全球资源压力的复苏。总部位于巴西的淡水河谷是世界上最大的铁矿石开采公司，尽管在美国几乎不知名，但其现在的市场资本总额与美国第二大石油公司雪佛龙大致相等。

这本书的一个基本前提是在未来的几十年里，任何在地球上生长或是从地球中获取的东西，简而言之，绝大多数维持我们全球经济的资源正面临全球需求方面的压力，这种压力将推动价格急剧上涨，甚至可能导致世界最终耗尽某些资源（例如石油）。如果我们没有找到更有效的方式来使用这些关键的自然资源，我们现有的全球经济模型可能会面临非常严重的破坏，最坏的情况可能是政治稳定局面将被打破，从而导致因稀缺资源竞争加剧而引发的战争。我们称这种情况为全球可持续发展的挑战。

人类破坏他们生存的地球到最终我们如今所了解的不适宜居住这个程度，其对错与否并不是我们这本书的出发点。事实上，本书从根本上是一本关于商业和金融机会的书。在另一方面，我们已经同许多主流及理智的商业人士交谈过，他们告诉我们他们有时会怀疑他们的孩子和孙子们是否会有像我们今天在美国和欧洲所拥有的生活品质。或者他们是否会面对一切物质的成本上升，更有限的生活方式选择，更小的流动性以及一个总体较低的生活水平。我们也同另外一些人交谈过，这些人想知道他们是否可以继续扩大我们现有的经济模式而不去考虑那些世界上每天都靠一美元或更少钱来生存的数以亿计的人。

正如我们所说的，这不是一本关于现行全球经济模式道德的书。然而，从直觉上来看显而易见，绝大多数的人类会支持保护地球未来几代人并致力于提升世界绝大多数穷人的生活水平的这一想法。因此，假使我们能够在西方经济中创造一个会使我们能够做以下几点的思想变革浪潮，那会怎样呢？

① 提高我们利用和再利用世界有限资源的效率，使它们仍然能被未来几代人利用，与此同时顺便减轻因为我们现有的一些利用资源的方式所导致的环境退化。

② 吸引我们经济中各行各业的具有丰富想象力和创新精神的人才——是的，这里是指每一个行业——为的是看他们如何从改造自己的产品、服务和运营方式中获益，他们这样做不仅会为解决全球可持续发展的挑战做出贡献，也同时会提高他们的竞争地位和财务业绩。

③ 吸引全球经济主流的数十亿人士，他们目前以这样一种方式仅仅只是为了生存而奋斗，这种方式在真正为全球经济做出了贡献的同时也提高了他们自己的生活质量。

经济思想领袖们已经认识到我们现有的全球经济模式中不断发展的资源限制这一问题以及日益麻烦的社会层面的问题许多年了。他们也清楚地认识到，单凭政府将无法解决全球可持续发展的挑战。虽然在全球范围内迫切需要政策，但是最终我们将不得不融入全球商业界的独创性和消耗巨大的资源来完成这项工作。

无论我们是生活在舒适且有着发达经济的美国、欧洲和日本；还是生活在有着大规模且繁荣发展经济体的中国、印度、巴西、俄罗斯和印度尼西亚；或无论我们是否生活在部分有着艰难的经济体的亚洲和非洲地区，企业为了追求他们的业务而不考虑其对全球环境、他们经营的社区及商业界中将会效仿他们的后代的影响，他们的这一做法已不再为人们所接受。世界越来越多地要求商业界找到解决全球可持续发展挑战的办法。

尽管我们在说全球可持续发展挑战是人类迄今为止面临的最大挑战之一时感到怡然自得，但是我们也有信心说这也是商业界有史以来最伟大的金融和经济机会之一。那些积极面对挑战，使全球经济变得更加可持续的公司将是胜利的公司，他们通常会获得客户和社会的信任，并且他们将会为他们的股东创造最佳的财务回报。那些像往常一样继续做生意并无视全球可持续发展挑战的公司将失去其竞争优势，并会受到客户和投资者的惩罚。我们称之为全球可持续发展商业机会。

大多数有着有思想且不断进取领导者的大公司，特别是那些在国际市场上占有一席之地的公司，了解全球可持续发展所带来的挑战和机遇。世界大公司正在重新定义他们自己的业务战略，以此来确保其经营的环境和社会影响是他们经营以及更为传统的财务考量的主要驱动力，关于这方面有很多的论述。这些论述越来越多地表明追求一种根植于可持续发展企业管理原则的战略具有金融和竞争效益（尼都莫咯等，2009年；经济学人智库，2009年）。

对于一些企业来说，这仅仅意味着持有他们的经营许可证。例如，许多世界主要的采矿、石油和天然气公司都不得不去解决他们所工作地方的环境和社会需求，他们这样做仅仅是为了能在世界上的许多地方工作。对于其他人来说，这意味着在一个更环保和更有利于社会基础上的积极成本削减方案。在过去的十年中，杜邦通过更负责地使用化学品和改进的再利用和废物处理等措施，降低了数十亿美元的生产费用。

对于其他企业，可持续发展的企业管理意味着设计许多新的产品和服务来解决资源限制和客户的其他环保需求。太阳微系统公司开发的更节能的服务器是因为谷歌及其他公司巨大的电力需求，这些需求严重制约了这些公司的增长潜力。通用电气的著名节能机车在世界上打开了一片市场。当然，也有人制作环保服装和其他消费产品，如巴塔哥尼亚和白波食品公司已经就客户对更多环保产品的需求建立了公司的全套业务。

然而，同样清楚的是，尽管在更大的组织中对可持续发展经营的兴趣越来越大，但是大多数规模较小的企业领导人还没有接受这种思想。这有很多原因：

① "急事的奴隶"使得大多数小型企业深受其苦，他们被要求重视现金流量和员工供应，这能保证勉强维持度日。对这些因素如此关注，以至于小型企业的领导者们没有时间想一想在他们的战略思想中嵌入可持续发展理念能带来什么。

② 人们认识到建立更多可持续发展的做法投资巨大，这是一种奢侈行为，只有大型企业才负担得起，并且这样做会降低营运利润、给公司造成损失。

③ 有人认为或许解决全球可持续发展挑战是其他人的事，或者认为"我可以在可持续发展挑战影响我和我的生意之前继续以老方法来赚钱。"

考虑到规模较小的企业在大多数国家中占国民生产总值和就业的绝大部分，我们认为如果我们想要在创造一个更可持续的全球经济中成功的话，我们就必须将中小型企业界的想象力和资源加入其中。最终，我们需要创建一种遍布世界各地的商业组织，不管企业经营的位置、大小和性质商业组织都要了解到，除非企业在其战略思想中建立可持续发展经营管理的原则，否则它将无法生存和繁荣。

1.1 项目

这本书项目的发展将三个参与可持续发展教育的独立小组结合在一起：责任经济联合组织（CORE），科罗拉多大学丹佛分校商学院可持续管理项目和科罗拉多大学建筑与规划学院。CORE 是总部设在丹佛的非营利组织，其使命是帮助较小的企业了解他们如何通过可持续经营战略来实现竞争优势。CORE 的活动使得其与广泛的组织相联系。很明显，在 2008 年初，事实上很多小企业的确了解基于可持续发展原则的战略优势，并在市场中通过改变他们的操作方式和产品服务及销售而取得了明显的竞争优势。科罗拉多大学丹佛分校一直在积极参与可持续发展项目，而且它是在可持续发展教育上被授予美国国家科学基金会奖的美国六所大学之一，包括创建了一个可持续发展综合跨学科博士学士。在过去三十年中，建筑与规划学院一直在积极地参与可持续发展项目，该学院的学生们连续三年赢得环保建筑大奖的冠军，包括美国绿色建筑委员会西部地区自然建筑比赛中五个奖项的四个奖。商学院于 2007 年开创了一个新的可持续发展工商管理硕士学士和工商管理硕士专业，以提供学生所需要的工具来改变企业和社区内的代理商。2009～2010 年，MBA 项目在阿斯彭研究所为管理硕士准备的社会和环境管理的超越灰色地带 MBA 项目排名中是全球一百强。

CORE、商学院和建筑与规划学院的合作项目旨在为商业界和学校课堂带来中小型企业在可持续发展方面成功、优秀且迫切需要的案例资源。我们认为，如果我们能够突出这些公司的故事，并吸引其他小企业业主的注意力，我们就已帮助传播可持续发展对中小型企业的优势这一福音。我们也明白，考虑从商的这一代学生正需要更多可持续经营战略成功的真实例子，并将此作为他们的整体教育的一部分。

因此，我们进行这项研究并撰写这本书以达到以下目标。

① 为了填补规模较小企业文献和一般教育资源的空白，以帮助他们的领导人了解采用更可持续发展的商业管理实践是一个改进财务业绩以及为未来几代人更好的经济模式作贡献的诀窍。

② 利用搜集的这些材料来开设一系列可持续发展经营课程，这些课程通过当地和地方大学的继续教育项目来教授给小型企业的领导。

③ 为了表明任何企业都可以通过将可持续发展思想融入其战略规划和日常经营来实现卓越的经济和金融效益，无论其规模大小、地理位置或服务和交付产

品的性质。

④ 向企业提出切实可行的可持续发展思想。这些想法是从这本书中描述的十二个案例的研究中得出的。这本书回答的一些问题包括：小型企业如何利用可持续发展？可持续发展对提升组织的形象和在市场上的竞争能力有什么意义？可持续发展有助于招聘和留住最佳员工吗？你的公司能否用可持续发展思想来创造一个强大的、有生产力的企业文化，这种企业文化为员工提供一个有说服力的理由去因基本生活需要以外的原因而工作？

1.2 可持续发展和清洁技术

当前对"清洁技术"狂热的兴趣虽然反映了更好地利用全球资源的必要性，人们对这种必要性已有一定的认识，但是它也在一定程度上掩盖了可持续发展概念所包含的更为广泛的信息。清洁能源最好的定义是清洁技术集团（美国清洁技术产业投资集团，2010年）所提供的，它在大约10年前创造了这一术语。

清洁技术代表了多种多样的产品、服务和流程，它们均旨在：

① 以较少成本提供优质的性能。
② 大幅度减少或消除负面的生态影响。
③ 对自然资源富有成效及负责任的使用。

一个普遍的误解认为一个公司想要是可持续发展的，它必须有一个产品或服务从基本上满足上述清洁技术的定义，并且该公司在本质上是环保的。因此，可再生能源企业、节能技术的公司和那些废物最少化或与水相关的技术在定义上被认为是可持续的，而那些不提供绿色、清洁的产品或服务的公司则不属于可持续发展。

这种看法有几点错误。首先，许多有清洁技术产品或服务的公司没有一个可持续发展的商业模式（例如，生物燃料公司的业务对当地农业和供水产生不利的影响）。其次，清洁技术的定义完全忽略了可持续发展的关键性的社会定义，保护人力资本和保护自然资源一样都是可持续发展系统的一部分。最后，如上所述，每一个公司——不仅仅是清洁技术公司——都可以发挥一定的作用而且都可以通过一个更加具有可持续性的商业模式过程来取得竞争优势。

事实上，虽然这本书中的一些公司在本质上有环保或对社会负责的产品或服务，但是还有很多公司并没有这种产品或服务。我们能够证实的是每一个公司都可以采取措施来使其业务和活动变得更加具有可持续性，无论其产品或服务的性质如何。

1.3 一个以可持续发展为基础的战略驱动因素

我们的研究使我们能够确认我们在商业上一直坚持的可持续发展信念，但我们也学到了一些新东西。例如，首先令我们感到惊讶的是，导致小型企业开始可持续发展之旅有许多广泛的因素。正如我们预期的那样，通常情况是，公司所有者或创始人的个人价值观在于利用他或她的公司不仅仅是为了谋生，也是为了对更广泛的社会做贡献。对于其他人来说，建立一个更为可持续性的商业模式的推动力来源于环境监管。环境监管正在威胁企业的生存能力或者通过开发新产品来打破市场僵局，这些新产品旨在建立一个环境友好或对社会负责的品牌形象。例如，在一个案例中，一对中层员工夫妇发起了一整个公司向可持续方向发展的行动。

在几乎所有的案例中，我们发现公司最开始以小型且通常是便宜的计划方案来起步并取得了若干重大成功，一旦他们意识到可持续发展即使是对一个小型企业也起作用后他们就更加雄心勃勃。我们也证实了可持续发展既保护人力资本，也是绿色发展的。所有的公司都意识到，他们可以把可持续发展作为重点来建设一个强大的、富有成效的人类环境，在这个环境中雇佣远远高于赚钱基本需要的有贡献精神的员工。

我们发现，我们目标公司的领导们为他们的可持续发展努力感到十分自豪，这不仅是因为他们建立了一个经济上更为成功的企业，而且也是因为他们认为他们真正在为其经营社区和社会的福利和幸福而做贡献。他们非常愿意分享他们在小型企业可持续发展方面的想法和理念，并且他们通过自己的教学演示来致力于支持我们未来的继续教育。

1.4 可持续发展——一个通用的商业成功因素

虽然我们的研究是在大丹佛地区的一些小型公司进行的，但是这却不是一本关于科罗拉多的书；在美国和世界各地都可以发现这些类似的成功小公司，这些公司都是通过使用以环境和社会责任为驱动力的创新和竞争优势策略来获得成功。更确切地说，这本书是向尚未发现可持续发展商业模式好处的数以百万计的其他小公司发出的号召。

1.5 经验教训

① 那些积极面对挑战，使全球经济变得更加可持续的公司将是胜利的公司，他们通常会获得客户和社会的信任，并且他们将会为他们的股东创造最佳的财务回报。

② 每一个公司——不仅仅是清洁技术公司——都可以发挥一定的作用而且都可以通过一个更加具有可持续性的商业模式过程来实现竞争优势。

③ 在几乎所有的案例中，我们发现公司最开始以小型且通常是便宜的计划方案来起步并取得了若干重大成功，一旦他们意识到可持续发展即使是对一个小型企业也起作用后他们就更加雄心勃勃。

④ 所有的公司都意识到，他们可以把可持续发展作为重点来建设一个强大的、富有成效的人类环境，在这个环境中雇佣远远高于赚钱基本需要的有贡献精神的员工。

参考文献

美国清洁技术产业投资集团（Cleantech Group LLC），"清洁技术的定义" 2010，http://cleantech.com/about/cleantechdefinition.cfm，经济学人智库，管理放大：可持续性和企业成长，2009 年 11 月，http://graphics.eiu.com/upload/eb/SAS_Sustainability_WEB.pdf。SAS 资助的可持续性发展如何实现企业的优异增长的报告.

Nidumolu, Ram, C. K. Prahalad, and M. R. Rangaswami. "为什么现如今可持续性发展是创新的关键驱动力"，哈弗商业评论，2009 年 9 月，第 1 页到第 10 页，http://graphics8.nytimes.com/images/blogs/greeninc/harvardstudy.pdf。可持续性发展作为公司创新驱动力优秀文章。

2

测量成本和效益

作者：伊丽莎白·S.库珀曼、伊丽莎白 R.布罗斯特

> 环境保护、社区、效率和有利可图的企业之间并不相互排斥。事实上，他们完全就是一回事。
>
> ——沃尔玛 CEO 李·斯科特，2005 年

2.1 简介

"善事者诸事顺"是管理人员接受可持续性管理战略的过程中广泛采用的一句格言，这句格言表现了财务、社会和环境效益之间的关系。评估可持续性发展的成本和收益对于资本预算而言是非常有用的，可用于确定可持续性战略的资本投资是否值得。

然而，在战略讨论中，管理人员通常无法对可持续性发展合资企业的财务成本和收益进行推算。可持续性发展战略的成本和收益对于决定最佳战略、标杆管理进展和向投资者报告投资利润率而言是非常重要的关键假设。对新的生态环境无害产品或服务的成本测量为新产品的定价提供了有价值的信息，客户通常愿意为其他的产品或服务支付溢价。可持续性发展报告中包括有形的财务措施和其他无形的措施，这些措施也能帮助告知利益相关方公司如何从三重底线的视角运作（经济视角、社会视角和环境表现）。

在客户和受激励员工方面，成本测量、收益测量和可持续性发展战略的环境效益和社会效益应该是一个整体，以便经营企业为可持续性发展努力。测量一家企业的碳排放量对用基准问题测量一家企业对环境的影响而言，对于评估金融和可持续性发展战略引发的环境救助而言具有关键的重要性。对于从事制造业的企业而言，企业的生命周期分析（LCA）测量并分析了一个产品或业务流程的环境影响和社会影响，这可以帮助企业在设计改善或制造流程中识别机会，降低对环境的影响和成本。

2.2 可持续性发展年度报告

企业的环境社会责任和可持续性发展报告是一个老生常谈的概念，但现在，对于大型公司而言，企业的环境社会责任和可持续性发展报告经常会出现在公司的网站首页上。美国普洛斯集团（ProLogis）、美国铝业公司（Alcoa）、沃尔玛、塔吉特（Target）、日本丰田汽车（Toyota）、美国福特汽车（Ford Motors）、星巴克（Star-bucks）和其他公司，都已经公示了本公司的可持续性发展报告，用以详细介绍公司的经营活动和环境影响。在可持续性发展报告中，大型公司通常会使用全球报告倡议组织（GRI：www.globalreporting.org）建议的79个指标。这些指标中涵盖经济、社会和环境报告中的一般性指标和协议，以对每一个指标、方法论和指标的适用范围进行解释。GRI还为特定的行业类别提供了部分附录，如矿业产业（请参见美国铝业公司网站可持续性发展部分，www.alcoa.com）。对于中小型企业而言，这些网站通常能够提供帮助和资源以及不同报告类型的案例。其他的测量方法和温室效应气体详细目录报告包括温室气体协议（www.ghgprotocol.org）和气候注册（www.theclimateregistry.org）。

在2006年，大约34家标准普尔100企业和1000家其他组织使用了GRI框架并报告了可持续性发展措施（爱泼斯坦于2008年发表的文章，第224~226页）。到2008年，这一数量激增至2500家公司，进行了全局性报告的大型公司超过50%（豪斯曼于2008年发表的文章，第1页）。受GRI委托，通过对毕马威会计师事务所（KPMG）于2008年公布的一份报告（www.kpmg.com）和SustainAbility的可持续性发展年度报告（www.sustainability.com）阅读情况的统计发现，阅读可持续性发展报告的60%的读者是工商企业人士，包括潜在客户和投资者，40%的读者为咨询公司和政府雇员。他们发布的报告有助于他们确立积极的社会声望，开发新的客户和新的投资者。读者们指出，公司应在报告中详细说明在实施战略时遇到的困难和成功因素，以增加公司报告的可信度。如果公司将可持续性发展战略整合到公司的整个使命和战略当中，将能够取得更大的可信度（Blajchman于2008年发表的文章）。

爱泼斯坦（2008年，第137页）、爱泼斯坦和威斯纳（2006年）从不同的维度进行了总结，他们认为可持续发展可被用于创建转述结果的综合评价卡，如下所述。

① 财务维度（可持续发展产品和努力的销售收入和能源成本节约，包括未来监管成本的规避）。

② 企业内部流程维度（供应商认证、有毒或者有害废弃物的减少、包装体积方面的减少和产品回收）。

③ 利益相关者的维度（不断增长的雇员、客户和社区满意度；所收到的绿色/可持续发展实践奖励；对社区、环境或者社会组织的慈善捐助）。

④ 学习和成长维度（劳动力人口的多样性、受过可持续性培训的雇员、员工自愿为社区服务的小时数）。

爱泼斯坦（2008年，第138～142页）指出，除了需要向外部利益相关者报告之外，组织机构还需要测量并向其雇员报告可持续发展的成就和激励措施，包括鼓励员工改进以达成每一个维度的目标。

杰夫·加德纳和弗雷德·科恩于2008年便注意到，在普华永道会计师事务所的一篇短文章中，56%的年度营业收入超过100亿美元的大型公司都意识到了财务效益和战略的紧迫性，这些公司都致力于环境保护方面的问题。环境指标、社会指标和管理指标（ESG）有助于公司满足关键利益相关者的需求。汇报ESG重要事件有助于组织机构满足他们的目标，并为可持续发展战略量化投资价值。

2.3　可持续发展项目的财务、社会和环境效益

公司到底需要报告什么，如何报告这些内容取决于公司特定的战略、行业和措施的使用。来自可持续发展项目中的收入来源包括与下述方面有关的收益的增长：

① 更好的品牌化和独特市场定位的创建；

② 附加的社会和环境意识顾客基数；

③ 新的产品和服务，包括技术创新；

④ 销售额、市场份额的增加和其他竞争优势的增加；

⑤ 公共事业公司和自治市的可再生能源的销售额。

降低成本的方面包括：

① 降低能源成本，提高成本效率；

② 降低包装材料的使用和成本；

③ 降低浪费和废弃物管理成本；

④ 降低培训成本和员工流动；

⑤ 政府退税和其他能源退款；

⑥ 降低能量消耗和其他污染物控制和减排；

⑦ 保护储蓄和效益。

其他的经济收益可能较难感触得到，如：

① 获得社会名望和社区赞誉；

② 吸引更优秀、更具奉献精神的员工；

③ 降低环境、管理和社会责任曝光的风险（如，规避监管处罚、允许在国家内执行严厉的环境法规、规避法律诉讼、规避消费者抵制和社会声望的损失、其他环境成本或社会危害）。

一些效益和成本是无形的，如社会声望的获得，但是通过列出成本和效益详细目录清单，管理人员能够更好地认知定性目标的进度，了解哪个领域还尚需完善。管理人员还可利用该目录清单生成新的想法，以满足组织机构的可持续发展目标。

2.4 度量

尽管度量社会、环境和财务成本与收益充满了挑战，但是许多中小型公司正在使用度量方法来衡量财务和社会成本以及收益，这些度量方法从简单的绩效标准衡量到对预期的有形和无形收益更为复杂的财务评估，一应俱全。在本书中，我们重点关注的是中小型企业案例，我们给出了在各个行业中的良好案例，包括博尔德社区医院（BCH）、博尔德谷信用合作社（BVCU）、新比利时啤酒公司、环保产品公司和博尔德景色酒店。

2.4.1 博尔德社区医院

作为一家零废弃物的医院，博尔德社区医院（BCH）依照其可持续发展的创新精神，制定了清晰且具体的业绩测定指标：定量纸张的磅数和可回收容器、转移到垃圾填埋的混合物的磅数、其他垃圾填埋的转移、水的加仑数、电力节约的千瓦时、保护的树木的数量和可回收电子设备元件的数量等。博尔德社区医院将这些节约物品列入财务条款中。此外，博尔德社区医院也鼓励使用无形的名誉措施。在 2000~2007 年执行这一举措期间，博尔德社区医院的进步摘要信息中就包括有形的和无形的措施（Abelkis 于 2007 年发表的文章）。

2.4.1.1 无形的名誉措施

① 科罗拉多州环境领导能力金奖，实现了有害废弃物和固体废物的降低、

染料和能源消耗的降低和丘陵地带露天场所的保留。

② 挑选出来作为一个试点医院，用以研究药物废弃处置实践，以协助设计遍及全州的卫生保健设置条例规程。

③ 作为全美10家顶尖绿色医院之一获得社会赞誉。

④ 科罗拉多州博尔德市的博尔德社区医院丘陵院区荣获2003年能源与环境设计先锋奖（LEED）银奖认证，这是全美荣获能源与环境设计先锋奖（LEED）银奖认证的首个卫生保健项目。

⑤ 作为一家生态循环零废弃物医院而获得社会赞誉，包括节水效率方面的改善，有关环境方面更为可取的采购，和可替代能源的利用，消除了汞的使用，致力于乳胶和PVC材料的淘汰工作和推动可替代交通方式等。

⑥ 其他与环境有关的奖项，包括推动世界奖、科罗拉多州环境领导力铜奖、科罗拉多州回收奖——全年全部回收。医院环境保护和环境领导力奖和药品无汞奖。

⑦ 对员工和患者的调查表明了活动的道德收益。

2.4.1.2　博尔德社区医院有形的节约措施

博尔德社区医院回收成绩如下：

① 从垃圾填埋中回收的纸张、容器和混合物为424927lb。

② 年度转移率38%。

③ 自2000年至今已回收982t。

自项目奠基以来的资源节约如下：

① 水资源节约5091317gal。

② 节省电力3411805kW·h。

③ 从垃圾填埋中回收44408立方码（1立方码=0.76m^3）。

④ 节约树木12365棵。

⑤ 从垃圾填埋场中的回收包括景观绿化废弃物堆肥、建筑垃圾转道、在美国回收的电气设备、Mante医疗宣教和C.U.R.E.项目一部分的医疗设备和用品回收、电池回收和家具的重新利用，自项目启动以来，从垃圾填埋中改道的材料超过300万磅。

年度成本节约：

① 总共节约60万美元。

② 外科手术手套节约12万美元。

③ 仪器再处理节约9.5万美元。

④ 碎纸服务节约 9 万~12.5 万美元。

⑤ 垃圾搬运费节约 4.5 万美元。

⑥ 照明费用节约 3.5 万美元。

⑦ 环境服务（EVS）成本节约 15 万美元。

⑧ 水的效率运营节约 2.5 万美元。

为了获得可以量化的项目，在整个医院的会计核算中需十分小心，以确定节约的项目。开发这些度量指标首先能够使管理人员在战略目标和行动方案的基础上确定最为重要的基准点，然后，管理者需要确定最为适当的措施和途径来采集这些数据。

2.4.2 博尔德谷信用合作社

博尔德谷信用合作社（BVCU）是一家小的非营利性信用合作社，该合作社采取了一些与众不同的方法向其成员汇报信用合作社的可持续发展。博尔德谷信用合作社维持着能量产生和温室效应气体规避的实时报告，因为信用合作社的屋顶上安装有太阳能光伏系统，该系统能够量化每天、每周、每月、每年和使用寿命时限内产生的能量，并在其官方网站上公布（www.wecarecolorado.com/monitoring.html）。

此外，博尔德谷信用合作社的网站还提供该合作社绿色伙伴和社会以及环境努力方面的可持续发展报告（www.wecarecolorado.com/efforts.html）。尽管很多效益是无法量化的，但是该报告还是为利益相关者提供了有关环境成就和可再生能源效益方面的绝好资料。正如在本书中有关博尔德谷信用合作社的章节中所详细表述的，博尔德谷信用合作社估计了该合作社实施太阳能光伏系统的总成本和其他效果，这些努力使该合作社成了一家零废弃物的信用合作社，自 2007 年及项目实施以来，已经累计节约了 9 万美元。成为该信用合作社的忠实客户——与未来的财务收益、固定的能源成本和零碳排放量有关——为利益相关者提供了一个现实的心智模型，用于评估博尔德谷信用合作社的可持续性发展首创精神，这种首创精神能够在未来的 15~20 年间持续获得固定能源成本方面的降低。此外，博尔德谷信用合作社还提供了其伙伴关系的详细信息，以便和其他公司、其他合作社客户和社区的环境教育项目一起共同保护环境。

2.4.3 新比利时啤酒公司

新比利时啤酒公司是一家规模较大的地区性公司，该公司在其官方网站上向其利益相关者公布了更为详尽的情况介绍（www.newbelgium.com/files/

shared/07SustainabilityReportlow. pdf）。这份情况介绍中包括一份正式的可持续发展报告和一份产品生命周期分析报告。新比利时啤酒公司的可持续性发展报告中详细介绍了公司在环境保护工作中取得的各方面成效，包括可持续发展管理体系（SMS）的建立，公司的碳排放情况、产品的生命周期分析报告和公司文化方面的无形信息、社会效益成就方面的无形信息。

从 2006 年 12 月到 2007 年 8 月，新比利时啤酒公司使用两家咨询公司和 16 名公司各部门的志愿者，精心开发了一套可持续发展管理体系，用以估计公司的碳排放情况。该可持续发展管理体系帮助新比利时啤酒公司确定公司当前的环境影响，识别公司改善和计划的目标，并实现这些目标，推动改善循环不断向前发展。该体系包括四种主要工具：①碳排放量的降低；②水资源的管理工作；③闭合循环；④主张。这些工具被用来帮助制定采购、设计、资本投资组合管理决策和策略规划。新比利时啤酒公司 2007 年可持续发展报告便是这一体系的成果。在 2007 年，新比利时公司的可持续发展管理体系团队创建了一个目标，以实现每桶啤酒降低 50% 的公司碳排放量。

自 2006 年以来，作为芝加哥气候交易所（www. chicagoclimateexchange. com）的会员，尽管新比利时啤酒公司已经参与了其碳排放量的评估工作，但是管理人员只有 2007 年部分领域中已经核实的数据。为了协助完成生命周期分析，管理人员与其管理部门（www. climateconservancy. org）建立了合作关系，以完成其温室气体排放的生命周期分析。正如新比利时啤酒公司 2007 年可持续发展报告中所指出的，原材料和包装材料，包括这些材料到啤酒厂的运输，占公司总碳排放量的 48%，啤酒厂的灌装工作占公司总碳排放量的 5%，下游影响占公司总碳排放量的 47%，其中零售占下游影响碳排放量的 60%，零售制冷在零售商的总碳排放量中占比 93%。因此，新比利时啤酒公司的管理人员意识到，公司业务的零售端构成了最主要的环境影响。

在生命周期评估信息的支持下，新比利时啤酒公司的管理人员对在不同的拟建情境中如何才能改变公司的碳排放情况进行了调查。新比利时啤酒公司的可持续发展报告包括能源和水处理工厂过程分析和成就，以降低包装成本，并提高资源的回收利用情况。该报告中还讨论了更为不可捉摸的项目，如员工满意度调查、改善员工健康的社会福利活动和社会认可，包括户外杂志（*Outside Magazin*，www. outsideon line. com）颁发的奖项。详细的碳排放情况报告与气候管理共同提出，并公布在公司的官方网站上（www. newbelgium. com/files/shared/the-carbon-foot print-of-fat-tire-amber-ale-2008-public-dis-rfs. pdf）。

2.4.4 环保产品公司

相比之下，环保产品公司（Eco-Products）是一家生产环境无害产品的公司，是一家为其客户减少废弃物的公司。环保产品公司的官方网站是 www.ecoproducts.com，该网站在 2010 年"关于我们"（About Us）版块中收录了环保产品公司的发展历程和公司现在的主营业务。该网站中还包括碳排放（Footprint）版块，该版块中收录了环保产品公司在测量和限制公司碳排放情况所进行的工作，其中包括搭建了环境保护管理体系，允许环保产品公司用基准问题进行测试，并量化公司在能源、水资源、废弃物和进展改善方面的资源消耗。生命周期分析（Life-Cycle Analysis）版块中讨论了不同产品所执行的生命周期评估。碳污染和控制及安排（Carbon Offsets）版块公布了与环保产品公司的伙伴关系和公司在博尔德与可再生选择能源（www.renewablechoice.com）有关的信息，在该版块中，环保产品公司计算了公司在每一个季度末的总温室气体排放量，并购买了相应数量的认可的排放量降低（VER）数量，VER 是卖给美国甲烷采集项目的一种商品。1 VER 表示二氧化碳（CO_2）及其等价物降低 1t。环保产品公司还在其官方网站上公布公司客户及客户的可持续发展成就的案例分析。

2.4.5 博尔德景色酒店

作为汇报可持续发展战略的一种替代方式，一家零废弃物排放酒店——博尔德景色酒店（Boulder Outlook Hotel），在其官方网站上公布了一段视频，该视频记述了该酒店如何从事环境保护活动和如何管理酒店的循环操作（www.boulderoutlookhotel.com/ecovid.html）。该视频还描绘了酒店的管理人员如何确定经营酒店的成本和如何决策使酒店成为一家零废弃物排放酒店。在视频的一开始，酒店的总裁就认为他们将要成为一家零废弃物排放酒店，费用由酒店来承担，但是，令他们惊讶的是，他们发现，自从作出这一决策之后，酒店的新客户明显增加，这增加了酒店的营业收入，冲抵了这一决策的成本。反过来，酒店的客人学习到了降低他们自己的碳排放情况的新理念。将酒店改造为零废弃物排放酒店产生的成本约为每月 600 美元，但是由此而带来的营业性收入每月增加了 1 万美元。

因此，可持续发展报告和度量是大不相同的。这些方式可以很简单，可以是非正式的概述，如环保产品公司和博尔德谷信用合作社完成的报告，这些方式也可包含详细的有形或者无形措施，如博尔德社区医院所执行的。这些方式还可以包含详细的报告，如新比利时啤酒公司的产品生命周期评估和碳排放报告以及可持续发展报告。这些度量可以有相当大的差异，这取决于公司组织的规模及其产品、服务、所在行业和目标，这些度量也可以包括非财务指标。

2.5 度量可持续发展战略的信息来源

除了全球报告倡议组织（GRI）的指引之外，行业组织也为最好的措施提供了指引，特定行业中的公司可以使用这些指引，与性能度量有关的咨询行业也因此得到了发展。其中的一个实例是天然逻辑可持续发展战略反馈评估度量咨询公司（www.natlogic.com），这家公司提供评估、培训和关键绩效指标体系，以将环境绩效数据的采集合理化。对于想要使用企业资源规划的公司而言，项目仪表盘也可用于追踪并驱动性能报告和可持续发展报告。可持续发展对策公司（Sustainable Measures）是另外一家提供咨询服务的公司，该公司为想要使用有效的度量工具衡量其发展的企业提供讲习班、培训和指标数据库以及其他资源。

在被甲骨文公司（Oracle）收购之前，太阳能微系统公司（Sun Microsystems）联合自然逻辑公司（Natural Logic）（www.natlogic.com）为度量的社区讨论和其他问题开发了一个论坛，这些问题现在正在 ww.open.eco.org 网站的开发中。上市公司的可持续发展报告，如美国铝业公司（Alcoa）、沃尔玛（Walmart）、通用电气公司（General Electric）、巴克斯特公司（Baxter）、英国石油公司（BP）、联合利华公司（Unilever）和美国普洛斯集团（ProLogis）以及其他上市公司，都是各个行业中实施可持续发展策略类型的好榜样。非营利性机构也能提供此类援助。商业和可持续发展全球公司（Business and Sustainable Development Global）在其官方网站上公布了聚焦于不同行业的案例研究（www.bsdglobal.com）。可持续发展大学中心，如美国密歇根州大急流城（Grand Rapids）阿奎纳斯学院的可持续发展中心提供了可持续发展课题方面的信息和链接，包括可持续发展度量方法（www.centerforsustainability.org）。可持续发展报告程序公司（Sustainability Reporting Programs）是加拿大的一家非营利性机构，该公司提供了商业案例分析、测量可持续发展的度量和指标、外部链接和其他有用的信息。拓荒者集团（Pioneers Group）提供了一个最佳实践论坛，以帮助公司在不同的部门开发和实施可持续发展战略，包括个人运营机构中使用一系列的指标。在线杂志（Online Magazines）也提供了一些建议，如环境领袖（Environmental Leader）、行政机构每日绿色简报（www.environmentalleader. com）和可持续发展热度传媒（Sustainable Life Media）（www. sustainablelifemedia. com）以及其他。

对于环境规划而言，公司通常会依赖国际标准化组织 ISO 14001 环境管理系统。SA8000 提供人权问题的度量。更为吻合的指引 ISO 26000 还尚处于开发之中，以帮助识别、测量和证实公司在社会责任的某一领域中所承担的义务。2010 年 11 月 1 日，国际标准化组织启动了 ISO 26000 社会责任指南，为各种类型的组织提供指引，不管组织的规模如何，位于哪里，或者是否以领域为目的。ISO 26000 社会责任指南更多的是为中小型企业而设计的，为他们提供自愿性指引标准和认证，包括社会责任方面的概念、背景、原则和实践以及核心。ISO 26000 社会责任指南为各种组织、利益相关者的鉴定和约定、通信性能、承诺和其他社会责任维度提供社会责任行为的整合、实施和提升有关的建议（更多详细信息，请参见 www. iso. org/iso/socialresponsibility-2006-en. pdf for a summary overview and www. iso. org）。

经济合作与发展组织和国际劳工组织也提供了这方面的指引和技术规范。这些组织还与提供公司报告实践指引的可持续发展国际研究所（IISD）合作，IISD 还提供商业案例分析和可持续发展案例分析（www. bsdglobal. com）。欧洲联盟的生态管理和审计计划还在理解相关环境法律方面提供帮助。

新的可持续发展度量产业中的环境咨询公司可以估量公司的碳排放情况和整体的碳排放情况。气候保护和其他可持续发展咨询公司可以和公司合作共同完成产品的生命周期分析。区域性的非营利性公司，如科罗拉多州博尔德市的生态循环公司（Eco-Cycle）（www. ecocycle. org）可以提供资源回收利用、零废弃物认证方面的协助和经验。为了在测量温室气体排放和采购碳补偿方面获得帮助，区域性的或者国家性的公司，如位于博尔德市的可再生选择能源公司（Renewable Choice Energy）（www. renewablechoice. com）也可以成为合作伙伴。类似的是，州赞助的可持续发展组织，如丹佛市的绿色足迹公司（Greenprint）（http://www. greenprintdenver. org）也可以成为组织的合作伙伴。促进公司可持续发展的非营利性公司，如科罗拉多责任经济联合组织（www. corecolorado. org）已经提供了（与德勤会计师事务所有关）GRI 可持续发展报告培训课程。这些课程由加拿大的领头人（LEAD）教授，LEAD 是一家非营利性的公司，提供培训、项目和网络化，以深化环境目标、社会目标和经济可持续发展（www. leadcanada. net）分析，该公司是一家环境、社会和管理搜索和分析方面的全球供应商（www. jantzisustainalytics. com）。

2.6 度量建议

豪斯曼于 2008 年建议，相对于庞大的度量通信录而言，公司关注简单的但是对公司自身实际情况有重要影响的部分是非常重要的，度量通信录对于许多公司的可持续发展报告而言太过平常。

"聚焦于材料影响，提供可以量化的目标，然后在明年告诉我们你相对于度量标准的进展"，豪斯曼说。通过使用趋势数据，公司能够看到进度随时间变化的情况，并在未来合适的领域配置资源。在决定发起可持续发展战略时，战略与公司的整体任务的对接是非常重要的，战略必须适合公司的发展。

爱泼斯坦于 2008 年同样也注意到，度量来自公司的特定战略和目标，随着时间的推移，度量是可以辨认的。例如，温室气体排放量随时间变化的趋势对于环境目标而言是一个非常有用的量度，有助于辨认哪一领域的排放发生了下降。度量应能够识别利益相关者，这有助于公司决定可持续发展战略、目标和具体目标及相关的进步如何测量的问题。通过财务、环境和社会成本的识别和度量，以及不同的项目产生的潜在营业收入，公司在决定进行投资之前会选择最佳的实践方案。公司的目标和措施应能传递公司的价值。有时候，更简单、更简短的目标和措施就是最好的，只要公司能够度量公司随时间发展的业绩，并聚焦于公司的战略和特定的优势。拥有清晰、专注且便于理解的措施，公司的目标和业绩才能清晰地传达给利益相关者，公司随时间发展所获得的进展才能被精确评估。

2.6.1 碳排放量计算器

计算碳排放量有许多不同的方法，部分方法就在网上存在，能够为简单的案例或者为提供冲抵碳排放的合作伙伴公司提供免费的计算。测量碳排放量的标准单位为吨，1t 等于 2204.62lb。范围 1 的直接排放基于公司自有的和公司控制的操作。范围 2 的间接排放为涉及能量采购的排放，如从公共电力事业公司采购的电力。范围 3 的间接排放为与商务旅行、员工通勤、废弃物处置和其他外包性活动有关的间接排放。

www.carbonfootprint.com/carbonfootprint.html 网站上有免费的碳排放量计算器。carbonfootprint.com 也为降低组织的碳排放量提供小贴士的连接，并解释了使用化石燃料产生的温室气体的数量，碳排放能够测量对环境的影响。主要的碳排放量展示了从这些活动中二氧化碳的直接排放，次要的碳排放量包括以所使用产品的全生命周期为基础的间接二氧化碳排放。类似的是，Carbon-Partner.com（www.carbonpartner.com）也能提供碳排放量的计算，该网站提供每月通过乘坐各种不同类型的车辆（小型燃油效率、普通车辆或者SUV）出行而产生的月度碳排放、电力使用（千瓦时每月）、天然气消耗（立方英尺每月）、燃料油消耗（加仑每月）、飞机或火车出行（英里每月）、通用食品及其废弃物（吃肉的家庭成员人数）。

这些应用能够计算出年度和月度碳排放情况和每月或每年需要种植的树的数量，或者其他冲抵这些碳排放所要进行的工作或者活动。城市、州能源冲抵组织和非营利性及营利性公司能够提供碳排放冲抵的伙伴关系，以降低公司的环境影响。

部分环境保护组织可以通过有用的电子表格提供碳排放量计算。例如，改变时刻的官网（time forchange.org）以Excel电子表格的形式（timeforchange.org/offine-carbon-footprint-calculator）提供了一个可以下载的碳排放计算器。类似的免费或价格低廉的计算器在shareup.com网站（www.shareup.com/Carbon_Footprint_Calculator-download-50109.html）、自然保护（Nature Conservancy）公司（www.nature.org/initiatives/climatechange/calculator）、可再生选择能源（www.renewablechoice.com/impact-calculator）和州能源保护办公室，如得克萨斯州能源保护办公室（www.infinitepower.org/calculators.htm）官方网站上可以找到。

2.6.2　公司温室气体详细目录和美国国家环境保护署官方网站协助

温室效应气体清单负责解释在特定的时期内，需要从大气中移除多少温室效应气体或者产生了多少温室效应气体（如一年），该清单提供与创建排放和移除方面的活动相关的信息，和用于计算碳排放量所使用的方法的背景信息（请访问2010年美国国家环境保护署）。美国国家环境保护署（EPA）提供了一个在线计算器，用于评估个人排放和某些与公司温室效应气体清单和小型企业工具有关的技术指导。www.epa.gov/stateply/smallbiz/footprint.html链接提供了与"如何计算你的碳排放"有关的信息。该链接中包括选择一种可操作性方法或财务评估方法的步骤，并定义了组织的边界，为小型企业提供了有用的文件，为温室效应气体的管理提供了指导。该链接中还包括开发公司温室效应气体清单所需要的术语表，并以Excel的方式提供了一个简化的碳排放计算器，还以Microsoft Word的方式提供了一个简化的目录管理计划。此外，小型企业的管理人员还可以电子邮件方式发送问题，参加免费的培训、在线研讨会，并加入气候领导者小型企业网络中，以设置目标，与其他的小型公司分享最佳实践并获得成功的认可。该链接还提供学习指南和案例分析。

2.6.3 生命周期分析

尽管公司在开始启动可持续发展管理战略的时候会面临困难，在某种情况下，生命周期分析可以是非常有用的，如新比利时啤酒公司在2007年为公司的单车琥珀啤酒进行的生命周期分析。生命周期分析能够提供产品总影响详细的评估，包括对经营批发业和零售业务的考虑以及在进行产品生产时所使用的材料供应链和运输系统的分析。生命周期分析涉及对过程的环境和社会影响估量。管理人员对生命周期分析的结果进行分析，以识别在产品设计或流程中的改善机会。生命周期分析测量了一个产品或服务的全生命周期中所涉及的材料流和能量流，并对材料流和能量流的影响进行了评估。Weidema 和 Colleagues 在2008年指出，相较于碳排放分析而言，进行生命周期分析更为复杂也更为困难，但是生命周期分析提供了公司运营的完整环境影响的更为全面的评估，这一点对于从事制造业的公司而言是极为重要的。通常，合作伙伴在协助评估方面是很有用的，如新比利时啤酒公司与气候保护公司之间的伙伴关系。

对于同一件产品可以进行几种不同类型的生命周期分析，包括从产品制造到产品生命周期结束的分析、从产品制造到产品分销的分析、产品的使用寿命结束对预期产品的回收利用、增值过程的分析。我们需要聚焦于产品运输系统的分析和活动所需要的原材料和能源评估以及所产生的环境排放评估。每一种情况都有不同的评估分数。公司需要确定哪一种情况与利益相关者最为相关，并对最有潜在效率和排放改善的情况进行评估。

由于温室气体排放量的测量与特定的不断进化的产品有关，且官方标准仍处于不断成熟之中，因此我们通常使用的是工业标准。ISO 14000 是一种被广泛接受的评估模型，该模型首次发布于1996年，该模型详细说明了应用于环境因素方面的环境管理系统的真实需求，而环境因素是组织能够支配和影响的（请参见http://www.iso14000-iso14001-environmental-man agement.com/）。该模型还可用于气候保护评估，该项评估是仅针对温室气体排放量的评估，因此是一个更为针对性的评估。作为选择，公司可以独自进行评估，该评估由公司内不同领域的专家实施。公司应仔细选择其生命周期评估路径，以确保能够收集到与其产品和客户最为相关的信息。任何生命周期评估过程都包括确定范围、搜集环境影响数据、绘制当前的流程、识别影响面积、对数据进行分析以辅助决策的制定。随着对标准和测量以及影响假定的不断修改和完善，生命周期评估在不断完善之中。但是这也有限制条件。其中的一个限制条件是之前的评估与改善会变得过时。另外一个限制条件是，在美国大部分所使用的生命周期分析软件都是以假想和测量值为基础的，因而这些假想和测量值是 EPA 或美国能源部提供的，因而标准可能并不适用于外国公司或国内公司的海外分支机构。生命周期评估实践也无法识别和测量产品的社会影响。

一家企业可以采用三种方式中的一种对其产品进行生命周期评估：企业可以在内部专家的基础上创建自己的流程和测量值，企业可以委托咨询公司在 ISO 14000 标准的基础上对产品进行评估，或者企业可以委托已经创建其自己标准和测量方法的外部团体进行评估。每一种方法都有其各自的优点和缺陷。

自我评估是最为独立的一种方法，这种方法没有必要必须符合 ISO 标准。但是公司的内部专家应非常熟悉公司的产品、客户，每一个组成部分的环境影响，产品的制造、分销及所涉及的流程处理。这种方法无需知名的第三方认证，但可能会出现客户和同事的合法性问题。由于 ISO 是一个拥有 161 个成员国的非政府组织，使用 ISO 14000 标准能够使产品的生命周期评估增加更大的可信性，并在跨国和海外运营的公司之间创建统一的标准（许多国家都采用不同的环境和商业标准进行操作）。因此，在便于沟通交流的国家之间，政府通常会采用 ISO 标准。因为 ISO 标准被认为是最佳实践的综合体，公司可以节约雇佣专家创建特定公司标准的成本。ISO 最佳实践也处于不断的发展之中。

ISO 14014 和 IOS 14044 标准列出了执行生命周期分析的四个主要步骤：

① 确定项目的目标和范围（确定需要被列入在内的流程并说明理由、确立参数、解释这些选择的合理性，以支持研究的整体目标的实现，包括方法论的描述和所列入在内的影响类别）。

② 进行产品的生命周期详细目录的编制（数据采集和验证阶段，包括所有温室气体排放测量值的数据和生产流程中化学药剂的使用）。

③ 影响评估（对信息进行评估，在产品寿命内的碳排放基础上确定环境影响）。

④ 生命周期评估的说明（确定最大的影响区域，确定需要实施的影响减少战略，如果有的话，通常还需要包括独立审查和与最佳行业惯例及竞争对手的比较）。

气候保护公司开发了一种新的方法，用以在公司自己的研究基础上和温室气体盘查议定书中所述标准的基础上测量制成品的环境影响。使用从产品制造到产品生命周期结束的分析方法,对制造业企业在产品的生产、使用和处理过程中排放出的温室气体进行分析。这种分析从原材料的物资筹措开始,到公司产生的废弃物结束。这种评估方法类似于ISO所推荐的方法,信息来源也是可持续发展商业世界中所熟知的。气候保护公司作为一家小型的非营利性质的评估服务机构,并不为ISO所熟知,因此,企业不得不花费额外的时间就它们的分析结果向利益相关者进行宣讲。但是,气候保护公司合作伙伴降低了生命周期分析的复杂程度,降低了进行评估所需要的时间和成本。同样,"气候意识"标签也可以用在满足气候保护排放要求的产品上,并将为产品的评估提供激励措施作为整个市场营销战略的一部分。

2.7 结论

当进行可持续性发展战略的时候,测量成本、节约和营业收入以及其他收益,以获取国内的利益相关者(董事会成员、业主、员工、客户)支持是非常重要的。测量过程无需非常复杂,但是测量结果应客观并能精确测量可持续性发展战略举措的影响和财务收益(如果有的话)以及从这一举措中获得的无形收益。这种举措应是一致的,并与公司的整体使命和战略结合在一起。在企业内部,这些度量可作为未来改善的基准,并协助组织的管理人员确定其最佳实践行动方案。

小　结

(1) 在确定最佳战略、标杆管理进展和报告投资者进行投资的战略收益时,可持续发展战略的成本和收益是非常重要的关键假设。

(2) 测量公司的碳排放量对于用基准问题测量公司的环境影响而言,对于可持续发展战略所引发的财务评估和环境节约而言,具有关键的重要意义。

(3) 对于从事制造业的公司而言,生命周期分析测量并分析了一件产品或业务流程的环境影响和社会影响,这能够帮助一家公司在设计或制造过程中确定改善机会,降低环境影响和成本。

(4) 在向利益相关者汇报可持续发展成就时,可以使用多种不同的措施——从详细的定量节约到无形资产或能量成本节约方面的简短报告,到复杂的生命周期分析——和多种不同的公共资源和合作伙伴,以协助公司进行测量和冲抵碳排放。

备注

1. 参考敏锐公司内容咨询公司（Acumen Corporate Content Consultant）作为咨询公司的样本，该样本能在编制可持续发展报告方面为公司提供帮助：http://www.acumencommunications.co.za/sustainability-report-writing.html。

2. Boulder-Mante 友好城市项目：http://boulder-mante.org/Medi calMission.html；C.U.R.E. 项目：http://www.projectcure.org。

3. 本生命周期分析针对的是新比利时啤酒公司生产的 6 罐包装的产品——单车琥珀啤酒（Fat Tire Beer）。对于六罐包装的单车琥珀啤酒而言，生命周期分析估计的总 CO_2 排放为 3189g。该测量值可用做检查未来温室气体减排的基准。如需阅读完整的报告，请访问：http://www.newbelgium.com/files/shared/07SustainabiltyReportlow.pdf。

4. 气候保护公司是一家集团公司，该公司由大学、商务和工程专业人员以及研究生构成，能够独立开发自己的标准。在美国并不需要 ISO 标准。

参考文献

Abelkis, Kai，可持续发展协调员："博尔德社区医院举措"，幻灯片情况介绍，2007 年。也可参见博尔德社区医院的可持续发展：Carrie Paykoc 在视频网站（YouTube）对 Kai Abelkis 的专访，http://www.youtube.com/watch?v=DKfeS_FJntk (Part 1) and http://www.youtube.com/watch?v=5RXvwAQgtxQ (Part 2)。

Blajchman, Amiel："可持续发展报告：谁在阅读？为何阅读？"，受启发的经济学家，2008 年 10 月 28 日，1-3，http://inspiredeconomist.com/2008/10/28/sustainability-reports-who-reads-them-and-why/。

Epstein, Marc J，进行可持续发展工作：管理和测量公司社会影响、环境影响和经济影响的最佳实践、英国谢菲尔德：格林利夫（Greenleaf）出版社；旧金山：BK 出版社，2008 年.

Epstein, Marc J., 和 P.S. Wisner："改善可持续发展战略的行动和举措"，M.J. Epstein 和 K.O. Hanson, eds.，负责任公司，第 3 卷，华盛顿州韦斯特波特市，2006 年，207-234.

Gardner, Jeff, 和 Fred Cohen："危在旦夕的商业名誉"，http://www.pwc.com。源自"气候变化预热"，视野杂志，2008 年夏季，www.pwc.com/view.

Hausman, Alex："CSR 报告的三个关键因素：物质性、物质性和物质性"，环境领袖：执行委员会每日绿色简报，2008 年 6 月 3 日，www.environmentalleader.com.

国际标准化组织官方网站：http://www.iso.org。美国国家环境保护署，温室气体排放，2010 年，www.epa.gov/climatechange/emissions/index.html。Weidema，Bo P.、Mikkel Thrane、Per Christensen、Jannick Schmidt 和 Soren Lokke："碳排放量——生命周期评估的催化剂？"工业生态学杂志，2008 年 3 月 21 日，第 12 卷第 1 期，3-6.

第2部分

中小型企业可持续发展战略案例

3　环保产品公司

4　巴雷特建筑设计工作室

5　森林城市公司：森林城市公司有关斯泰普尔顿可持续开发的革命

6　博尔德社区医院

7　数码前线

8　博尔德谷信用社：自然更好的银行服务

9　新比利时酿酒厂

10　绝对回收专家：使用清洁型技术的废品公司

11　丹佛机械商店：四代人的可持续性企业

12　第一中肯金融网络公司：回应社会责任的市场需求

13　博尔德景色酒店

3

环保产品公司

作者：克里斯托·弗索普、莎伦 A. 德斯特奥尔德里奇

（本文中所有的引用和信息均来自与 Steve Savage 的广泛走访，2008~2009 年）

3.1 概念的引出

清晨的朝阳沿着美国朗斯峰（Longs Peak）的山坡留下了长长的影子。在地平线之上，史蒂夫·萨维奇和他的父亲肯特走到岩石和峭壁延伸的区域尽头，攀过这些岩石和周围锯齿状的与小型汽车一般大小的大石头。清晨的太阳那橙黄色的光线促使他们在攀登这座 14259ft 高的山峰时稍做休息，二人在满天星光时就开始攀登这座山峰了。沿着东部地平线的美景是这座连绵不断的城市和郊区，农业用地从北方的柯林斯堡一直延伸到南方的丹佛市。史蒂夫刚刚获取美国堪萨斯大学经济学学位。当他计划 1990 年夏季的大部分时间在密歇根州的家庭小别墅中度过的时候，史蒂夫在 6 月返回了他位于博尔德的家乡做了短暂的停留，在这里，他和他的父亲决定攀爬家乡附近的这座山峰，进行一次徒步旅行。

随着太阳缓慢升起，史蒂夫的远景规划也在谈话中逐渐浮现，史蒂夫表示，在游历俄罗斯之后，他将去攻读国际金融学硕士学位。经济和政治改革横扫这个国家，肯特认可他儿子的决定，东欧国家的新兴自由市场经济中的确存在潜在的商业机会。但是老父亲又向他的儿子提出了另一个在他的脑海中一直萦绕跳跃的商业构想，是进入一个离家比较近的新兴商场。为了促进生态效益的管理和保护环境利益，肯特提出成立一家公司，以鼓励并推动其他事项变得更加环保。

生态问题对于肯特·萨维奇而言是完全陌生的。威廉·肯特·萨维奇出生于 1930 年，肯特因他伟大的叔叔而得名，肯特的叔叔，威廉·肯特，是一个著名的加利福尼亚州自然资源保护论者，在 1908 年，威廉·肯特将他近 300 英亩最

环保产品公司的商标（由环保产品公司提供）

好的红杉树森林捐赠给了西奥多·罗斯福任美国总统的国家政府，并以此创建了红木国家公园。在朝鲜战争中，他曾经是空军战斗机飞行员，战争结束后，肯特从辛辛那提大学毕业，获得了商学院学位。毕业后，肯特大部分职业生涯均工作于技术部门，其中有10年的时间曾经在IBM公司工作。在20世纪80年代早期，肯特和他的家庭从芝加哥的郊区搬到了科罗拉多州的博尔德市，在博尔德市，肯特以管理和市场营销咨询人员的身份工作，协助小型企业管理局申请人从事市场调查和成长管理。

随后，肯特经历了博尔德生态循环公司（Eco-Cycle）的成长和成功，并在1992~1996年间担任董事会主席。作为一家非营利性资源回收处理商，生态循环公司（Eco-Cycle）的使命是鼓励并促进资源的回收利用和社会零废弃物的实现。但是，公司的使命部分依赖于市场的力量，以提供有用且令人满意的使用回收材料生产的产品，并使用分销手段使产品能够到达消费者的手中。

支撑回收材料产品市场的理念是肯特新业务概念的核心。为了完成这一循环，他提出成立一家公司，这家公司将证明"由再生产品制造的各种琳琅满目的商品是实用的、有吸引力的且具有良好成本效益"。

朗斯峰的影子在崎岖的群峰和冰碛石之间绵延数千米，史蒂夫和肯特穿过了山峰的西面斜坡。他们一边继续攀登着山峰，一边讨论着肯特的想法。目标市场是什么？公司将会销售什么类型的产品？产品的来源是什么？主要的竞争对手是谁？到父子二人登顶的时候，该想法已经在史蒂夫的脑海中形成了某些冲动。

朗斯峰是科罗拉多州较高的山峰之一，站在朗斯峰的山巅，四面八方的美景尽收眼底。肯特和史蒂夫平静地观察着广阔的周围环境，同时在心中憧憬着他们的成就。大自然壮丽宏伟的谦恭之感足以进一步深化肯特野心勃勃的商业提议背后的使命和目的。在三个月的时间内，肯特撰写出商业计划，并为公司开发产品目录，肯特和史蒂夫称这家公司为环保产品公司（Eco-Products）。三年中,公司的业务得到了缓慢发展,公司从肯特的车库搬到了拥有更多设施的仓库中。在 15 年的时间中,环保产品公司(Eco-Products)成长迅速,公司通过投资源自于玉米和甘蔗的生物降解塑料产品,迅速壮大了公司产品市场占有率,这项投资推动公司在一年中的销售额高达 4000 万美元。在朗斯峰讨论的初步概念之后的 18 年,公司已经稳定成长为可堆肥垃圾和环境友好产品的主要批发供应商,环保产品公司(Eco-Products)将创建一家新的衍生公司,称为艾莉的生态家居卖场,该衍生公司生产公众可用的各种类型的环境友好产品并提供相关服务。

肯特·史蒂夫近照(由环保产品公司提供)

3.2 第一关征程

环保产品公司(Eco-Products)以公道的价格提供一应俱全的高质量、环保产品,致力于全球社区的积极影响。

——公司的使命

肯特和史蒂夫在 1990 年的 10 月 1 日正式创建了环保产品公司(Eco-Products)。原始的商业计划描述生机勃勃的市场机会,"利用实际情况和消费者和企业之间的感知,这对回收利用和购买再生产品而言都是至关重要的。"消费者调查总结出了公众的态度和所关注的事物,这些关注的事物与资源回收和环境保护有关,资源回收和环境保护被用于支持环保产品公司(Eco-Products)的主张,美国环境保护署也发现了建设新的垃圾填埋场的代价太高。该商业计划将公司的成长有序安排为三个增长阶段。第一个阶段将公司描述为"再生环保纸制品经销"。第二个阶段展望了"科罗拉多州博尔德的零售商店,销售再生环保纸、塑料和金属生产的产品。"假定之前的两个阶段均获得了成功,第三个阶段简单地寻求"扩大零售店的数量"。

环保产品公司(Eco-Products)是从第一阶段慢慢发展而来的,公司最初的业务集中于企业与企业间再生环保纸产品的批发分销。史蒂夫清楚地记得最初的销售是向任何有可能会大量使用纸张的人打电话,包括当地企业、教会、幼儿园、兄弟会和妇女联谊会,向他们提供此类产品作为电脑用纸、复印用纸、卫生纸和纸巾。在公司发展的早些年,史蒂夫驾驶着一辆老旧的斯巴鲁在城镇周围送货。"我父亲通常非常保守,他认为要用现金流实现公司的成长",史蒂夫回想到:"因此,最初我们成长得很慢,但是我们学到了很多,我们维持着我们的业务,这种观点与负债经营的思想完全相反。"在早期这种观点受到了强烈质疑,因为办公用纸制品的销售产生的利润非常薄,已经成立的商店和邮购公司拥有自己的再生纸产品。随着产品销售停滞不前,几乎没有增长,似乎史蒂夫很快就要返回学校追求他的研究生抱负了。

环保产品公司(Eco-Products)的产品焦点从办公用纸产品转移到了餐饮用纸和清洁用具,公司第一个大的订单来自丹佛的一家公司——干果仁咖啡(Peaberry Coffee)。"这家公司的订单让我暂时打消了返回学校念书的念头,因为环保产品公司(Eco-Products)开始增长"。在最初的15年间,环保产品公司(Eco-Products)一直在使用自己的资本经营着公司。"我们并没有为自己开太高的薪水,但是公司的销售额一直是在增长的,我们还从来没有出现过没有盈利的年份",史蒂夫解释道。1993年,史蒂夫和他的父亲从车库搬了出来,住进了博尔德3500平方尺的房子中,在这里,他们又度过了5年的时间。除了餐饮服务和纸制品行业之外,1996年,环保产品公司(Eco-Products)扩大了其产品线,以涵盖日渐成长的各种建筑产品,许多此类产品都含有很大消费后可回收成分。公司再次搬迁,公司的办事处搬到了博尔德的另一个地方,并添加了一个位于科罗拉多州拉斐特的仓库,面积$20000ft^2$。

在这段时间,自公司成立伊始就一直参与公司日常运营的肯特允许史蒂夫在公司的业务经营中担任更为积极的角色,而肯特将逐渐退出公司的日常经营。肯特父子继续提供有价值的公司领导力,并对环保产品公司(Eco-Products)进行指导,直到2003年肯特去世。肯特和他的儿子成立的公司已经稳定地成长为世界上环境友好产品的主要分销商,然而,不久之后,史蒂夫会领导环保产品公司(Eco-Products)进入一个新的领域。公司通过将自己产品的生产和营销添加到已经成熟的方案中,扩大了自己的市场份额。

环保产品公司(Eco-Products)的杯子图片(由环保产品公司提供)

3.3 过渡

从制造工厂到产品,再到制造工厂。

——公司标语

2005年以前,公司的经营模式是各个公司生产的再生纸张产品的批量组装,这些公司包括国际纸业公司、惠好公司、梭罗杯子公司和佐治亚太平洋公司。作为一家分销商和代理商,环保产品公司(Eco-Products)通过将他们的产品用于企业和个人的方式为这些制造商提供服务。令环保产品公司(Eco-Products)与众不同的是,该公司提供全产品线的环境友好产品,而其他公司却只能提供少量的"绿色"产品作为他们主流产品线的一个专业部分。

2005年,环保产品公司(Eco-Products)对这种商业模式进行了开拓创新:环保产品公司(Eco-Products)使用新的技术投资制造公司自己的产品,从玉米和甘蔗中生产百分之百的可堆肥塑料树脂,而非是严格作为其他公司商品的经销商。"我们发现,为了成为一家可持续发展的公司,必须树立自己的品牌,"史蒂夫解释道。他使用这项新技术抓住了极为难得的机会，树立了四个重要的品牌特征，而这四个特征很少在单一产品种类中找到："这些产品是使用天然资源制成的，产品是可降解的，但它们却与石油基塑料一样具有同等的质量，它们在价格上同样具有竞争力。环保产品公司（Eco-Products）通过其可堆肥塑料热水杯、冷水杯、餐具、蛤壳状挖泥器、盘子、碗和其他一次性物品的产品线，详细展示了将产品提供给食品服务行业的模型"。所有的产品都是经过"美国可堆肥认证的主要主管部门"（www.bpiworld.org/BPI-Public）可生物降解产品研究所认证的。通过将产品放到一个"商业堆肥条件"中，确保了产品能够在60天内被生物降解。

在2005～2009年间，公司在规模和营业收入方面都出现了大幅增长，这在很大程度上是由于上述扩张造成的。在2005年之前，史蒂夫解释了公司"实际上没有计划，除了营业收入的增长并将环保产品引入到了博尔德和丹佛的生意中，直到最近几年我们才真正知道环保产品公司（Eco-Products）是谁，我们正在做什么，我们如何才能达到我们的目标"。

史蒂夫认为还有两个人在公司野心勃勃的扩张中起到了重要作用：卢克·威尔农，现任公司的首席运营官，和吉姆·拉曼库萨，环保产品公司（Eco-Products）的前任销售总监。"没有他们二人的帮助，我一人肯定完不成公司的这种扩张"，史蒂夫承认。"我们三个人作为一个难以置信的团队共同工作，首先确认了这一机遇，然后执行了我们的计划。"卢克·威尔农和吉姆·拉曼库萨都是在2004年加入公司的，这二人迅速证明了他们对公司生态使命的热爱。卢克·威尔农负责产品开发的管理，吉姆·拉曼库萨全面负责销售方面的工作，2005年，公司团队开始扩张，并在2006年开始销售公司的新产品。

当公司计划启动扩张的时候，环保产品公司（Eco-Products）选择在亚洲生产大部分的公司新产品。而史蒂夫更偏向于选择在国内生产，他很乐意在亚洲找到可堆肥垃圾技术，他也很乐意走在国内制造商的"前列"。这使得环保产品公司（Eco-Products）能够使用几个重要的方式将自己的产品与竞争对手的产品区分开来。而其他的公司，如国际纸业公司、Fabri-Kal和威尔金森公司只能提供有限的类似产品。环保产品公司使用绿色条纹状的商标，能够提供全产品线的可堆肥一次性食品服务产品。公司还可以说自己的热食品产品和饮料产品具有最高热耐受性，可承受135华氏度（57.22℃）的高温，这一温度比最接近的竞争对手还高出30华氏度。"我们不仅要做品牌，而且还能降低价格，开发更为优质的产品"，史蒂夫说道。

绿色条纹状的商标不仅仅树立了一个重要的品牌，而且这种引人注目的条纹和标识可以作为一种暗示，即产品是可生物降解的。这一点在指导废弃产品到适当的可降解设施中尤其重要。由于产品的外观和性能类似于石油基的塑料制品，如果这二者混淆的话，不降解的物品会潜在的污染可回收利用塑料的供应。环保产品公司为客户提供了相关信息，客户使用这些信息在他们周围就能找到合适的设施，公司还会给出其他的如何将产品的环境足迹降低到最小的小贴士。如果没有找到适宜的堆肥环境，公司仍然会鼓励公司产品的使用，因为这能让用户"通过使用快速可再生资源制造的公司产品，降低用户的环境影响"（请参见环保产品公司官方网站：www.ecoproducts.com）。

环保产品公司最近几年的成功可以归因于几个重要的因素，这些因素包括智能产品的开发、创新性的市场营销和很大程度上的时间安排。依据《华尔街日报》中的一篇文章，石油价格的剧烈波动使得这种可持续发展产品对于客户而言更具吸引力。"这对我们来说简直太棒了，"史蒂夫指出。"我们的产品是使用玉米制造的，我们的竞争对手便是石油基的产品。在当前的背景下，石油基产品的价格在增加，而我们的价格保持稳定"（黛儿于2008年发表的文章）。作为对这种看法的补充"零废弃物约定组织、足球比赛、生日聚会、乡村集市或音乐节使其快速形成这种现状"（斯奈德于2008年发表的文章），环保产品公司正蓄势待发，继续保持增长和成功。环保产品公司是许多大型公司可堆肥餐饮服务产品的唯一供应商，包括希尔顿度假村、NBC、布希施娱乐集团（布希花园和海上世界）和美国职业棒球大联盟（到2009年年末，在超过一半的、露天大型运动场中）。自2005年以来，公司从只有10人的小团队成长为拥有员工人数超过60名，并在美国科罗拉多州的奥罗拉、加利福尼亚州的斯托克顿（在2007年均投入运营）和宾夕法尼亚州的哈里斯堡（2008年7月投入运营）建立起了拥有仓库设施的全国分销中心网络。公司从2005年的年销售额320万美元稳步增长到2006年的560万美元，2007年销售额达到1100万美元，2008年为3600万美元，2009年为4700万美元。公司的营业收入在2010年有望达到6200万美元，2007年公司的营业收入预计将高达7400万美元。环保产品公司（Eco-Products）被《有限公司》杂志的"有限公司5000强"认可，"有限公司5000强"是一个"庆祝美国最快速增长的私营公司"的清单，环保产品公司（Eco-Products）在该有限公司5000强中的排名分别为2008年834名、2009年270名、2010年297名。

史蒂夫·萨维奇照片（由环保产品公司提供）

3.4 言出必行

  我们的经营理念是保护地球环境，注意环境保护对公司员工生命的影响和员工社区的影响。我公司致力于为我们的投资者创造利润，并为我们的员工许诺一个美好的未来。我公司的目标是成为可持续发展运动中的领军人物。

      ——环保产品公司（Eco-Products）的可持续发展政策声明

  当史蒂夫和肯特·萨维奇在1990年开始经营环保产品公司（Eco-Products）的时候，环境保护工作就已经是他们的核心使命。作为一家以盈利为目的的公司，他们当然会对通过进入这一新兴的生态无害产品和服务市场赚钱感兴趣。同时，他们还对他们公司的成功如何对环境和社区产生积极影响充满热情。正如他们在原始的商业计划中所描述的，"该公司是一家以盈利为目的的资本公司，为有价值的事业提供服务……环保产品公司（Eco-Products）的每一件产品都将会传达环保意识"［环保产品公司（Eco-Products）商业计划，第22页］。

"在公司成立之后的最初10年间，环保产品公司（Eco-Products）仅仅是尽量生存下去，"史蒂夫说，当被询问公司在早期采用的是什么环境友好对策的时候，史蒂夫说"当然，我们一直在回收利用……于我而言，这仅仅是你总是在做的一件事情之一而已。"此外，史蒂夫还提到了环保产品公司（Eco-Products）如何成了20世纪90年代中期首批追求风能信用的公司之一。"这很可能是因为我们最初在真正做一些事情的时候的确与其他正常的公司不一样——而非骑自行车去上班"。

如今，环保产品公司（Eco-Products）已经涉足于各种不同的战略、项目、赞助商和创新，这些内容不仅传达着环境保护的理念，而且还在自然资源保护、节约美元和有社会责任感的职员文化的维持中具有真实的影响。"我们并不是一家零废弃物公司，"史蒂夫解释道。"我们堆肥或重复利用在我们公司中产生的所有废弃物。"其他的措施包括在公司主要办公室屋顶上安装一个49kV的太阳能电池阵，以"协助降低全球变暖并帮助冲抵经营商业的碳排放成本"［环保产品公司（Eco-Products）环境实践］。该系统能够产生超过50%的主要办公室能量需求，并在公司的官方网站上提供实时数据和历史数据，在该网站上，公司职员和客户可以查看公司节约了多少资源。"我们是一家碳中和公司，"史蒂夫解释道，这明显给出了许多产品必须要旅行的距离。环保产品公司（Eco-Products）与亚洲的7～10家制造商合作，以生产其可降解的产品系列，然后将生产好的成品运输到美国，并通过公司的供应网络进行分销。

环保产品公司（Eco-Products）通过从博尔德可再生性选择能源公司购买碳排放额度，冲抵了所有交通运输的碳排放。可再生性选择公司反过来又会投资一些项目，这些项目"防止了相同数量的温室气体进入到大气中。"环保产品公司（Eco-Products）的卡车车队也在做着相同的事情。这些卡车都是采用清洁燃烧的天然气或者生物柴油驱动的。"通过这样做，我们公司节省下了成千上万加仑的汽油，降低了我们的卡车车队产生的污染"［环保产品公司（Eco-Products）公司环境实践］。公司员工也被鼓励使用可替代形式的交通工具，如果员工在一周内有三次或者三次以上这样做，员工还会收到每月100美元的额外奖励。

环保产品公司（Eco-Products）所制造的创新性的可堆肥产品也因降低碳排

放和保护自然资源而受到赞誉。这些产品是由奈琪沃克有限责任公司提供的生物高聚物制成的,奈琪沃克有限责任公司是一家由美国嘉吉公司和日本帝人株式会社共同成立的合资企业。当将产品与石油基的产品相对比时,这种"生物高聚物在生产时节约了65%的能源消耗,与传统的石油基高聚物相比,其温室气体排放量降低了80%~90%"(奈琪沃克有限责任公司于2010年发表的文章)。依据环保产品公司(Eco-Products)官方网站公布的内容,使用这些可堆肥产品产生的积极效应是可以量化的。由于这些产品是使用可快速再生的且可持续发展的资源制作,而非使用来自石油中的原料,在一年中,环保产品公司(Eco-Products)的客户能够节约相当于"742414gal的汽油(这些汽油足够驱动一辆汽车绕地球673圈),13478914lb的温室气体,或者8629476kW·h时的能量(足够让一个一般美国家庭照明810年)"[环保产品公司(Eco-Products)的绿色事实]。

环保产品公司(Eco-Products)在全年中赞助了多种可持续发展事件和项目,生态循环公司(Eco-Cycle)是"美国最大的非营利性回收商",是环保产品公司(Eco-Products)鼓励公司和个人以及社区成为真正的零排放废弃物的重要合作伙伴(生态循环公司于2010年发表的文章)。环保产品公司(Eco-Products)被赋予的一个最为显著的荣誉是科罗拉多卫生局的环境领导力项目颁发的荣誉。该项目"为自愿遵守州和联邦法规的成员提供福利和激励,并致力于持续的环境改善"(科罗拉多卫生局2008年和2010年发布的信息)。2008年,环保产品公司(Eco-Products)从之前的铜质成就者状态提升到了金质领导者,并在2010年荣获了最高水平的赞誉。

3.5 展望未来

所有的绿色食物都受到主流的呼唤,对于在博尔德以公道的价格销售天然和有机产品的一站式服务而言,时机恰好。

——艾莉的生态家居卖场促销广告

自环保产品公司(Eco-Products)成立以来,史蒂夫和肯特·萨维奇就计划开一家商店,以向公众提供环境友好产品。"当我们每个月的销售收入达到1万美元的时候,人们认为我们会退出零售店。"史蒂夫回想道。现在,18年过去了,"一年后会达到5000万美元,"公司制定的这项计划最终成为现实。当环保产品公司(Eco-Products)设立建筑物供应部门负责供应已经获得的多种批发产品时，新的零售商店于 1996 年奠基。2005 年以后，当公司越来越多地被认为是可堆肥餐饮服务的主供应商的时候，在一个部门的业务停止，另一个业务又开始的时候容易产生混淆。在 2007 年 12 月，环保产品公司（Eco-Products）决定将建筑物供应部门分拆为一家新的零售公司。"我们已经提出了一个新的名字，"史蒂夫回想道。"我们将新公司命名为'Natural-This'或者'Eco-That'"。最后，公司以史蒂夫女儿艾莉的名字命名。"公司能给人一种很私人的感觉，公司的标语仍然是'有机家居中心'"。

艾莉生态家居中心（由环保产品公司提供）

史蒂夫和他的董事会对艾莉有着更为广阔的视角，这家公司不仅仅从事建筑物供应。"公司能够为您的家庭提供食品之外的任何商品，"史蒂夫解释道。艾莉背后最初的战略概念是天然食品商店的一个补充，类似于全食公司（Whole Foods）或者向日葵市场（Sunflower Markets）。"这个构想就在您的隔壁……您可以从一家商店购买有机香蕉，然后进来为您的家庭购买任何别的东西。"艾莉的在线商店和实体店已经投入运营，实体店就位于博尔德的公司总部旁边。2007 年，该公司实现的营业收入高达 170 万美元。2008 年 11 月，第一家独立运营的艾莉生态家居商店正式开业，地点就挨着博尔德的向日葵超市。"我们的计划是努力使第一家商店成功运营，然后在未来的三年内陆续设立几家商店，"史蒂夫说，公司以下述几个市场为目标市场：马萨诸塞州的剑桥、加利福尼亚的圣克鲁兹、俄勒冈州的本德和华盛顿州的西雅图。

随着环保产品公司（Eco-Products）的持续增长，艾莉生态家居商店是公司第一个可能的衍生市场，是一家新生企业。"环保产品公司（Eco-Products）拥有其他业务是非常可能的，"史蒂夫评论道。"艾莉生态家居商店便是其中之一。我们还将进入其他领域——这是其中的一个——但是太阳能、氢燃料电池、水清洁技术除外。"史蒂夫引用通用电气公司作为公司实例，通用电气公司已经涉足机车照明用品和喷射发动机等各个领域。

3.6 酸处理经济

此前现代社会从未如此大面积地同时经受到经济和金融风暴的冲击，至今我们仍然处于这场风暴中。

——美国财政部长蒂莫西·F·盖特纳，2009年4月

（诺尔顿于2009年发表的文章）

身处全球经济下滑之中，许多华尔街最大的金融机构已经倒下，史蒂夫承认他已经修订了公司的收益预期，"之前，我们认为我们的销售额能够翻两番。现在我们认为只能翻一番。"

2009年经过调整的预期为4800万美元，这一数字较2008年的3600万美元仍出现显著增长。"5000万美元现在看仍没有什么问题，"史蒂夫乐观地说。作为公司近期在零售行业的冒险项目，新运营的艾莉生态家居商店依然处于盈亏平衡的状态。"以此为基础，我们已经需要运营第二家店，"史蒂夫解释说。环保产品公司（Eco-Products）还会以将产品通过 King Soopers/城市超市进行销售的方式进行扩张。其他的零售商预计也会跟进。

尽管经济放缓，但环保产品公司（Eco-Products）仍在继续增长便是商业模式、愿景领导和简单概念成功的证明。作为一家世界级的环境友好产品和服务的领头羊，当1990年史蒂夫和他的父亲成立公司的时候，考虑公司的经营范围是很重要的。但是公司的基本目标依然忠于公司的最初理念，该理念是肯特·萨维奇在20年前攀登朗斯峰的时候初步形成的。展望未来，环保产品公司（Eco-Products）将随时准备着通过生产出更为主流的产品，对环境保护运动产生更为重大的影响。"这就是我现在的愿望，"史蒂夫说，"我的愿望是不仅要改变餐饮服务行业，并且我们还要一起改变其他行业！"

小　结

（1）相较于将大量的资金投入到一家公司，然后负债经营而言，依照所学并维持经营，公司缓慢成长，并使用现金流筹措资金经营新的业务是非常有利的。

（2）为可持续发展业务确定一个理念可以来自市场的需求，环保产品公司（Eco-Products）为再生环保纸、塑料和金属生产了大量有用的产品。

（3）从低利润产品转战到高利润产品是非常有价值的，如环保产品公司（Eco-Products）从供应餐饮服务和清洁用具的再生环保纸产品的批发分销商，扩张为涉足正在增长的多种建筑产品，近期又使用新技术投资了自营产品的生产和加工。

（4）令环保产品公司（Eco-Products）与众不同的是，如何专有地提供全产品线的环境友好产品，而其他的公司却只能提供少量的"绿色"产品作为他们主流产品线的一个部分。环保产品公司（Eco-Products）通过自己的可堆肥塑料热水杯、冷水杯、餐具、蛤壳状挖泥器、盘子、碗和其他一次性物品的产品线，详细展示了将产品提供给食品服务行业的模型。

参考文献

生物降解产品研究所，http://www.bpiworld.org/BPI-Public，科罗拉多州卫生部，2008年和2010年，环境领导力项目概览，http://www.cdphe.state.co.us/oeis/elp/index.html 和 http://www.cdphe.state.co.us/oeis/elp/documents/2010membprofiles.pdf.

生态循环公司（Eco-Cycle）官方网站，关于我们（About Us），http://www.ecocycle.org/Aboutus/index.cfm.

环保产品公司（Eco-Products）商业计划，史蒂夫·萨维奇在公司办公室提供。环保产品公司官方网站，环保产品公司描述：城市绿色（Go Green）版块：http://www.ecoproducts.com/companypercent20pages/howpercent20topercent20gopercent20green.htm.

环保产品公司（Eco-Products）环境实践，http://www.ecoproducts.com/companypercent20pages/environmental percent20practices.htm.

环保产品公司（Eco-Products）可持续发展政策声明，http://www.ecoproducts.com/va-cms/sustainability.html.

环保产品公司（Eco-Products）绿色事实，http://www.ecoproducts.

com/companypercent20pages/greenpercent20facts. htm.

2008 年有限公司 5000 强，第 834 名环保产品公司（Eco-Products）博尔德公司，http://www. inc. com/inc5000/2008/company-profile. html? id＝200808340.

2009 年有限公司 5000 强，第 270 名环保产品公司（Eco-Products）博尔德公司，http://www. inc. com/inc5000/2009/company-profile. html? id＝200902700.

2010 年有限公司 5000 强，第 297 名环保产品公司（Eco-Products）博尔德公司，http://www. inc. com/inc5000/profile/eco-products.

Knowlton，Brian："1945 年以后全球经济最糟糕的时候"，纽约时报，2009 年 4 月 22 日，http://www. nytimes. com/2009/04/23/business/economy/23outlook. html.

奈琪沃克公司（NatureWorks）、玉米变塑料，http://www. cargill. com/corporate-responsibility/environmental-innovation/pioneering-new-businesses/corn-plastic/index. jsp.

Snider，Laura："博尔德的环保产品公司（Eco-Products）开始爆发"，博尔德每日观察，2008 年 9 月 3 日，http://www. dailycamera. com/news/2008/Sep/03/boulders-eco-products-set-explode/.

4
巴雷特建筑设计工作室

科罗拉多州博尔德

作者：费雷德·安德里亚斯

文章参与：克莱·蔡斯、帕梅拉·古德里奇·约埃、大卫·雅各布斯、克里斯托弗·索普

  一天早晨，大卫·巴雷特坐在他的厨房里，厨房的窗户半开着，微风缓缓地吹过他手中的咖啡杯，咖啡杯中的热气袅袅上升。在厨房的桌子上，大卫·巴雷特正在读着报纸，忽然他注意到了一条大标题："保持窗户开启是最新的办公室礼仪。"在读了好几遍大标题之后，他确信他理解到了这篇文章中的每一个细节——挂钩，这个词汇使他继续读了下去。这是《华尔街日报》的头条（坦普林于1998年发表的文章）。一个想法浮现在他的脑海中：这是一个难以置信的但没有给人留下深刻印象的词汇。20世纪即将结束——在这个世纪，可持续发展的理念兴衰起伏数次——只能以这个没有给人留下深刻印象的咒语结束。在那个时候，他几乎对大型商业建筑物的可持续发展一无所知。但是尽管如此，这一想法看起来依然是难以置信的古怪……就像把窗户打开就能创建一个有意义的未来一样……对于不公开和封闭型建筑物开阔思想的一个小比喻。

  每一种商业和行业都会受到可持续发展的影响，就像我们每一个人每天都会被自己做出的选择、自己所使用的产品和自己的为人处世之道所影响一样。与其他的行业不同，建筑学处于可持续发展运动的最前沿。建筑学应有可持续发展的设想，因为建筑学意味着建设、雕刻和操作一个空间，这最终意味着使用材料和能源改变这个空间之前的样子。在发达国家中，这些选择能够使项目使用有关环境方面的大量能量，直到有一天项目寿终正寝。但这并不是说，对于建筑学而言，可持续发展就会比任何其他行业都更加重要。与其这样倒更不如说，相较于其他行业而言，建筑学是能量消耗或者可持续发展的一种特定的物理或者具体的表现，而对于其他行业，围绕可持续发展的想法、进展和价值并不是可以直观体验和使用的。

审查建筑学的可持续性是指重新考虑我们建设的建筑、位置、设计原因和方式并最终贯穿于我们的日常生活当中。在建筑学行业中，可持续发展解决方案可以多种多样，在设计过程、建筑物类型、材料和系统中可以有很大的不同。科罗拉多州博尔特市的巴雷特建筑设计工作室（Barrett Studio Architects）便是提供可持续发展解决方案的一个优秀实例。公司的作品是折中学派的，不会考虑墙体刷绿。公司在这一领域过去和现在的客户和员工以及其他的设计师和施工人员会自动将可持续发展关联到巴雷特建筑设计工作室。但是到目前为止，没有人能在办公室内找到可持续发展元素或方法的清单或规定的度量标准。

大卫·巴雷特通常在现场开始设计，图中为大卫·巴雷特和巴雷特建筑设计工作室员工山姆·倪世科［巴雷特建筑设计工作室（Barrett Studio Architects）提供］

尽管在每一个项目中都编制有可持续发展的项目预算，并且会提交给每一个客户，但是巴雷特工作室的知名度来自其基本的综合方法。这种方法使公司成了一家本地性、区域性和国际性的公司。大卫·巴雷特作为工作室的主要创始人，承认他有时候在建筑学领域有选择客户和梦寐以求的位置的机会。但是这些会转化为可持续发展吗？对大卫而言，这是否定的。在工作室从事建筑实践的30年间，工作室聚焦于能量效率和可持续发展设计战略，大卫·巴雷特依然对将他的经验和哲学从独栋的房屋、学校、宗教场所扩展到整个关联系统的社区中，使其能够共同运转，支持社区的健康、效率和活力保持着浓厚的兴趣。

4.1 发展历程

1970 年，理查德·尼克松就任美国总统，大学生的抗议活动席卷全美。在俄亥俄州的肯特州立大学，大卫·巴雷特正在完成他的建筑学毕业论文。在 1970 年 5 月，俄亥俄国民警卫队开枪射击并打死了 4 名年轻的肯特州立大学的学生。这一悲剧和美国社会的文化割裂触动了大卫开始质疑建筑学在为人类服务中所起到的作用。我们如何进行总体设计使之适用于所有人？我们如何保护环境？他和其他的学生认为建筑学在人们生活中在影响积极的改变中应负有重要的责任。

1971 年，大卫从肯特州立大学毕业，并获得建筑学职业学士学位，毕业后他在匹兹堡的几家公司作为实习生参加工作，大卫开始致力于佛罗里达州农工大学的环境友好学生中心设计。该设计中有一个半地下的建筑结构，该结构采用被动式的冷却系统。该项目最终与大卫的理念对接并荣获了美国建筑师协会佛罗里达州（美国建筑师协会分会）设计奖。

大卫认为建筑实践——囿于传统——在响应社会和环境问题方面过于缓慢。他正在建筑学领域中寻找一个领域，在这个领域尊重大卫的愉快和负责人设计的远景。一旦他获得许可，他便进入科罗拉多州大学的研究生课中，在这里他有机会在被动式采暖、冷却、太阳能和社会责任中探索他的兴趣。

在石油禁运和新的围绕能源节约的公共意识的思潮中，这种教育激发了大卫与少数几名同学联合起来共同向占据优势的行业文化惯例发起挑战。大卫的硕士论文是一个动画片，名字是重生：美国城市的重生。大卫最后的私人实践的基础初见端倪。在查尔斯和蕾·伊默斯跨学科方法的推动下，大卫开始为卡尔·沃辛顿和博尔德的联合公司工作。沃辛顿的公司与多学科工作室方法（包括建筑学、园林景观设计学、土地规划、内部装饰和多媒体影音制作）联合。

1977 年，大卫决定是时候追求自己的实践愿望了，他的实践愿望融合了环境价值和社会价值，并采用了整体分析的方法进行设计。他的公司——向日葵公司（因生物和太阳之间的趋光性关系而得名），在太阳能研究协会的资助下正式成立，并成功地击败了各种竞争对手。

大卫为客户设计并建设一个小型的被动式太阳能住宅项目，大卫将这一住宅项目称为"深度聆听"，他的设计模型称为"生态-形态原则"。他认为他需要证明的是，环境设计方法是更为时尚的一种方法。但是会有客户愿意打破常规并采用这些价值观和有时候颇具煽动性的理论吗？建筑师和客户能作为社会改变代理人共同工作吗？

当大卫获得美国本田汽车公司的创新精神项目的委任状，开发鹰岩学校（Eagle Rock School）和处于危险之中的儿童职业发展中心时，大卫的事业获得了突破性的进展。在他进行陈述期间，大卫承诺改变传统方法进行设计，这已经变得非常明显。他过去的创新和探索记录、他的发展经历、生态-形态原则的使用使美国本田汽车公司确信他们已经找到了他们理想的建筑师。本田恪守承诺，从雇佣大卫的设计公司——向日葵公司开始，改变儿童受教育的方式，向日葵公司也恪守承诺改变社会和建筑环境之间的关系。

鹰岩学校（Eagle Rock School）项目将向日葵公司放在了可持续发展设计的权威位置，将公司作为一家具有社会良知的公司对待。向日葵公司在从事设计30年之后，最终成为巴雷特建筑设计工作室，成为可持续发展设计的领头羊和现有主流设计共同体的重要组成部分。

本田汽车的鹰岩学校项目和职业发展中心最终取得了成功，这一成功使得巴雷特能够以对改变的强烈追求寻找其他的客户。随着其他的项目，如Saint Walburga大修道院、委内瑞拉的Casa Viento EcoLodge、城市街区度假城和塔吉克斯坦杜尚别的友好中心的签订——所有这些项目的客户都拥有共同的环境价值观和取向——大卫的业务开始增长。1997年，巴雷特建筑设计工作室入选美国建筑师协会卡罗拉多州年度公司，2002年，大卫·巴雷特荣获美国建筑师协会卡罗拉多州年度设计师称号。35年之后，巴雷特建筑设计工作室依然是可持续发展建筑实践的典范，并将继续在新的绿色经济中开拓创新。

4.2　巴雷特建筑设计工作室的使命

巴雷特建筑设计工作室是一家工作积极性很高的专业设计团队，致力于建筑实践、社区和城市设计以及内部装饰。其设计方法是整体方法，将环境视为是一个整体。从生态环保的角度上看，该工作室探索了影响设计决定的相互连接和项目与机会之间的联系，以创作有意义的、优秀且漂亮的项目。公司认为可持续发展对所有的业务实践而言必须保持完整。三重底线仅仅是一个开始。工作室的员工在家中和工作中分享并实践可持续发展的核心价值观。管理人员关心的是与众不同，并采取一定的措施。

尤其是，这一过程不能被专家领域所隔离。有意义的解决方案应能够经得起时间的考验，是共同创作的结果，这就是工作室的宗旨。尽管综合性的团队方法甚为严格，但是他们发现创作的乐趣和对某一部分的满意会超出他们自己本身。在每一个项目中，他们首先会创建一个流程，该流程特别考虑了现场的潜力、气候、客户、使用和预算。明显的成效源自对作品的激情、交流、创造力、完整性和承诺，以从头至尾领会他们的理念"这就是我们所要做的，这就是我们。"（巴雷特建筑设计工作室官方网站）。

科罗拉多州博尔德市的巴雷特建筑设计工作室的员工
[巴雷特建筑设计工作室（Barrett Studio Architects）提供]

4.3　可持续发展商业惯例

大卫·巴雷特已经看到了有越来越多的工商企业采用了各种不同版本的可持续发展商业模型。他认为，可持续发展一定会成为商业中的一个综合性的理念体系，而不仅仅是预算表上的一个项目。当日子变得艰苦的时候，这些工商企业不会说，"额，对不起，日子太难熬了这个月，所以这个绿色战略就不要了。"

巴雷特建筑设计工作室依然在客户寻求服务中占据着令人羡慕的地位。由于公司拥有整合可持续发展设计原则的声望，在办公室内也有可持续发展实践，因此这吸引了许多已经接受了绿色理念的客户前来。巴雷特的可持续发展设计成果将这座工作室建设为一家负责任的具有良好知名度的公司。这使得公司能够选择反映其理念的项目，并在与客户的预算和要求进行对接的时候保持足够的弹性。

巴雷特建筑设计工作室的标准是不断在演变的。该标准似乎是违背直觉的，但是商业团队会评估审核内容清单和其他的静态测量项目。由于技术是不断演变的，项目也具备多样性，因此标准的审核内容清单会快速过时。反而项目会利用蒙太奇的手法和生态视角作为试金石应用于整个设计过程中。客户追踪可持续发展测量的执行，并会爱上设计结果。

4.4　可持续发展经营策略入门指南

巴雷特建筑设计工作室对可持续发展的承诺始于数十年前。从 20 世纪 60 年代和 70 年代的社会和环境变化起一直到现在，可持续发展一直是大卫的信条。退回到 20 世纪 70 年代，那时候大卫还是科罗拉多大学的学生，他的研究生学习推动他到志趣相投的一群学生中，并聚焦于太阳能技术和可持续发展的研究。甚至是他原始的商业冒险，向日葵公司也是模仿向日葵的趋光性原理，致力于生物意识的研究。从这些早期的开端中，大卫在他的商业实践中创建了一种进化性分析法。

"每年在员工进修期间，我们都会进行方法的头脑风暴，使我们变得更具有可持续性，也更为高效。在年度员工进修会上，我们会修订工作室的目标。进修会被用来检查我们的个人生活并眺望这个世界，确定我们将要行进的方向，使我们更加团结地前进。我们作为一个完整的有机过程，专注用心地工作。可持续发展规划是可持续发展能够成功的关键因素"（研究团队对大卫·巴雷特的专访，2009 年）。

在可持续发展建筑设计中，并不是每一件事物都是简单的。前瞻性思维通常会向学术界中的保守传统和公众以及建筑社区设计公然发起挑战。大卫的许多原始想法都来自太阳的运动，这些想法会被主流的设计公司，被代表性的设计师所排斥。在巴雷特认识到其在市场中的专业特征之后，巴雷特建筑设计工作室开始寻找具有类似信仰或兴趣的客户，并拥抱客户的社区角色和客户教育家角色。在 35 年间，工作室一直都被人认为是一家有特点的工作室。工作室使命的这种始终如一的且独特的传承转化为一种强大的市场工具。由于工作室在该领域中的地位，他吸引了许多对可持续发展和建成环境感兴趣的私人客户。工作室将深思熟虑的过程运用到了大型投标申请书中，批判性地对他们进行评估，并只对他们认为最为适合的作品——那些能够使公司做出创新作品的项目进行响应。这种选择性在高质量的社区中培养了一种认知，并在伦理上以工作室为基础。工作室牢固且长期的在可持续发展领域中的社会声望则是成功的另外一个关键。

4.5 市场营销

以公司的社会名望为基础，巴雷特建筑设计工作室的市场营销计划首先会集中于向市场传达一个清晰且始终如一的信息。公司在生态意识团体中长期的会员身份以及公司的可持续发展声望有助于将公司和其他的竞争对手区分开来。这种差异在行业和用户出版物、会议上的业务陈述、公开的研习会、奖项提名和生态设计出版物中的定向广告中已经体现。

在激烈的竞争之中位于前列依旧是公司成功的秘诀。巴雷特建筑设计工作室一贯地研究新技术以促进可持续性的发展，这不仅体现在其项目上，还体现在自己的办公室中。时刻与最新的技术和体系保持紧密联系是其中的关键，然后将它们在公司和公司职员的生活中执行并进行整合。如果工作室想要调查一项新产品，他就会去研究、测试、评估、使用并将其回收，以支持整体的理念体系。例如，办公室清洁中不可回收的塑料黏合剂可通过 Craigslist（网站名）进行回收，第二天这些黏合剂就会在小巷子中消失。对于巴雷特建筑设计工作室而言，可持续发展并不是预先设置的假设或预先定义的参数。可持续发展是从基于基本原理的有意识努力和时刻保持创新和灵活性的敏感性中发展而来的。

保持竞争力要求一直与最新的发展保持一致。当有新的产品或者新的理念出现的时候，整个工作室会从各种生态期刊和出版物中，或当地的演示文稿中进行学习。对技术和产品的演变进行研究，并积极参加行业会议和研讨会，了解最新的行业发展情况。巴雷特建筑设计工作室还会咨询一些基于生态的技术期刊，如 *Ecospecifier*、《环保建筑新闻》《绿色建筑新闻》《生态结构》期刊和《灯塔》（*Pharos*）。其他感兴趣的读物和理念通常可以在更加面向消费者的杂志中找到，如《大都会杂志》《居家和居住》。

同样，归属于当地绿色商业集团也为有价值的对接创造了机会。这些集团如博尔德绿色建筑协会、美国绿色建筑委员会和科罗拉多州稻草协会会帮助企业时刻了解当地绿色市场的最新动态。在这些组织机构中，长期的会员身份和活跃参与有助于社会再次确认公司的信誉。在当地的绿色社区中维持存在有助于在日益拥挤的领域中提高公司的辨识度。参加慈善事业，参加无声拍卖，提供志愿服务或为当地的非营利性机构提供贴现服务，参与快乐社区事件，所有的这些替代方法都能使公司在支持当地社区中保持活跃。公司还会将其年度利润总额的 10% 捐献给当地的非营利性机构，以支持该区域内的住房供给和聚焦可持续性、支持该区域内地方社区的可持续发展。社区和管理工作也是公司成功的另一个关键因素。

4.6 利益相关方的参与

巴雷特建筑设计工作室维持着简单的商业模式。独资经营中没有股东，没有董事会，但是这种商业模式在一次合作后会被模仿。大卫答应所有的雇员，要求他们投入并支持他们所参与的工作。公司维持开放式的会计政策，利润/损失信息会每月与所有的员工共享。花销和收益的确定通常会涉及一个较大的周期，这个周期超出了大卫和商务总监马基·弗利金杰的能力范围。员工的分红分配计划特别有效，因为信息会持续共享，这会造就一个忠诚的、见多识广的既得利益员工群体。

4.7 可持续发展的商业模式

作为一个商业模型，无需自觉给予支持，我们只需遵循人、繁荣、地球这一三重底线。

——马基·弗利金杰巴雷特工作室商务总监

P3 运动法则——人、繁荣、地球——涵盖了可持续性的各个方面。材料的回收利用、和办公室废物堆制肥料、本地资源获取、支持本地的绿色商业（如环保产品公司和艾莉生态家居商店）、使用并指定本地制造商、利用办公室物资的二次加工如墨盒、使用 100% 的再生环保纸、安装驱动程序以支持双面打印，与当地的绿色清洁公司签订合约，所有这些都代表着巴雷特工作室的 P3 商业承诺。其他的措施包括通过城市回收材料中心采集和回收项目；将办公室内的白炽灯用照明效率更高的氙气灯、CFL 和 LED 设备替代；采购风力发电机组冲抵地方电网、艾克赛尔（Xcel）能源公司提供的电能［地方电网和艾克赛尔（Xcel）能源公司生产的大部分电力也是通过燃烧煤炭获得的］。

4.8 公司文化

在任何行业中,尤其是在服务行业中,可持续发展最大的一个贡献是可持续发展政策能够支持公司自己的员工发展及其大部分有价值的资产增值。巴雷特建筑设计工作室通过各种有关固定办公时间、远程办公和提升地方机构组织中的会员资格的政策支持可持续发展的员工。许多建筑事务所的公司文化都会有繁重的超负荷工作表,这已经成为行业惯例,典型的工作周一般会达到50~60h。在巴雷特建筑设计工作室,40h的周工作量是最理想的——能够实现最佳工作绩效和最佳工作状态。公司发现一周工作40h的劳动产出和工作更多的时间获得的劳动产出是一样的。享受平衡的生活方式对于团队精神和可持续的商业模型而言都是必不可少的。

有设计工作室背后强大的可持续性核心价值的支持,商务总监马基·弗利金杰从经济视角和人性化视角出发,通过小心处理财务、员工和人力资源挑战以及工作室文化之间的关系,专注于商业模型的可持续性经营。他协调着市场效能和视觉传达之间的联系,强化工作室的价值观和哲理。他努力将巴雷特建筑设计工作室的商业实践与公司设计实践对接。马基负责可持续的业务拓展、实践和政策,而大卫就可以更多地关注于工作室设计实践的发展以及公司在社区中的地位。

可持续的最佳实践创造了基于团队方法的可持续性商业文化。员工每年最少能够获得2周的休假,但是依据优先程序,公司会进行年度选举,以降低员工的补偿——同时保留所有其他员工的利益——以便积累额外一周的带薪休假。当需要加班的时候,公司会有加班费。其他的员工福利包括100%的免费健康和牙医保险、简单的退休匹配方案、区域过境通行证、每月轮流在员工家中举行员工聚餐、工作之余召开啤酒会和每年的度假,还包括去金色湖畔的出游,并以商业和游玩为特征。公司还会为员工提供继续教育、定期的资助研讨会、务虚会和其他会议。所有这些福利对于每一名员工而言都是可用的。这些可持续商业实践聚焦于日常业务和日常生活中个人和团队的提升,支持员工的职业生涯和员工的工作规划作为P3承诺的一部分。

4.9 公司文化的可持续性

员工在工作和家中能够充分参与这些可持续发展的选择。持续发展规划中的

"人"指的是办公室中的每一名员工。巴雷特建筑设计工作室吸引着每一名已经将可持续发展整合到日常生活中的员工。例如，大约70%的员工有规律地骑自行车或者乘坐公交车上班，工作室员工赢得了2007年智能骑行星期四的商业挑战赛，这是丹佛地区政府协会举办的一个项目。

通过下述方式，公司创建了一个聚焦于支付、绩效表现、管理和福利的可持续发展规划：

① 维持稳定的工作周，避免员工过度操劳，尊重员工。
② 鼓励替代性和公共交通工具的使用。
③ 创建财政激励政策，在公司内建立可持续的投资。

这些在建筑设计行业独特的先例支持了公司员工，并维持了组织的P3承诺。

4.10　公司效率

以月度为基础，对巴雷特建筑设计工作室的效率及其个别员工进行追踪，可对照预测效率和目标效率。在盈利性项目上工作的计费小时数决定了每一名员工工作的效率。计费小时包括直接在承包工程上花费的工作时间。目标员工的效率各有不同，取决于员工的角色。与较大的商业经验和前景展望相结合能够实现较低的计费小时数目标。较低的目标解放了公司领导在非可计费方面的工作，这些基本的工作包括市场营销和客户联络。员工的计费小时数目标的范围为12.5%~90%，机体工作室的目标平均约为67%。内部小时数包括市场营销、拟提议响应的请求、办公室和行政职能、教育、技术、组织和其他功能。所有的员工都应知道他们的个人目标，并在软件程序的帮助下，允许员工实时跟踪他们的可计费百分比。这种认知和反馈会转化为目的明确地投资于产生可计费工作和可持续性盈利能力的劳动力。

4.11　技术

越来越多的企业利用技术控制设在遥远的地区的项目差旅及其他花费。对于巴雷特建筑设计工作室而言，这包括使用数字技术，如视频会议、网络记录和数字远距离传输建筑管理图片、文件、说明和变更。视频会议和电子通勤节省了人力和综合能源，并成为一种最为可持续性的策略，节省了大量的时间和金钱，并为项目的可持续性创建了另外一种方法。

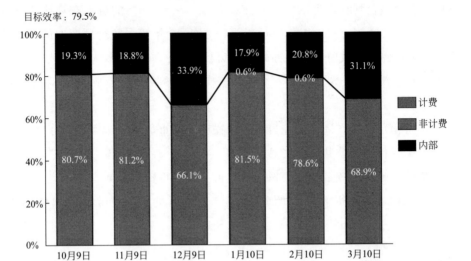

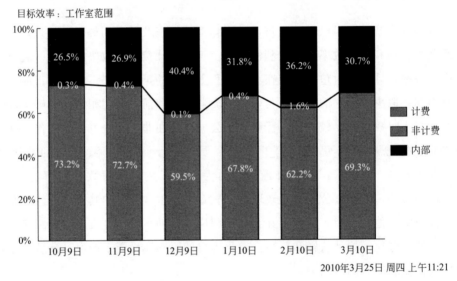

目标效率图 [巴雷特建筑设计工作室（Barrett Studio Architects）提供]

4.12 竞争

越来越多的企业意识到，一个完整的理念体系和经营理念会创造成功，绿色建筑公司中的每一天都在竞争。事实上，每一家建筑设计公司都将自己置于绿色和可持续发展之中。在每一个公司的官方网站和广告中都有这样的口号，似乎每一个人都变成了绿色。在客户的脑海中维持巴雷特建筑设计工作室的绿色可持续发展工作室的形象是工作室的核心点。建筑设计行业正在向一个全新方向前进的事实有助于创造一个新的主流，一个以可持续发展的原则为基础的主流。但是，如今这一趋势是，没有任何绿色经验或热情的公司也跳进了这个行业，称自己是绿色公司。结果是这些公司只是简单地尝试建立了绿色部门，或者任命了可持续发展主任，以尝试扩展公司的市场。通常情况生产出来的唯一的"绿色"就是钱。巴雷特建筑设计工作室在绿色领域的工作历史是一贯的，综合性的承诺支持着其长久社会声誉。公司以其30年的从业经验为基础，计划继续其公认的专业工作，更有效地利用其可持续发展的经验。专业经验和社会声望是成功的另外一个关键。

4.13　建筑性能的追踪

一般而言，工商业界尤其是建筑行业的关键挑战是从可持续发展活动中获取量化结果的反馈不足。建筑学越来越复杂，可持续设计则是更为复杂的一项工作。项目的可持续发展方法必须聚焦于活动的追踪和成功的量化。能量性能的测量和比较以及任何简单的商业决策的关联性度量依旧是一项非常困难的工作。即便是确定建筑物和工商企业的碳排放量，如果没有广泛分析的话也是异常困难的。程序会产生各种不同的结果和结论，这是以不同的假设为前提的，这有时候会导致"分析瘫痪症"。付出充足的时间和努力参与简单的日常活动，这样即便是最简单的解决方案也能提供最为可持续性的机会。

鼓励员工骑行或乘公交上班会明显地影响办公室的能量使用和碳排放情况，这就是一个非常简单的解决方案。可持续的机会包括教育公众和客户基本的可持续发展最佳实践。这些尝试能够转化为性能的提升和可持续性、能量消耗和节约的量化。

4.14　生成可持续性核心价值

马基和大卫对新成立的和现有小型公司的建议是创建一组可持续发展核心价值，并应用到商业实践当中，将公司的理念与所有员工共享。他们建议在公司内编制核心信念系统。这种可持续原则可适用于任何行业任何聚焦P3模式的"人"的因素的公司中。而大型的公司可以教育他们的员工转变为更为可持续性的态度，较小型的公司可以更有效率地开始分享可持续性的理念。对于以经营聚焦于可持续发展公司的某些人而言，如果他们在家中没有重复利用，这是没有任何意义的。

4.15 特温比尤特斯案例分析

在科罗拉多州杜兰戈西部的崎岖山区中，一种新的生活模式正在逐渐成形。建筑师大卫·巴雷特和同事艾米·克兰德全面设计了一种"居住社区"，这种社区专门为建筑环境的互联系统、耕种生产食物的小块土地和开阔地的大片土地而设计。作为总体规划，巴雷特建筑设计工作室和杜兰戈的居民积极参与，他们受生物体集成系统的启发设计了社区的元素。他们把建筑物精心地安排在景观内，以实现最小的能量消耗和与当地居民的合作社交及民众参与。特温比尤特斯社区专门为生存而设计，与大自然遥相呼应，并尊重这一地区的文化特征和历史。

社区位于杜兰戈市中心以西 2km，在特温比尤特斯生态小镇中，对于社区如何创建工作人员设定了一套新的标准，允许居民居住、工作，在最低生态影响的前提下玩耍。当大卫·巴雷特在 2007 年把这个项目带到这里的时候，他为特温比尤特斯生态小镇开拓了一个崭新的视角——生态视角。第一步是降低 600 英亩的假定开发区域的面积，并增加保留的自然开放空间到 80%。大卫设计了一个"考究的密度"，在该区域，各种类型、各种大小的住宅和混合功能建筑物都能存在，形成了复杂层，并创建了社区意识和多元化。这种设计还允许在居住区内提供校区服务和设施。财务的可达性和社区社会经济多元化也通过确保低收入群体能负担得起的价格得到了支撑。60% 的居住单元为"价格实惠的/可负担得起的"，这些居住单元在每一个社区中无缝嵌入。

社区的发展也支持了居民适于行走的状态且便于依赖骑车。8km 的内部连接小路、自行车车道和人行道是专门设计的，允许居民便于接近任何地点，并在该项目中骑行自行车 15min 之内就能到达社区内任何一点。由于有综合性的交通工具需求管理规划，单一高载客车辆穿梭于特温比尤特斯社区内，相较于典型的杜兰戈使用的交通工具数量，特温比尤特斯社区内交通工具的使用有望实现 30% 的降低。

社区内规划的农场和社区花园超过 5 英亩，包括牛场、垂钓园和养蜂场，特温比尤特斯社区内的居民有机会和土地享受当地生产的自家种的食品。

大卫·巴雷特拥有超过 30 年的建筑设计行业从业经验，聚焦于节能和可持续发展设计战略，大卫·巴雷特依然将他的经验和哲学从独栋的房屋、学校、宗教场所扩展到整个关联系统的社区中，使其能够共同运转，支持社区的健康、高效和鲜活力。

生态视角，是大卫撰写的原始文件，文件中概述了特温比尤特斯社区开发的创意。这些创意在可持续社区的规划中能够识别有用的模式，并包括下述内容：

① 收获阳光。早期的场地分析显示了该地区光照充裕，阳光在所有的小地块上通过采取保护措施之后都能使用。

② 资源感知。相较于所需要的能量标准而言，开发商致力于降低 50% 的能源使用，并创建一个本地调整的绿色建筑清单。

③ 考究的密度。社区的特点在公寓大小、建筑物类型和康乐设施方面要多元化。

④ 连通性。开发团队与工程师和多模式专家共同商讨，修建边界通道，实现交通方式的多元化。

⑤ 价格实惠的生活。巴雷特工作室开发出多种多样、价格可承受的经济适用房，并无缝嵌入到市场中。

⑥ 场地感知。公司进行历史性研究，保护当地的采矿区、宅地、过去经营大农场的区域和举行市政厅会议的地方。

特温比尤特斯生态小镇中有 600 余套住房供给，保障超过 1000 户居民根本性的可持续发展生活方式的转变。这种生活方式的转变包括社区园艺概念、步行和骑自行车去工作、降低能量使用和增强资源保护意识，巴雷特工作室使用的目前所有的技术是为增强建筑实践的可持续性和其员工的个人生活方式的可持续性。

4.16 整体的成功

本着"言出必行"的座右铭，巴雷特建筑设计工作室的整体成功阐明了可持续性在重新定义社区概念中的应用。可持续发展最佳实践的社区可以成功地进行开发，包括生态小镇或一个办公室。而巴雷特工作室的工作聚焦于可持续性建筑和解决方案，这些可持续性建筑和解决方案定义了 21 世纪的新范式，其类似的商业实践聚焦于可持续的解决方案。P3 的理念也可应用于这一项目中。公司员工、客户和企业利润以及行业协会创建了真正可持续性发展的商业模式。对于巴雷特建筑设计工作室而言，盈利能力从来不会仅仅关注金钱，而是更为宽广的

21世纪的可持续性概念奖。这些奖项包括关注于基本的生活方式、道德标准和当地区域的管理工作,以及工作室的客户和员工的管理工作。这些成功会直接转化为富足心态和真正可持续的利润。

小　　结

（1）巴雷特建筑设计工作室"居住社区"的设想被设计为一个建筑环境互联系统,有可以耕种的生产食品的小地块和广阔的开阔地。建筑物在景观内精心安排,以实现最小的能量消耗和与当地居民的合作社交及民众参与。特温比尤特斯社区专门为生存而设计,与大自然遥相呼应,并尊重这一地区的文化特征和历史。

（2）大卫设计了一个"考究的密度",在该区域,各种类型各种大小的住宅和混合功能建筑物都能存在,形成了复杂层,并创建了社区意识和多元化。这种设计还可以在居住区内提供校区服务和设施。

（3）坚持自己的愿景是关键——在本案例中,实践的愿景将全盘着眼的环境和社会价值融合到了设计之中,这是非常重要的,随着时间的推移会得到公认。组织中长期存在的会员资格及其在可持续发展领域的社会声望可以将工作室和其竞争对手区分开来。

（4）对于巴雷特建筑设计工作室而言,盈利能力从来不会仅仅关注金钱,而是更为宽广的21世纪的可持续性概念奖。这些奖项包括关注于基本的生活方式、道德标准和当地区域的管理工作,以及工作室的客户和员工的管理工作。这些成功会直接转化为富足心态和真正可持续的利润。

参考文献

Templin, Neal:"打开窗户是最新的办公室礼仪",华尔街日报,1998年8月26日.

美国科罗拉多州杜兰戈,特温比尤特斯,twinbuttesofdurango.com/thevision.html.

5

森林城市公司：森林城市公司有关斯泰普尔顿可持续开发的革命

弗雷德·安德里亚斯
主要贡献作者：帕梅拉·古德里奇·约埃
特约研究员兼作者：罗宾·格洛比

  20世纪30年代森林城市（Forest City）的最初创始人是拉特纳家族，公司起源于美国20世纪的第一个十年，那时他们的家人从当时的亚韦斯托克（现波兰城市）移民到美国。弗里达·拉特纳于1904年第一个来到美国，其他家庭成员在随后的几年里也陆续来到美国。这些年来，拉特纳家族投资并经营许多不同的企业。这些个体企业中的"森林城市物质"和"七叶树"于1929年合并为"森林城市"。他们的成功使他们建造车库并最终在克利夫兰地区拥有独栋住宅。成为他们自己住宅开发的供应商使拉特纳家族获得经济优势。在大萧条时期，因慷慨和自由的信贷政策而闻名的拉特纳家族使贫困家庭能够建立他们自己的经济适用房。因此，森林城市成为俄亥俄州市场主要的木材供应商和房地产开发商。他们公司的发展一直成功持续到20世纪下半叶，其中也有许多国家认可的混合用途发展。

  1995年，新丹佛国际机场搬迁到科罗拉多州丹佛市的东北地区，使得旧的斯泰普尔顿国际机场成为城市东部边缘的棕色地带，这片棕色地带四周是住宅区，接近一个主要街道和市中心。

  丹佛市通过斯泰普尔顿开发公司（SDC）进行主要开发商的选择。斯泰普尔顿开发公司是一个由惠灵顿市长E.韦伯和丹佛市议会于1995年成立的私营部门和非营利机构，其目的是为了监督前斯泰普尔顿国际机场的装修工作（1995年斯泰普尔顿开发公司）。1998年11月，该公司选定了森林城市，它如今是一个大型且全国知名的私营企业，并与拉特纳家族具有较强的管理和所有权关系。据森林城市的公共关系经理汤姆·格里森所说，科罗拉多当地居民了解并重视保持子孙后代生活质量和选择权的重要性。他讲述了人们对从丹佛市到包括斯泰普尔顿再开发的可持续发展的决心。

邻里建设（斯泰普尔顿森林城市公司提供）

我想表明，我们正在实现社会的愿景，当然科罗拉多的人们明白保护环境的重要性。事实上，已有约八十年历史的森林城市有一套核心价值观，即诚信和致力于服务社会等价值观，直到我们成为斯泰普尔顿的主要开发商我们才把可持续发展作为我们的核心价值（格里森，2008）。

5.1 金融创新

对前斯泰普尔顿国际机场再开发的大胆开拓形成了一系列创新融资机制。该项目是公私合作关系的一个实例。丹佛市区重建局（DURA）为斯泰普尔顿基础设施的前端融资发行债券，用税收增额融资制度（TIF）偿还。税收增额融资制度与零售销售税收直接相关，通过在项目中产生的销售税来收回。由于税收增额融资制度的挑战，丹佛的森林城市和丹佛市区重建局之间形成了一种独特的合伙关系，从而保证有必要的资金促进斯泰普尔顿的可持续发展。在其他情况下，森林城市作为主开发商提供的前端融资与 TIF 债券和税收来源偿还不相关联。公园溪都市区负责斯泰普尔顿与周边地区相连的基础设施、区域道路和公用设施。凭借其多年的开发和融资经验，森林城市为商业和住宅项目开发了建筑物和网站，为他们提供获取创新融资机制的独特方式。

5.2 策略

梅丽莎·诺特是一名研究生和一个开发商的女儿，她正在科罗拉多大学商学院就读可持续发展方面的工商管理硕士。她的实习包括开发绿皮书这项新资源，这项新资源是斯泰普尔顿教育公众和促进发展的可持续发展计划。该绿皮书中所述的可持续发展计划包括种子概念，即经济和可持续发展必须携手同行。诺特是受雇于森林城市的临时工，最初是一名撰写斯泰普尔顿可持续开发策略的顾问。虽然森林城市将绿皮书作为一个可持续发展的指导方针，但是具体的细节不明确。诺特最终被聘为森林城市可持续发展总监，她完全参与开发森林城市和斯泰普尔顿开发的具体可持续发展方法和制定政策。

起初，森林城市的可持续发展战略少之又少。这对于森林城市而言是新领域，然而该公司仍然致力于一个新的可持续发展理念。该公司的可持续发展努力存在于每个项目中。森林城市意识到建立可靠的人际关系是公司及其项目成功的关键基石之一。

如果项目经理们都理解可持续性以及考虑可持续性如何应用到商业中，那么这个公司就已经遥遥领先了。你可以雇佣一个可持续发展顾问，但却从来就没有像你拥有一个真正懂得做什么的建筑师那般成功。在这里以及全国范围内，可持续性成为我们公司的核心价值（诺特，2008）。

最开始，森林城市与落基山研究所（RMI）合作，审查可持续发展的措施与对策。美国绿色建筑协会（LEED）和作为绿色建筑创新者的RMI对在斯泰普尔顿开发中建立可持续发展新标准感兴趣。然而，森林城市认为许多之前通过LEED建立的成功标准为环境保护主义者提供了适宜的措施，不需要开发全新的标准。森林城市最终为用资源分配帮助建筑商和承包商来满足目前LEED标准创造了最为有效的办法，而不是开发新的指标。他们采取了一种包容性的方法，这种方法允许开发的设计者和建设者确定优先事项和各种策略的时机。经验最终决定把重点放在合适的地方，以此来生成时间和金钱投资所获得的最佳可持续发展的结果。

通过这个过程，森林城市与加利福尼亚卡尔索普联合公司保持着良好的关系。全国著名的新城市主义社区城市设计师的理念与森林城市对可持续发展的理念一致。森林城市对斯泰普尔顿的目标包含适于步行的社区，这种有价值的社区支持较少车辆行驶。

5.3 关系和网络

通过这一过程，森林城市的领导者发现明确的价值观、网络、幽默感、良好的基本业务实践形成了成功的经营模式。主开发商的任务包括支持人们实现斯泰普尔顿的绿色目标，而不是一味地推进开发进程。他们发现如果人们一起工作并通过给予和接受建立一个良好的团队，将在实现可持续发展的目标上更进一步。最终，通过一个包括高管和建筑商在内的包容各方的流程，森林城市在住宅市场表现显著提升了。

森林城市还认识到，可持续发展成功的另一条道路是纳入了最新的绿色和可持续发展技术。在生态建设实践中最新的知识和可持续发展战略使得森林城市的项目在一个紧凑的住宅市场独树一帜。随着可持续发展的新技术和战略的激增，森林城市依赖不同行业的专家。例如，当丹佛市长约翰·希肯卢珀的绿色打印理事会的成员开始关注并获取信息时，实施新的可持续发展战略也成为他们成功的一个关键部分。森林城市支持用一个开放的方法来分享知识，鼓励建筑商与新成员、合伙人在整个项目中分享他们的专业知识和经验。交流是关键！整个方法对于以积极态度提出绿色建筑研究的开发商非常适用。

森林城市认为用跨学科方法来解决业务和项目具有挑战性，而且持续不断地解决问题和头脑风暴令人很兴奋。随着可持续发展成为主流方式，森林城市鼓励所有成员之间有意义和公开的对话。森林城市团队不断聚焦于项目的可持续发展和生命周期，支持维护的同时不向价值妥协，不避免典型削减，并且不削减"价值工程"。规划成为过程中一个至关重要的组成部分。森林城市发现最近房地产市场的变化需要在更大程度上支持可持续发展。深入了解初始成本和长期回报之间的平衡对支持可持续发展投资的实践仍然至关重要。

城市继续将它的进展与一套固定的可持续发展标准相比较。他与主流机构如美国能源部和环境保护署（EPA）合作他们继续使用能源之星评级制度，允许建筑商将他们的结果与可持续发展的标准相对比。这产生了积极的效果，并且这些策略成为市场营销效仿的对象。例如，全面来看，森林城市的建筑商有一个能源之星评级高于能源之星标准。他们不仅节省能源和金钱，而且推广了那些结果。基于每个策略的成本和效率来提供明确而量化的结果使得森林城市重视评价每一个可持续发展实践指标。

森林城市实施节约成本策略以支撑可持续发展理念的这种方法提出一个只为可持续发展的成本。当项目完成时，对实际费用全面审查提供了可持续发展的确切成本。森林城市认为由美国绿色建筑协会（LEED）银奖认证的建筑成本如果有智能规划的话是很小的。这些项目利用诸如棕色地带再利用等可轻易实现的目标。查利·尼古拉是森林城市斯泰普尔顿开发的建筑设计副总裁，他认为美国绿建筑协会认证的成本仍然太高，必须得降下来。例如，需要进行后期建设检查和机械系统基本调试的成本约为每个项目80000美元。此外，对于一个典型的郊区办公大楼的认证，建筑师收取约50000美元的费用。随着以美国绿建筑协会为基础的绿色建筑战略的逐渐普及，这些成本应该降下来（尼古拉，2008）。

尼古拉承认，由于昂贵的调试和认证过程，森林城市很大程度上削减了美国绿建筑协会认证的斯泰普尔顿的经济适用房。"我们的目标是做正确的事，无论项目是否得到美国绿建筑协会认证"（尼古拉，2008）。尽管成本昂贵，森林城市最近完成了两个商业的美国绿建筑协会认证项目，一个是银奖，另一个是金奖。森林城市计划在权衡任何项目的财政紧缩时保持美国绿建筑协会认证方面的灵活性。

丹佛市对斯泰普尔顿的总体规划成了改建这个旧机场的驱动力。尼古拉惊叹道，森林城市回收材料的创新方案如回收前斯泰普尔顿机场跑道的混凝土和沥青为该开发提供了"建造胡佛大坝足够的骨料！"科罗拉多阿瓦达公司（http://www.rmciusa.com）是一家再生材料的公司，该公司拆除了650万吨混凝土和沥青碎石，为道路、景观美化绿化和新浇混凝土提供碎骨料。"要记住的重要事情是，如果没有循环利用，所有这些物质将会进入一个垃圾填埋池，而用作硬景的新材料将被开采和运输（尼古拉，2008）。"

森林城市将看起来自然的"斯泰普尔顿石"尽可能地融入他们的项目之中，制造再生混凝土块，这些斯泰普尔顿石来自从旧斯泰普尔顿机场中拆除下来的挡土墙、基础设施、管床机床、路基地和景观美化。森林城市将继续与丹佛再循环公司合作。森林城市在城市中的回收利用率最高，并帮助开发了整理混合物的试点方案。随着斯泰普尔顿再开发项目的继续，森林城市不断重新定义其目标。

另外一个创新，包括水的再利用。"美国丹佛水利局要求我们冲洗所有的水管进行清水试验。在2007年的旱灾中，我们不想浪费水，所以我们将水储存在贮水池中并利用它来灌溉和缓解建筑工地缺水"（尼古拉，2008）。

5.4 绿色理事会

森林城市发现一个成功的可持续发展方针取决于该公司在人力资源领域普遍实施的创新。管理者必须起带头作用，但最终每个人都必须平等地参与。在早期，森林城市的领导通过自身努力来帮助员工在办公室实施可持续发展的实践。整个森林城市的所有员工，无论其工资或权力，都交换地方和国家层面政策的意见。员工不断地在不同的可持续性发展措施上做工作，如教育他人双面打印的价值或使用水冷却器和可重复使用的水瓶而不是瓶装水。斯泰普尔顿团队避免正式的目标，但是却创造出各种支持可持续发展办公环境的项目。"我们尽量不让员工在员工会议中的项目上花太多的时间。我们仅仅重视一个想法，如果它是强阳性，我们就会尝试"（诺特，2008）。

今天，森林城市斯泰普尔顿再开发仍然沿延用可持续发展策略，该策略嵌入在公司运营的日常实践中，全体员工都致力于促进可持续发展这一商业实践。当员工们被授权创新他们自己的可持续发展理念时，他们会变得更有动力。办公室现在热情地支持一长串项目，下面以社区报《门廊》为例介绍。该报纸由森林城市创办，不仅仅包括附近的新闻，而且还依照其员工提议利用百分之四十的再生纸。政策为员工提供在他们自己的项目和自己的生活中成为可持续专家的工具。

5.5 与社区的联系

森林城市的诚信及其致力于一个可持续发展的社区使得斯泰普尔顿开发成为一个国家顶级的可持续发展项目。自2004年以来，森林城市赢得了众多国家和国际可持续发展奖。为斯泰普尔顿社区设计的便利设施包括农贸市场、健身课程、各种当地商店、餐馆、娱乐设施、零售业、银行和屡获殊荣的特许学校，30%的土地用于开放空间。由两名斯泰普尔顿居民出版的报纸《门廊》在丹佛市区东北部广泛发行，让居住者和业主了解当地新闻。

在创始人的绿色斯泰普尔顿设施上玩耍的一名孩童（斯泰普尔顿森林城市公司提供）

5.6　教育作为营销工具

森林城市原本试图说服斯泰普尔顿的制造商，他们的最大利益是绿色建筑，查理·尼古拉支持使用可持续发展设计指导方针所带来的经济利益。尽管他尽了最大的努力，他发现建设者在最初仍然很忧虑。然而，市场用可持续发展房屋的价格每年百分之十的增长很清楚地证明了一切。最终，所有的建筑商都热情地加入了！

森林城市不仅提供可持续发展教育，它还把可持续发展作为营销的基础。森林城市向许多地区潜在的租户和买家提供教育，包括绿色装饰材料的选择。"如今，包括从建筑商到开发商在内的每个人都有可持续发展原则，为了保持竞争力，他们必须如此"（尼古拉，2008）。

另一个教育和营销结合的例子是斯泰普尔顿游客中心。该中心为潜在买家展示了可持续发展方面新的创新特征和市场，并使其了解每个建筑商的可持续性发展实践的价格、风格、位置和侧面图。此外，该游客中心完全由模块化搭建方法建成，可以被快速组装、拆卸和再改造。最近，完全模块化的游客中心被拆解，然后被移动了，并在循环利用的建筑上创建一个新的项目。这种策略降低了拆除和重建一个新的建筑所需要的能源，并提供一种负担得起的、实际的和快速构建的替代物。到此地的游客了解了商业模块化建筑及其可购性、实用性和美观性，并认识到森林城市在可持续发展市场的创新途径和领导地位。

5.7 未来的斯泰普尔顿

森林城市将在斯泰普尔顿开发中融资五十多亿美元，其中的 7.5 平方英里最终将支持 12000 多个住宅和各种各样的多功能社区。据领土组织机构的迈克尔·莱切塞所说，"$1\times10^7\,\text{ft}^2$ 的办公空间，$3\times10^6\,\text{ft}^2$ 的零售空间，六座公立学校，以及超过 1100 英亩的公园和开放空间……将会使丹佛城市公园的面积扩大 25%"（莱切塞，2005）。

据汤姆·格里森所说，在最近的经济衰退之前，斯泰普尔顿的财产一直以每年 10% 的速度增加，并且在经济危机期间仍能保持，这表明可持续发展明显对公司业务有益。

森林城市的可持续发展向多个方向延伸，并超出三重底线延伸到为整个斯泰普尔顿开发测量碳足迹的大画面，其目标是未来有一天能做到碳中和。为了实现这一目标，森林城市斯泰普尔顿继续研究现场可再生能源和节能措施的替代品。与美国丹佛水利局和埃克西尔能源合作，斯泰普尔顿可持续开发将继续发展成为当今和未来市场所关注的水和能源的替代方法。发展拥有评估和改变的能力，它最终可能是作为可持续发展城市重建项目开发者的森林城市可持续发展最重要的原则之一。森林城市的发展过程，使得可持续发展的实践不仅应用在这一项目，而且还出口到其他国家和国际市场。随着技术的变化和公司知识的增加，森林城市在整个项目过程中采用替代的方法和策略保持着灵活性。在斯泰普尔顿的森林城市将继续拓展其可持续发展的途径并重新定义其到未来的目标。

5.8 章节概要

5.8.1 森林城市发展的历史

1905 年：拉特纳家族移民到美国。

20 世纪 20 年代：拉特纳家族的贮木场企业衍生了许多企业，并且他们成为自己的开发项目供应商。

为无家可归的人成立了自由信贷制度，与此同时仍然获利。

20世纪50年代：森林城市成为房地产开发的主要参与者。

1995年：前丹佛机场斯泰普尔顿被废弃并在城市东北地区建立了一个新机场。

1998年11月：森林城市被选为斯泰普尔顿的主开发商。

5.8.2 金融创新

横向和纵向的金融及各种各样的金融机制被用于斯泰普尔顿开发。

5.8.3 策略

森林城市在梅丽莎·诺特的帮助下发挥着促进可持续发展的作用。

森林城市将可持续发展作为其核心价值。

一些资源相对于其他资源而言更符合森林城市的需要。

5.8.4 关系和网络

参加教育开发商、建筑商和建筑师新技术和可持续发展的会议很重要。

工作和工作以外的网络对项目的成功至关重要。

所有人都保持一个开放的和乐于助人的态度是有价值的。

5.8.5 不断变化的挑战和绿色建筑认证

知道如何及何时申请美国绿建筑协会标准是很重要的。

有必要使用环境保护署、能源部和能源之星的标准来工作。

5.8.6 与社区的联系

当地报纸《前廊》为租户和居民通知事件和提供信息服务，是非常宝贵的。

建筑商支持、开放空间和特许学校加强了核心价值观。

5.8.7 教育作为营销工具

① 告知准买家绿色建筑的优点是很重要的。

② 使用游客中心作为教育和市场工具是很有价值的。

③ 报纸《门廊》对于斯泰普尔顿传播可持续发展观念非常有用。

④ 利用可持续发展有利于将斯泰普尔顿社区作为一个品牌来销售。

5.8.8 斯泰普尔顿的未来规划

又称为碳中和的计划。

有灵活目标很重要。

小　结

（1）"对前斯泰普尔顿国际机场再开发的大胆设想产生了一系列创新融资机制。该项目是公私合作关系的一个实例。丹佛市区重建局（DURA）为斯泰普尔顿基础设施的前端融资发行债券，用税收增额融资制度（TIF）偿还。税收增额融资制度与零售销售税收直接相关，通过在项目中产生的销售税来收回。由于这些挑战，形成了独特的合作伙伴关系发展。"

（2）"如果你的项目经理们都理解可持续性以及可持续性如何应用到你的商业中，那么你就知道你已经遥遥领先了。你可以雇佣一个可持续发展顾问，但却从来就没有像你拥有一个真正懂得做什么的建筑师那般成功。在这里以及全国范围内，可持续性成为我们公司的核心价值。"

（3）"森林城市确定用资源分配帮助建筑商和承包商来满足目前LEED标准创造了最为有效的办法，而不是开发新的指标。该过程采取了一种包容性的方法，这种方法允许开发的设计者和建设者确定优先事项和各种策略的时机。"

（4）"最近房地产市场的变化需要在更大程度上支持可持续开发展的做法。深入了解初始成本和长期回报之间的平衡对支持可持续开发投资的实践仍然至关重要。"

（5）森林城市实施节约成本策略的可持续发展理念，这种理念使森林城市提出一个只为可持续发展的成本核算方法。

参考文献

资助领域，"森林城市企业公司"。

http://www.fundinguniverse.com/company-histories/Forest-City-Enterprises-Inc-Company-History.html.

汤姆·格利森个人专访，2008年9月.

梅丽莎·诺特个人专访，2008年8月.

迈克尔·莱切塞，丹佛的斯泰普尔顿：被大众填充的绿色城市？，领土，冬季第17期，2005年秋季，http://www.terrain.org/articles/17/leccese.htm.

查理·尼古拉个人专访，2008年11月.

速成工商管理硕士，"企业战略管理" http://www.quickmba.com/strategy.斯泰普尔顿发展公司 http://www.stapletoncorp.com.

进一步研究的参考资料

斯泰普尔顿 http://stapleton.cciconstellation.net/Stapleton-Development-Plan.aspx.

绿皮书.

丹佛市的环境促进会/绿色丹佛：www.denver gov.org.

LEED 认证 http://stapleton.cciconstellation.net/Awards-3055_Gold_Leed.aspx.

获奖情况

环保署认可斯泰普尔顿发展：http://yosemite.epa.gov/opa/admpress.nsf/bb1285e857b49ac4852572a00065683f/1413ed6072f4 b580852572f4006b45b4. 开放文档.

营销：http://stapleton.cciconstellation.net/Awards-Stapleton-Infinity-Recognition.aspx.

可持续发展：http://stapleton.cciconstellation.net/United-Nations-Sustainable-Development-Model.aspx.

美国市长会议奖：http://stapletondenver.com/community/media-pr-resources.

沃斯主持奖：http://www.forestcity.net/company/awards/Pages/green.aspx.

6

博尔德社区医院

布莱尔·吉福德、嘉莉·雅思敏、帕伊科茨、艾伦·罗梅罗

可持续卫生保健的概念是相对来说较新的。不久前,医生、护士和病人还被允许在医生办公室里抽烟。在许多医疗保健场所,甚至有香烟自动售货机。我们可能会为自己找借口,认为如果我们的医生吸烟,那么抽烟一定是健康的。环境保护同样如此。卫生保健组织应承担他们对环境的影响责任。卫生保健组织应当示范正确的行为和充当环境管理者。健康不受环境影响这一概念正如同20世纪70年代的橘色粗毛地毯一样已经过时了。卫生保健组织必须明白,在提交医疗保险索赔或者填好处方后,他们在改善患者健康方面的作用并没有结束。卫生保健提供者有责任确保以环境保护和社会可持续发展的方式为他们的病人提供最好的医疗保健。绿色健康护理的目的是通过减少产生的废物量、使用的化学物质和消耗的能量来积极影响服务社区的健康和生活质量。

许多研究已经证明了环境状况和卫生质量之间的联系。随着大量的污染物排放到大气、水源和垃圾填埋场中,人们的健康正在受到威胁,这并不足为奇。《环境与健康展望》出版了一项关于环境污染物对儿童的影响方面的研究。该研究探讨了发病率、死亡率和医疗费用与环境污染有关。在被研究人群中,由环境污染所造成的急性发作期哮喘患儿的医疗费用上相当于460万美元,其中30%是哮喘病患者(谢克特等,2002年)。从经济和逻辑的角度来看,先治疗哮喘患者,然后又通过创造额外的污染物而导致该问题的产生,这不合常理。每年,医院产生大约350万吨垃圾(目的进化论研究所,2008年)。卫生保健组织应通过利用可再生能源、降低碳排放、减少使用挥发性有机化合物、杜绝浪费和堆肥项目来解决问题,而不是造就更多的患者。这些都是一些对环境和患者的健康有积极影响的解决方案。

从商业的角度来看,可持续卫生保健是有经济意义的,而且它可以节约组织资本。在科罗拉多州博尔德社区医院的环保措施每年产生50万美元的成本节约和成本避免费用(阿贝尔基什,2009年)。为了有效地将医院转型为一个可持续

发展的模式，需要创新、领导能力和勇于承担风险的工作人员，这些都是博尔德社区医院的工作人员和领导者的特点。

许多医院和卫生保健组织正在向提供与环境可持续发展实践同步的医疗卫生方向前进。可持续卫生保健设施不仅以对环境更友好的方式来运作，而且他们能够通过可再生能源和能源效率来降低运营成本。医院对环境的影响可以通过降低能源消耗和减少废物的数量来达到最小化。与各行业的其他设施相比，医院是能源消耗和垃圾产量最大的消费者（贝德勒，2008年）。根据JAMA，即《美国医学会杂志》上所说，美国医疗保健行业占美国碳排放总量的8%（钟和梅尔策，2009年）。大多数医院的能源消耗在灯光照明、加热和通风等方面。

通过完成能源审计和必要的设施优化来变得更节能将会减少一个设施的环境影响，并降低运营成本。由于有限的资金，卫生保健组织正处在减少能源消耗的压力下。平均而言，医院花费1.67美元每平方英尺的电力和0.48美元每平方英尺的天然气（《能源效率》，2005年）。能源审计是由许多组织实施的，也包括当地的能源供应商。埃克西尔能源公司（科罗拉多州和其他几个州公用事业公司）对家庭和企业进行能源审计，并为企业提供一个免费的在线能源审计。它将所用的能源与类似的设施所用的能源相比较，提供低成本和零成本的改善建议及能源消耗故障方面的建议。埃克西尔能源公司还在能源消耗最小化方面为医院提供具体的方案。"在一个典型的医院，照明、供暖、热水约占60%的能源消费，我们把这些系统作为节约能源的最佳目标"（埃克西尔能源公司，2009年）。

可再生能源在医院每月的能源账单方面也可以有相当大的影响。在初期投资后，太阳能的成本是最小的。医院体系为了适应人口老龄化继续增加，他们的能源成本也是一样的。即使减少一小部分的能源消耗和使用都可能对一个机构的财务报表产生巨大影响（贝德勒，2008年）。能源效率协会指出，降低能源费用五个百分点相当于增加每股收益一个百分点（能源效率协会，2005年）。

下图说明了能源在一个典型医院的消耗情况。

由于经济形势严峻导致的医疗改革和预算等方面的限制，各类组织正在寻找在降低成本的同时不降低质量的方法。减少卫生保健组织的能源消耗将会最终增加他们的盈利率并减少他们对环境的影响。虽然现在有许多医院参与到可持续实践中，但博尔德社区医院是第一家绿色医院。

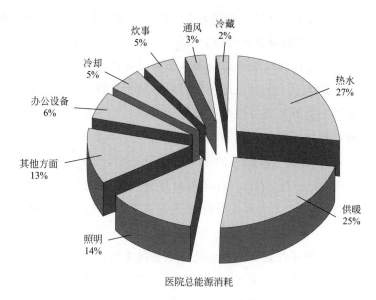

医院总能源消耗

(来源：能源效率协会公司，2005年)

6.1 博尔德社区医院开始的基础

在20世纪90年代早期，博尔德社区医院（BCH）的两名护士开创了设备广泛化，在日常生活中系统放置回收箱和回收循环再生材料。从这个基层工作开始，其他在该机构中的有关环境管理者——医生、护士、门卫和食堂工作人员开始回收、再利用和减少能源消耗，因为这样做是正确的。这种努力对那些将一个干净的环境看作健康的一个很重要元素的员工来说是很自然的，这对于他们生活、工作和活动的社会来说也是很自然的。多年来，博尔德社区医院的人们积极推动环境意识。作为这个社区的成员，博尔德社区医院的员工们在高级管理人员重视可持续发展的重要性之前就已经重视了其价值。

这些年来，这些志愿活动和非正式项目逐渐演变成了医院文化中不可分割的一个组成部分。医院管理人员和董事会采用行动来将可持续发展活动正式化和扩大化。1995年，他们采用了一份申明原则来指导医院在环保方面的努力。这一政策要求限制对不可再生资源使用的具体承诺；消除有毒和危险物质排放到空气、水和土地；鼓励使用替代的出行工具。随着正式政策的实施，医院员工的贡献迅速增长。

2003年，博尔德社区医院的山麓校园设施后来成为第一个在全国达到LEED银级认证的卫生保健项目，这在当时对医院来说是一个非同寻常的成就。

LEED 系统面向像办公楼那样不太复杂的结构。在此之后，美国绿色建筑委员会为建设新的卫生设施，特别是医院发布了专门的 LEED 申请指南。

博尔德社区医院所服务的当地社区和全球医疗保健行业认识到了该医院对环境卫生与健康的领导和贡献。2003 年 1 月，该医院当时的副院长乔·麦克唐纳因其对环境的贡献及博尔德地区生活质量的改善而获得了令众人垂涎的标兵奖。年度标兵奖由该社区最大的报纸服务机构《博尔德每日相机》向那些在众多积极方面改变该区的个人颁发。在麦克唐纳的指导下，该医院已成为一个回收利用的领导者，它利用风能，推广使用替代的出行工具，并发展绿色高性能可持续的建筑。

2006 年，环境健康医院向博尔德社区医院颁发环境保护领先奖和医学无汞奖。H2E 是一个由美国医院协会、美国环境保护署（EPA）、无害医疗以及美国护士协会成立的组织。环保领导圈由环境健康医院（H2E）设施和那些在环保方面显著的医疗保健系统永久识别。这一奖项向有着最高标准环保实践的卫生机构颁发。医学无汞奖向那些已经基本消除了汞并已承诺无汞医学的卫生机构颁发。博尔德社区医院也于 2007 年从生态循环处获得了零排放认证（博尔德社区医院，2010 年）。

博尔德社区医院是一个非营利医院，其高层领导人非常热衷于促进社区福利。在许多方面，博尔德社区医院期望本地企业能在可持续发展问题方面发挥领导作用。社区所有的利益相关者在可持续发展方面有共同的价值观，对变化的抵制并不存在太大的问题。

6.2 医院对环境的影响

我们日常生活中许多方面的普遍环境恶化和环境健康危害对人类健康构成了越来越多重大的挑战。恶劣的环境质量被认为对全球可预防疾病负 25％ 的责任。（世界卫生组织，1997 年）。

我们信任并重视卫生保健提供者和机构组织，在他们那里我们可以找到有关康复和健康的环境以及环境危害的知识。然而，令人惊讶的是，传统的医疗实践在很大程度上导致了环境的恶化。据美国医院协会的《2008 年医院环境可持续性话题对废物管理的研究》所称，美国医院平均每天产生 6600t 的垃圾。因此，当前的传统医学体系虽然有时非常有效，却也会对人类和环境健康构成重大威胁，这是极具讽刺性的且令人无法接受的。

传统的医疗废物处理方法包括焚烧和高压灭菌法。高温灭菌法是将废物被送往垃圾填埋场之前以高温进行杀菌。感染性废物是受国家法律约束的，因为没有联邦法规专门规定危险废物以外的医疗废物处理。此外，官员不希望今后有任何联邦参与到除了医疗废物焚烧改革的医疗废物管理中来。

医疗保健行业普遍认识到实现医学伦理要"第一点，无危害"，它有责任以保护公众和环境的方式来管理废弃物。医院和诊所都在重新评估他们的废物处理方法。

6.3 生态可持续医药汞和乙烯基塑料

一个典型的大医院里可能很容易就有一百多磅汞，在不同的地点拥有成百上千的不同设备，除非它已经采取了一个有意识且持续的努力措施来消除汞（环境健康的医院，2000年10月）。美国环境保护署已经确定了医疗废物焚烧是二噁英的空气排放的第三大来源和汞排放的第四大来源。虽然医疗废物焚烧不是污染的主要来源，但其仍然是二噁英的污染源，部分原因是因为医院大量使用一次性聚氯乙烯（PVC）塑料制品。从医疗废物焚化炉已经确定了许多其他有害的污染物，包括呋喃、酸性气体、重金属和颗粒物。

汞存在于体温计、血压设备、实验室化学品、清洁剂和其他用于医疗保健的产品之中。聚氯乙烯（PVC）在医疗产品中使用得最广泛，在所有一次性医疗塑料制品中占27%。像静脉注射（IV）袋和油管的医疗设备也含有聚氯乙烯并可以过滤出邻苯二甲酸二乙基己酯（DEHP）。

二噁英是一种已知的人类致癌物。目前一般人群接触二噁英可能会导致比美国环保署的"可承受"的风险水平高一千倍的终生癌症风险。其他与接触二噁英有关的健康问题包括出生缺陷、学习障碍、子宫内膜异位症、不孕不育、抑制免疫功能、低智商与儿童多动行为。

汞是一种能够攻击人体中枢神经系统的强大神经毒素。它还可以损害大脑、肾脏和肺部。它可以穿过血脑屏障以及胎盘。据美国疾病预防控制中心（2010）的研究显示，多达十分之一的美国女性的血液中已经携带足够的汞，这将对胎儿造成神经损伤的威胁。

据动物研究（食品和药物管理局，2002）显示，酞酸盐会损害肝脏、肾脏、肺和生殖系统，尤其是睾丸。一些政府机构已经得出结论，认为一些患者在接受医疗护理时很可能会接触大量潜在的不安全量的邻苯二甲酸二乙基己酯（DE-

HP）。哈佛大学公共卫生研究人员（格林等，2005年）发现，在重症监护病房的婴儿很容易接触生殖有毒物。

6.4 医疗废物

医院平均每天每床产生8～45磅的废弃物，这些废弃物包括一般垃圾、传染性（红色袋）废物、危险废物和低水平放射性废物（无危害卫生保健，2001年）。将废物最小化和隔离是避免难以处理的医疗废物的第一步关键。因此，医疗废物审计在发现废物的来源、组成成分及其在卫生保健设施中的产生率等方面是一个有用的工具。审计工作还可以提供废物最小化、处理措施、信息的分离效率、过高等级、执行标准和成本等信息。在完成了对医院废物的分析后，该机构便能更好地定义它的需求。医疗机构战略性框架需要一个有效的废物回收、运输和存储体系的实施；需要废弃物管理和制定应急预案；需要考虑职业安全和健康并选择合适的焚烧技术。

最大限度地减少废弃物不仅可以保护人们和环境，而且可以为许多机构节省大量的资金。例如博尔德社区医院估计其每年节省了五十万美元（阿贝尔基茨，2009年）。废物最小化技术包括以下活动。

① 资源回收和循环利用：博尔德社区医院在最开始就强调恢复和再利用垃圾流中的材料。大部分卫生保健设施中的废弃物与办公楼或酒店的废弃物惊人的相似，如纸、纸板和食物垃圾。医院可以实施简单的程序来将这些材料从固体废物流中分离并降低处理成本。此外，绝大多数现场医疗废物焚烧炉燃烧的不仅仅是感染性废弃物，而且是可回收物品，如办公用纸和纸板，这破坏了资源，也阻碍了可以通过回收利用而恢复的成本节约。

② 废弃物分离：在废弃物产生时区分不同类型的废弃物并将它们区分开来，适当的资源回收与再生技术可以应用到每个单独的废物流。处理大量感染性废物、危险废物和低水平放射性废物，必须依据特殊（通常是昂贵的）的要求，这些废弃物后来被最小化了。

③ 减少来源：通过诸如产品替代、技术改变以及良好的经营实践在从源头减少或消除废物的产生，这能够减少毒性废物。

虽然博尔德社区医院目前正在探索垃圾分类，但是它首先就已经采取了重要措施来避免危险废物的产生。实施一个包含废物分类、来源减少、循环利用和其他污染预防技术的项目减少了那些需要净化的感染性废物的数量。幸运的是，在医疗卫生中使用的几乎所有汞中，存在着安全且成本效益好的无汞替代品。要想像博尔德社区医院那样做到无汞，应该识别含汞的物品、调查无汞替代品并实现无汞的采购政策。此外，不含聚氯乙烯和不含邻苯二甲酸二异辛酯的替代品在几乎每一个使用聚氯乙烯的卫生保健行业中都存在，包括医疗设备、办公用品、建筑材料和家具。

在欧洲和美国，第四代不含聚氯乙烯的血液袋广泛存在，但一个产品——包装的红血细胞——除外。不含聚氯乙烯的塑料袋成本效益好，并且可与聚氯乙烯塑料袋在技术上相媲美。不含聚氯乙烯或不含邻苯二甲酸二异辛酯的导管存在于大多数医疗应用市场。一次性聚氯乙烯手套的替代品也很容易获得。随着新产品越来越频繁地进入市场，生产商继续满足客户不含聚氯乙烯卫生保健品的需求。

除了医疗设备，不含聚氯乙烯的建筑和家具产品也被广泛使用并且往往具有成本竞争力。不含聚氯乙烯的产品例子如床套和淋浴窗帘。传染性垃圾估计约为整体废物的15％或者更少（艾曼纽和马尼拉，2001年）。以下几类经常用于描述传染性废物组成成分：常规性废物、感染性废物、病理性废物、血液及其制品、锐器、动物粪便和隔离废物。

必须用成本效益好的替代技术来处理感染性废物流，以防止疾病的扩散。这些替代技术比焚烧更安全和更清洁，他们在提供无危害医疗废弃物时同样有效。这些替代技术可以用于包括病理和化学治疗废物在内的各种医疗废物类型，在医疗废物处理中使用了四个基本焚烧过程：热、化学、辐射和生物。

热处理过程依赖热量来破坏病原体（致病微生物）。热处理可以进一步分为低温热处理（177℃以下操作）、中温热处理（在177～371℃之间操作）和高温热处理（在538℃和超过8316℃之间操作）。低温热处理利用湿热（通常是蒸汽）或干热。高温热处理包含在废物总破坏下的主要化学和物理变化。

化学过程通过使用消毒剂来破坏病原体或化学物质来与废物产生反应。辐射包括电离辐射破坏微生物，而生物过程用酶来分解有机物。粉碎机、搅拌臂和压实机之类的机械加工作为辅助过程使废物变得面目全非，并提高传热和传质或减少废物处理量。

鉴于焚烧的替代品是可获得的，一个完整的医疗废物焚烧阶段是可能且适当的。然而，没有一个单一的非焚烧技术能够对医疗废物处置问题提供一个灵丹妙药。每一种技术都有它的优点和缺点。设施必须在最大限度地减少对环境影响、提高职业安全和展示一个致力于公共健康的社会的同时确定哪些非焚烧技术最符合他们的需求。

6.5 健康建筑

对人和环境健康的建筑设施，保护了建筑居住者的直接健康，保护了周围社区的健康，保护了自然资源及全球社会的健康。

在绿色医院的患者幸福感更多，需要较少的疼痛药物和其他药物治疗，并且住院时间较短，自然而然，每次看病花费较低。"绿色医院寻求减少使用和接触有毒化学品，并提供一个更健康的康复环境"（《医疗保健绿色指南》，2008 年）。"通过采用绿色的做法，许多医院正逐渐地或从根本上设法降低能源账单、减少浪费并实现更健康的室内空气质量"（《加利福尼亚绿色解决方案》，2007 年）。

许多研究显示，在绿色建筑中生活和工作的人们的健康状况、幸福指数和生产力水平都有显著提高，医院也不例外。为长时间在高压力环境中工作的护士、医生和其他工作人员们提供安全舒适的工作场所对他们的身体健康以及他们病人的健康都是至关重要的。改善工作环境能提高员工的效率和满意度、减少错误，并有助于病人护理质量（《医疗保健绿色指南》，2008 年）。

医疗保健行业每年代表 160 亿美元和超过十亿平方英尺的建筑（《医疗保健绿色指南》，2008 年）。而博尔德社区医院的山麓校园是第一个获得 LEED 认证的医疗机构，许多其他医疗保健管理人员正在寻找绿色指南来解决医疗卫生保健市场所独有的具体建设和运营问题。相对于其他业主，卫生保健提供者在平衡生态和经营业绩方面具有更大的灵活性。例如，破坏空气质量是一个关乎生命和死亡的问题，而不仅仅是个人的身体不适。因此，机械系统中典型的节能策略经常因操作问题而被拒绝。"我们拯救生命，而不是能量，"怀疑论者如是说道（沃尔什，2005 年）。

在 LEED 认证标准中争议最大的健康问题是有人认为他们过多重视与能源相关的问题，甚至超过了对人类健康有害影响的问题。建筑材料、家具和家具产品约占所有聚氯乙烯使用率的 75%。对于大多数健康组织来说，这是一个关键点。参与治疗癌症卫生保健者希望该中心没有使用与癌症相关的材料建造。在治疗病人时，他们也希望设备不含引发哮喘的化学物质。

因此，《医疗保健绿色指南（2008）》提供了自我认证指南，这个指南使用 LEED 标准作为一个基本的框架，但也增加了指导针对医疗建筑的特殊结构和监管方面的挑战，为他的每一个成员介绍了制度卫生政策的原因，并结合设计元素来提高患者治疗和员工福利。《医疗保健绿色指南（2008）》全方位了解与医疗行业相关的建设、操作和维护活动,适用于新的独立的设施,新增改扩建设施,广泛的康复/适应性再利用项目。现有设施在《医疗保健绿色指南(2008)》中的最佳实践包括以下内容:结合诸如日光和自然景观的治疗设计元素;使用创新技术来减少能源和水消耗;减少有毒有害化学物质,如汞、铅、二噁英、镉、酞酸盐和燃剂;实施包括有机食品、房屋维护和景观美化等在内的绿色行动。

6.6 食品

研究事物时不能只看表面应该了解事物内部之间的联系。没有事物孤立存在,一切事物都是一个更大系统中的一部分。这种方法对于保健食品的判定是非常重要的,因为食品的生产和销售有许多环节与健康相关,这些影响往往隐藏在医院环境之中。

食物是维持生命的方式。但是我们吃什么和我们怎么吃会导致死亡、疾病并导致不断上涨的医疗费用。当今最受关注的健康问题——肥胖,是不良饮食习惯和久坐不动造成的。营养不当是导致美国心脏病、中风、糖尿病和癌症的危险因素。与营养相关的慢性疾病加重了早已不堪重负的医疗制度的负担并对人类生产力和生活质量产生影响。

医院作为治疗的地方,通过在机构中构建良好的营养模式和影响食物生产和分布的自然激励措施,用以帮助防止与食物相关的健康问题。凭借其规模和购买力,医疗卫生行业可以通过采用引导整个食品系统往更积极方向发展的食品采购政策和做法来引导市场走势。

通过采用生态良好、经济可行和对社会负责的食品采购政策,卫生保健系统展示了人与人、人与公众、人与生态系统健康之间千丝万缕的联系,这是可以理解的。医院可以为患者、工作人员、探访人员及普通大众提供健康食谱,这种支持和帮助能创造促进整个社会幸福感的食物系统。这些机构还可以建立食品采购指南并设定符合他们机构和地理区域的实际目标。对一个机构有效的措施可能不适合另一个机构。医院应当既要领导一个具有健康愿景的社区,也要以对生态环境负责的态度来留心社区的独特属性,并寻求独特思想来满足病人和工作人员的营养需求。医疗保障组织的食品采购指南中一些想法包括以下行为。

① 开启一个谈论健康食品的话题。提供促进患者、探访者及工作人员健康的健康食物的途径。健康食品不仅由营养质量来定义,而且还由其生长、加工和分布的方式及其产地来定义。应当考虑开发一个食物团队来探索食物问题,并确

定机构可以参与的方式。

② 对采取非治疗性抗生素饲养的肉类和家禽实施采购政策。抗药性细菌是医疗保健专业人员越来越关注的问题。科学的共识是食品中过度使用抗生素会导致人类对抗生素的抗药性。卫生保健机构可以通过购买没有使用抗生素饲养的肉来解决这个问题。

③ 买没有重组牛生长激素生产的牛奶。重组牛生长激素（rBGH，又名rBST）是用来给奶牛增加产奶量的。在加拿大、澳大利亚、新西兰、日本和欧洲联盟的所有25个国家中，不允许使用这种激素。卫生保健体系可以从供应商那里购买非rBGH牛奶。

④ 购买有机食品和其他认证食品。通过购买被认证的有机产品，医疗保健体系可以在帮助保护他们病人健康的同时，保护农业工作者及种植作物的社区中的空气和水的质量。因为医院是食品的大买家，所以他们可以创造支持健康且环境友好发展的市场。

⑤ 从本地生产商购买。购买当地生产的食品能避免长途运输中的大量燃料消耗及空气和水污染。购买当地食品也有助于建立城市和农村社区之间的关系，并支持当地经济的发展。一些医疗保健体系在预定的生长季节之前从当地种植者那里订购食品，这为种植者和买方都提供了保障。

⑥ 成为一种无快餐区。极具讽刺意味的是，在2001个美国新闻和世界报告中的美国最好医院的荣誉榜中，16家医院中的6家目前在他们的机构中有一个或多个快餐连锁店。医院可以在他们的机构（病人食品、食堂食品、餐饮、自动售货机和咖啡车）中审查食品服务的运作情况，并评估提供的食物选择与促进患者、工作人员和广大社区健康饮食的模式是否是一致的（克拉姆等，2002年）。

⑦ 限制使用自动售货机，并用健康选择来代替不健康的零食。自动售货机中提供的食品和零食的类型应与健康零食的饮食建议一致。自动售货机可包括全果、低脂肪和低糖的小吃和水或果汁饮料。医院可以起草一项政策来规定自动售货机可以接受的食品种类（也就是说，没有反式脂肪、低加工糖和脂肪、人工配料和防腐剂）和食品包装标准以及该机器的能源效率。

⑧ 以医院为基础建立一个农贸市场。当地农贸市场和农场站能为工作人员、探访者和患者提供新鲜的产品。农贸市场支持通过增加新鲜且在本地产的食品供应来将健康食物纳入饮食当中来。农贸市场也对该社区有好处，它能支持当地种植者，并建立新的社区伙伴关系。

⑨ 创建医院花园来种植新鲜蔬菜和鲜花。以医院为基础的蔬菜和草本植物

园不仅能提供健康的食物，而且还能提供迫切需要的、蓬勃发展的绿色空间。剪下来的鲜花可以销售或使用。医院花园可以在医院工作人员中培养一种集体感和自豪感，为患者和工作人员提供一个喘息的地方，并为该社区的成员（学生、老年人和其他人）创造参与其中的机会。

⑩ 堆肥、分流、减少食物浪费。食物浪费构成了大约10%的医院废物流。食品和其他有机废物可以被转变、堆肥或其他有效再利用，而不是被填埋。医院还可以通过购买循环利用的餐巾纸，使用纸或可降解餐具来盛装打包的东西、循环利用厨房的瓶瓶罐罐等这些措施来进一步提高他们的环境绩效。

⑪ 购买认证的咖啡。咖啡是美国最大的进口食品和仅次于石油的最有价值的商品。大多数咖啡是在发展中国家种植的，其种植需要大量使用农药，并且农业工作者辛勤工作只得到微薄的薪水。购买认证咖啡可以支持社区发展及健康的环境管理。

6.7 溴系阻燃剂

阻燃剂在医疗卫生中无处不在。第四代输液泵、电视机、电脑、医院病床、等候室椅以及医院的隐私窗帘都需要有耐高温的属性。为满足消防安全标准，生产商加入了阻燃剂这种化学物。不幸的是，许多阻燃剂并不会固定地保持在产品中，而是会慢慢地泄漏到空气、灰尘和水中，并最终进入我们的食物和身体之中。有证据表明，这些化学物质之一，即溴化阻燃剂（BFR），很可能存在于环境中并蓄积在食物链和我们的身体中，这会对儿童造成不良的健康影响。美国妇女的母乳在世界上任何地方的母乳中含溴化阻燃剂的水平最高。溴化阻燃剂没有固定地束缚于某一产品，而是释放并附着于尘粒中。科学家们测量了普通家庭灰尘、窗口片和干衣机皮棉中的溴化阻燃剂显著性水平。制造、使用和处置含有溴化阻燃剂的产品造成了室外环境污染。在室外环境中，科学家们发现溴化阻燃剂在动物组织内迅速积聚。与多氯联苯类似，溴化阻燃剂的浓度随着食物链的每一步而增加，这表明这些化学物质很容易被人体吸收，但是却不易被身体分解。因此，人体接触溴化阻燃剂被认为是通过摄入和吸入含溴化阻燃剂的粉尘颗粒和通过摄入包括母乳在内的含有溴化阻燃剂的食物。

根据现有的数据，我们知道在动物研究中溴化阻燃剂有几个健康危害效应，这包括在记忆和学习方面永久改变的影响、对正常甲状腺功能的干扰和对生殖的影响。有证据表明，某些溴化阻燃剂可引起免疫抑制、内分泌失调和癌症。测量人类的溴化阻燃剂含量是令人不安的，因为在对啮齿类动物不利影响的研究中，一些水平正在迅速地接近这些不利影响。我们对溴化阻燃剂毒理学文献的研究是不完整的，因此需要更多的研究。然而，根据现有的数据，转换到更安全的替代品可能是医疗机构明智的选择。

医疗机构中的溴化阻燃剂和人们家庭及办公室中的溴化阻燃剂一样的普遍。病人的房间、床垫、泡沫垫和床上用品等材料可能含有溴化阻燃剂。病人房间里的其他家具和纺织品可能含有溴化阻燃剂，如家具坐垫、灯罩、隔间窗帘、百叶窗等。像电视机、脉搏血氧仪、监视器、通风机和第四代输液泵等电子设备都可能在塑料外壳中含有溴化阻燃剂。在护理站中，溴化阻燃剂可能存在于电脑、打印机、传真机和各种办公家具中。在自助餐厅和其他饮食区域，溴化阻燃剂可能存在于微波炉、冰箱和其他电器中。在医院从运送和接收到手术室的各个角落中，泡沫包装被发现含有溴化阻燃剂。

医疗机构可以努力减少使用含溴化阻燃剂的产品和材料。如果可以的话，机构在采购实践中可以选择满足阻燃标准且不含任何添加阻燃剂的产品，如羊毛或芳纶等含固有阻燃性物质的产品。要了解更多使用在产品中的阻燃剂的知识，医院可以在购买产品时要求披露添加阻燃剂产品的名称和化学文摘服务注册号。此外，医院可以对不含有毒物质、持久稳固的生物蓄积性毒物产品表达某种偏爱，并提醒供应商，随着对阻燃剂信息更多地了解，他们会选择已为健康和安全全面测试的阻燃剂产品（见《无危害医疗卫生：2008年阻燃剂问题》《2010年无危害医疗卫生》《2010年美国健康新闻》《2005年和新闻无危害医疗卫生》）。

6.8 电子

在医院中每天使用电脑、电视、实验室分析仪、心电监护仪和其他类型的电子设备，这些设备中含有从阴极射线管中的铅到氯化塑料电缆布线再到电路板和塑料外壳中的溴化阻燃剂以及液晶显示器中的汞。这些在电子产品中发现的有害物质与人体健康有关，如癌症、先天畸形和激素破坏等。

对电子设备的不当处理对公共卫生和环境构成了重大威胁。当电子产品被焚烧或填埋，它们可以释放重金属和其他有害物质，这会污染地下水和空气。也有人担忧危险废物出口到发展中国家，这些国家不太有能力处理这些有害物质，在许多情况下，这种出口是违反国际法和进口国国内法律的。

通过购买和丢弃电子设备的方式，医院可以在许多方面提高他们的环境和公共健康影响：

① 在购买电子设备时运用购置总成本的方法，这种方法包括产品报废处置成本和服务成本。

② 谈判规定产品及其做法的合同，以满足特定的环境标准。

③ 提出制造商回收过时的电子设备的要求。

④ 通过升级和再利用来延长电子设备的寿命。

⑤ 向签署了《电子回收商承诺真正管理》的供应商回收旧电子。

6.9 农药和香料

尽管他们的作用是促进健康和治疗，医院和其他医疗机构使用了包括农药、清洁剂、消毒剂和香料化学品在内的数量惊人的有毒化学物质。这些挥发性有机化合物导致整体室内空气质量差并带来大量与健康相关的问题。

杀虫剂是用来杀死或驱除害虫的有毒物质。但除了对害虫有害，它们还可使人产生恶心、头痛、皮疹、头晕等急性症状。许多还与人癌症、先天畸形、神经系统和生殖障碍等慢性疾病和化学敏感性的发展相关联。

大多数人都不知道，很多医疗机构在机构内部和外部都经常性地使用化学杀虫剂。一般情况下，人们访问医疗卫生机构是因为他们的健康早已受到了某种程度的损害。他们缺乏抵抗力的免疫系统、神经系统、消化系统和呼吸系统可能会使他们增加遭受杀虫剂有害影响的风险。老年人、孕妇等是对化学杀虫剂敏感的个体，婴儿和儿童尤其容易受到杀虫剂的毒性影响。

人人都希望一家医院能洁净。然而，拖把和消毒剂等许多传统的清洁产品导致室内空气质量变差，其可能含有导致癌症、生殖系统障碍、呼吸系统疾病（包括职业性哮喘）、眼睛和皮肤刺激、中枢神经系统功能障碍和其他影响人类健康的化学物质。

此外，其中的一些产品含有被列为危险废物的持久生物累积性毒素，或者在其制造、使用或处置过程中造成环境污染。低毒且环保的维护产品是几乎所有的医疗机构都需要的，更多的产品正处于持续开发中。

医院还利用各种方法来进行表面和设备的消毒和杀菌。然而，一些最常用的如戊二醛和环氧乙烷之类的产品，如今已被证明会对健康造成严重的影响。使用这些产品的替代品在提供有效消毒的同时也保护医疗机构工作人员和环境。

一个在液体洗涤剂和肥皂（清洁产品）中越来越普遍的抗菌杀菌剂，可提高细菌对抗生素的抵抗能力，对野生动物和人类健康构成长期威胁（在母乳中发现了三氯生的痕迹）。

环境保护署估计室内空气污染是公共健康五大环境风险中的最大危险。室内空气污染可能会导致眼睛、鼻子和喉咙发炎、头痛、协调性丧失、恶心、癌症及肝脏、肾脏和中枢神经系统损伤。患者特别容易受到室内空气质量的威胁，因为许多人的呼吸系统、神经系统或免疫系统已经减弱或者化学敏感性增加了。在美国，联合委员会对医院组织的认证表明了对医疗机构工作者呼吸问题的日益增多这一问题的关注（2009年，《无危害医疗保健》）。

对许多人来说，"香"一词就意味着闻起来很好，比如香水。我们很少停下来思考那些带有气味的化学物质。香料是挥发或蒸发到空气中的有机化合物，所以我们可以闻到它们。它们被添加到产品中，以便给这些产品一个气味或掩盖其他成分的气味。由香料产品释放出的挥发性有机物会导致室内空气质量变差和各种各样对健康不利的影响。

接触化学香精可引起头痛、眼、鼻、咽喉发炎、恶心、健忘、协调性丧失和其他呼吸道和/或神经症状。许多香水的成分是刺激呼吸道的东西和致敏剂，这些可导致哮喘发作和加重窦炎。

香水化学制品是对化妆品产生过敏性反应的头号原因——不仅对主要使用者，而且对那些吸入二手化学物质的人产生影响。酞酸酯类香料被认为扰乱激素并与动物实验中阴茎和睾丸的畸形发展相联系。

在医疗卫生机构中，香味可以有以下这些来源：

① 有香味的清洁产品。

② 释放香气的装置和喷雾剂。

a. 擦香水的工作人员、病人和探访人员；有气味的化妆品、护肤液或护发产品。

b. 用有香味的洗涤剂、织物柔软剂或烘干机洗过的衣服。

卫生医疗机构可以通过采用禁止员工和保养品使用有香味产品的医院区无香味这一政策来大大提高其室内空气质量。用无味环保清洁剂可以降低保养成本并有利于保护环境、维护建筑物居住者的健康、提高员工生产力和改善室内空气质量。

令人欣慰的是，医疗卫生机构可以管理害虫并提供一个清洁和卫生的环境，而不使用有毒杀虫剂、清洁产品、消毒剂或香料化学品。有更安全有效的方法来控制害虫和消毒，并且不会损害工作人员、病人和公众的健康。使用更安全的清洁产品和低毒的消毒方法以及采取综合虫害管理和无香味的政策能改善室内空气质量并促进身体健康。

6.10 绿色购买

医疗集团采购组织（GPO）通过实现规模经济来工作。医疗集团采购组织与大量的医院客户合作，利用他们的购买力得到更低的价格和更好的医疗供应合同。

同样的规模优势可用于改善医疗卫生机构生产的产品的环境性能。医疗集团采购组织帮助医院实现成本管理和质量改进可以完成一个共同的使命，即保护环境和人体健康。

医疗集团采购组织也支持向他们医院的客户提供无汞产品。此外，创新、首映、领英和美国网络公司已宣布致力于支持 PVC 和 DEHP 医疗产品并提供不含 DEHP 的替代品；鼓励供应商识别含有溴化阻燃剂的产品；并识别合同中的环保建材产品。

6.11 治愈环境的结果

"绿色"医疗卫生机构能收获什么？可以立即看到一些福利，如患者健康的改善和更高的生产力和更大的员工满意度。其他好处不是那么明显，但可能更重要的是从一个长期的角度来看。下面的总结是由博尔德社区医院和致力于提供一个生态和社会友好可持续发展的环境的其他机构所经历的受到影响的关键区域。

（1）有形和无形的底线利益

① 由于能源和设计效率，大大节省了时间。

② 以更好的废物管理和较小的建筑足迹降低成本。

③ 增加慈善机会。

④ 接受联邦政府、州政府和市政奖励的绿色设计。

⑤ 以相同或更少的价格购买绿色替代品来增加购买力和规模经济。

（2）提高患者满意度

① 减少压力（情感健康）。

② 增加舒适性（减少痛苦和其他药物治疗）。

③ 积极影响患者的感知和幸福感。

④ 改善绩效相关的结果（住院时间较短，看病成本较低）。

（3）保护健康

① 提高室内和室外空气质量。

② 减少与致癌物质、生殖毒物、过敏及哮喘触发物的接触。

③ 削减与建筑有关的疾病。

④ 减少与危险化学品相关的慢性疾病。

（4）吸引和留住员工

① 改善情绪和身体健康。

② 减少伤亡和因病缺勤。

③ 加强招聘机会。

④ 改善健康和保留景观、室外散步区与自然光。

（5）减少化石燃料的排放

① 降低节能技术成本。

② 减少对化石燃料的依赖。

③ 支持可再生能源计划。

④ 减少与全球变暖与燃烧化石燃料有关的二氧化碳释放。

令人惊讶的是，博尔德社区医院的可持续发展计划始于一个简单的基层，但却取得了如此令人印象深刻的结果。今天博尔德社区医院有专职可持续发展协调员卡伊·阿贝尔基茨来分析和最大限度地减少医院的足迹，以确保博尔德社区医院是环保经济且社会可持续的。他在博尔德社区医院工作超过了15年，显然，他致力于使博尔德社区医院成为一个环境管家。阿贝尔基茨和博尔德社区医院的最终目标是使医院完全具有能源独立性和生产零浪费。今天，博尔德社区医院的停车场和中庭两边的太阳能电池板为医院的能源需求供电。

虽然博尔德社区医院在使用可再生能源方面付出了许多努力，但它还要经历很长时间才具有能源独立性。阿贝尔基茨意识到环境质量和社区健康之间的直接关系（阿贝尔基茨，2009年）。医疗卫生机构必须认识到健康和环境之间的关系。医疗机构应负责提供医疗保健，让未来几代人享受相同的生活质量，如果不是更好的话。

许多医院都试图仿效博尔德社区医院可持续发展的努力。一些组织能够做出转变，而其他组织则不那么成功。区别在于上层管理的支持和可持续发展的文化延伸到每一个工作人员之中。博尔德社区医院的员工和管理团队真正相信环境健康的重要性。管理层一再表明医院愿意大胆行动、鼓励创新思维、吸引员工，并考虑所有决定和行为对环境的影响。虽然许多变化都是由基层发起的，但是管理者支持必要的变化及与风险相关的变化。如果一个机构的领导对他们的工作人员的环境倡议只提供不愠不火的支持，或其员工没有每天充分参与到其中，它将无法过渡到可持续发展。

小　结

（1）医疗卫生机构应愿意为它们对环境的影响负责。医疗卫生机构正在表现正确的行为并充当环境管家。

（2）从商业角度来看，可持续医疗卫生具有积极意义，并能节约组织资本。博尔德社区医院的环保部门提议每年在成本节约和成本规制上为该组织节约 50 万美元。

（3）这些年来，一些自愿活动和非正式的项目参与并成为医院文化中的重要组成部分。医院管理者和董事会成员采取措施来使可持续发展活动正式化和扩大化。随着一些政策的实施，医院员工很快都为医院做贡献。

（4）博尔德社区医院的员工和管理团队真正相信环境健康的重要性。管理层一再表明医院愿意大胆行动、鼓励创新思维、吸引员工，并考虑所有决定和行为对环境的影响。虽然许多变化都是由基层发起的，但是管理者支持必要的变化及与风险相关的变化。

参考文献

卡伊·阿贝尔基茨，博尔德社区医院可持续发展主管，2009 年 8 月 19 日个人专访．

美国医院协会，医院环保可持续废物减少的初级管理，2008 年 12 月．

http://www.hospitalsustainability.org/topic-waste.shtml.

贝德勒·阿诺，能源高效医疗中心，2008 年 2 月 1 日．

http://saving-energy.suite101.com/article.cfm/energy-efficient-healthcare-center.

博尔德社区医院，首次奖励，2010 年 4 月 18 日．

http://www.bch.org/green-hospital/firsts-and-awards.aspx.

加利福尼亚绿色措施，绿色医院项目启动：绿色医院项目由 USGBC 为卫生保健和绿色指南开发，2007 年 5 月 1 日．

http://www.californiagreensolutions.com/cgi-bin/gt/tpl.h, content＝1478.

珍妮特·钟和大卫·梅尔策，"美国卫生保健部门碳排放量估计"《美国医学协会杂志》，2009 年总 302 刊，第 18 期，1970-1972.

能源效率财团，"医疗设施的商业建筑性能"2005 年部门简报 http://www.ceel.org/com/bldgs/hc-fs.pdf.

克拉姆·皮特，布朗基·拿拉莫斯，马克·芬德里克和桑杰·圣，"医院的快餐特许经营"《美国医学协会杂志》，2002 年总 287 刊，2945-2946.

艾曼纽·乔治和利曼，无危害医疗卫生机构，"医疗废物管理的最佳环保实践和替代技术"，节选自联合国开发计划署 GEF 医疗卫生废物项目，菲律宾大学环境与工程研究小组主席

http://www.noharm.org/seasia/issues/waste/alternatives.php.

菲舍尔·布朗迪，"毁灭医疗废物"《环境健康展望》，总 104 刊，1996 年第 7 期.

2008 年医疗保健绿色指南 http://www.gghc.org/about.php，格林·罗纳德，罗斯·豪泽，安东尼亚·卡拉法特，珍妮佛·维，夏德勒和霍华德·胡，"对重症监护室的婴儿使用含邻苯二甲酸二（2-ethylhexyl）和单邻苯二甲酸酯的医疗产品"《EHP 环境卫生展望》，全国环境卫生学会出版，2005 年 7 月 8 日，http://dx.doi.org.

无危害医疗卫生机构，"医疗废物处理技术"《医疗专家资源指南》，2001 年，www.noharm.org.

无危害医疗卫生机构，清洁剂、杀虫剂和香料：全球概述，2009 年，http://www.noharm.org/all-regions/issues/toxins/cleaners-pesticides/.

无危害医疗卫生机构，阻燃剂问题，2008 年，http://www.noharm.org/us-canada/issues/toxins/bfrs/alter natives.php.

无危害医疗卫生机构，"环境卫生组织同意淘汰有毒阻燃剂"HCWH 新闻，2010 年 1 月 19 日 http://www.noharm.org/us-canada/news-hcwh/2010/jan/hcwh2010-01-19.php.

无危害医疗卫生机构，新闻稿，2005 年 7 月 23 日，"有问题的阻燃剂证据"阿灵顿，弗吉尼亚州发行，可以查看 http://www.sustain.org/hcwh/details.cfm/type=document&id=1099.

健康环境的医院情况说明书，2000 年 10 月，环境保护署（EPA）出版，http://www.epa.gov/pbt/pbs/h2efactsht2.pdf.

美国疾病控制与预防中心，数据统计，2010 年 12 月 9 日，www.cdc.gov/DataStatistics.

克莱德·谢克特，杰弗里·利普顿，玛丽安·法斯，乔尔·施瓦茨和菲利普·兰德里根"环境污染与美国儿童的疾病：铅中毒，哮喘，癌症和发育不良的发病率，死亡率和成本的估计"．《环境健康展望》第 110 版 2002 年第 7 期：721-728．

"绿色医疗卫生"2008 年年度总结报告（可以查看 www. Teleosis. org）．

美国食品药品监督管理局，FDA 公共卫生通知：PVC 设备中含有增塑剂 DEHP，2002 年 7 月 12 日，http://www. fda. gov/MedicalDevices/Safety/AlertsandNotices/PublicHealthNotifications/UCM062182.

美国健康新闻"科学家对阻燃剂表示担忧"，2010 年 10 月 28 日，http://health. usnews. com/health-news/managing-your-healthcare/environment/articles/2010/10/28/scientists-raise-concerns-about-flame-retardants. html.

沃尔什·比尔，国家健康建筑网络协调员．想象癌症治疗中心没有致癌物质：卫生保健绿色指导联合主任美国建筑师协会罗宾·冈瑟，2005 年 4 月 20 日，http://www. healthybuilding. net/news/guenther-042005. html.

世界卫生组织，1997 年世界卫生报告，http://www. noharm. org/all-regions/issues/toxins/cleaners-pesticides/.

艾克塞尔能源，在线能源评估，2009 年 12 月 10 日，http://www. xcelenergy. com/Colorado/Business/SaveEnergy-Money/Pages/Online-Energy-Assessment. aspx.

7

数码前线

肯尼斯·贝滕豪森（Kenneth Bettenhausen）、娜塔莎·格莱希曼（Natasha Gleichmann）
研究贡献：詹尼弗·米奇（Jennifer Mich）

2008年7月，詹尼弗·米奇曾对数码前线总裁马克·斯科特及公司销售经理里克·莫拉维克进行过一次访谈。

介绍

数码前线是一家位于科罗拉多州麦岭的胶印公司。想要了解它是如何致力于可持续发展的话，只需要仔细地观察和阅读一下这家公司的网站。从绿草生长的初始图像、"我们是绿色的（We Are Green）"的标语，到在网页中运用JavaScript脚本语言来防止人们对于网站内容不假思索地印刷，再到设置多个链接去敦促客户在印刷过程中能更加留心，公司总裁马克·斯沃特话语中将数码前线刻画成为一家热心致力于可持续发展，并且看上去会坚持追求这一立场直至最终做到极致的公司。

随着商业世界中越来越多的企业开始追求可持续发展，这样的立场看上去可能并不会令人十分震惊。然而，对于从事印刷产业的商家而言，追求可持续发展绝非主流。的确，数码前线的可持续发展之路并不是源于一个清晰的计划，而是斯科特无意之中偶然发现并决定下来的。最终，可持续发展作为企业使命和战略定位中的关键部分而被整个企业所接受。

7.1 部分背景

借助于当时桌面出版业（desktop publish）的发展，数码前线在1994年正式成立。最初，目录、手册、传单、商务名片以及信件等印刷作业需要专业的平面设计师和设备仪器。设计者将那些供选择的布置徒手勾画，以规定的尺寸和样式制作文本和图例，之后再用手将其粘贴在准备就绪的印刷机的广告纸板上。这时，如果校对者发现存在一个排印错误，又或者客户想要添加一句话或是改变设计方案，就不得不重新整理，并且受影响的复印板也要被重新制造。随着私人电脑的功能越来越强大、普及率越来越高，一些自由创作者和平面设计师们可以利用桌面排版软件在家中创作出更加精细的设计方案，能更快速、轻易地对他们的设计做出改变。并且，顾客和印刷人员也可以利用计算机方便地对多个设计内容进行校对和检查。一旦某个设计项目通过核验、进入印刷的准备阶段，整个设计方案会以电子形式被传送到负责印刷的工作人员那里。

创立初期，数码前线专注于预印本服务，帮助企业做好印刷的准备工作，如广告代理商和终端厂商。从客户提供数字图像，公司就会开始准备印刷必需的印刷机图板。印刷机一次只能应用一种颜色。单色印刷工作可以一次性通过印刷机而完成，双色则要求经过两次印刷。然而对于那些包含彩色图像的对象，比如相片，必须用红、黄、蓝、黑四种基本颜色分别印刷。每一种不同的图板都是为每一种油墨颜色定制而成，每一张纸都要经过四次完美、整齐的印刷流程从而重塑彩色图像。数码前线创建了色彩分离技术，可以帮助顾客修整照片，校正或改变它们的色彩平衡。

1988年，数码前线买进了它们的第一台数字印刷机，使得公司不仅仅能满足客户印前生产的作业需求，更可以从头到尾地完成印刷流程。增加海德堡DI胶印机之后，他们可以在更大的订单项目上竞争投标，范围从200～20000张。今天，数码前线年收益达到200万美元，雇有13～15名工人，专业经营数字印刷、直接胶印印刷以及超宽幅面的印刷工作，例如旗帜、海报，甚至可以是大如80英寸宽、随客户期望长度的标志。公司为顾客提供全方位的数字印前服务，以及各式各样的修正方案和商业服务，从设计海报、商业名片到开发精细的企业标识。"无论什么，只要客户能够打印出来，我们就都可以制作，"斯科特说道，"横幅、明信片，以及这两者之间的任何一件东西。"

7.2 传统印刷机

我们不得不承认的是印刷并不是一个绿色产业。随着光学成像技术的快速发展，规模经济决定了一切，然而小型印刷作业仍是通过胶版印刷机来完成。胶印机利用了"油水不相混溶"的原理，与摄像方法类似，印刷人员先要为待印图像制作出印版或阴图。将要保留白色的部分用水填充，其余地方用油性墨水填充，油墨会在之后从印版转移至纸张上面。在进入印刷机开始第二颜色的印刷或在裁剪到规定尺寸之前，必须对纸张进行晾干。

在印刷的整个流程中，会不断地消耗水和油墨。虽然可以回收超量的油墨与存在化学污染的废水，然而通常的情况却是这些废墨废水会在被大量水稀释之后流入下水道。从印版的制作环节就可以看出，制作印版所用到的化学试剂和水会在之后被倾倒到下水道中。通常，在某次印刷作业完成后，被墨水浸湿的印版就会与被油墨污染的溶剂、清洁用的脏抹布一同被当作垃圾丢掉。除对化学试剂和水的消耗之外，对于那些使用了两种及以上颜色墨水的印刷作业，必须使印刷机内的纸张完美对齐，而多色印刷这项工艺在单次作业中可能会用到多达 100 张纸。由印刷前对印刷机重新设置的费用形成了一笔很大的固定成本，对于同一种印刷品，买方公司的订购量一般都会多于它们的实际需求量。

与上述相反，数码前线公司采用了与传统不同的印刷工艺。所有的印刷机都采用了现行最绿色、环保的技术。公司内使用的富士施乐 iGen 是数码印刷领域里最环保的印刷机，尤其是对于小型印刷作业来说更具成本效益。通过数码印刷客户可以精确地以他们实际所需张数印刷而不必多印，并且由于数码印刷不需要事先制造印版，更无需将多种印版相互对齐，因此印刷过程中不会产生纸与墨的浪费。大幅面的印刷作业是通过一台使用 UV 油墨（紫外光固化油墨）的威特（Vutek）印刷机完成的。而大型的印刷作业则是用海德堡 DI（Heidelberg DI）胶印机进行印刷。与传统胶印机不同，这种海德堡 DI 胶印机采用的是通过激光进行蚀刻的钛板。当印刷工作完成后，用完的印版会交回到制造商那里进行修复，从而可以被一次又一次地使用。同时，较于传统印刷机，海德堡 DI 印刷机更加精确，所以在校准环节中产生的纸张浪费极其少量。尽管如此，对于那些图像充满整个页面的印刷作业，或是一些设计成少于一整张纸的印刷作业，其中产生的纸张浪费仍无法彻底消除。这两种情况下，纸张必须被切割成一定的大小，并且切割下的废纸无法再被使用。数码前线公司将印刷工艺的这一环节尽其所能地做到环保，他们把能够使用的废纸捐赠给小学，回收利用不能使用的废纸。回收利用中获得的收益会被当作学校奖学金由印刷行业协会——印刷与成像协会代为管理。最后，只要可以的话，数码前线公司都会使用大豆油墨而非基于石油的油墨，并且鼓励顾客使用混有高比例再生资源的纸料。

7.3　可持续发展的幸运发现

尽管数码前线公司现在在经营中强调可持续发展的商业模式，但这并非一贯如此。"我们是科罗拉多州最注重环保的印刷商，但退回到三年前，那时的一个客户——跑步鞋制造商 Pearl Izumi 想要我们为他们印刷营销材料,当双方接洽时,他们问道:'你们的工艺有多环保?'"斯科特说,"在那个时候,我们真的一点都不知道。"于是,斯科特对此做了一些研究。

公司近年来已经购入一台海德堡 DI 胶印机,并非是出于对环保的考虑,而是因为这款机型采用了行业内最为先进的科技。在他的研究中,斯科特发现海德堡 DI 胶印机采用了一种比科罗拉多州那些大型、老牌印刷厂中的胶印机更加环保的印刷工艺。斯科特把他对印刷机的这些研究反馈给了 Izumi,并最终在竞标中获得成功。斯科特承认,无论现在怎样,但直到六个月之前,数码前线都并没有真正地意识到绿色印刷的潜在价值。六个月前,他们参加了一场 Pet 生产行业贸易展,当斯科特正与其他参展商相互讨论的时候,有人评价他们的生产线:"一切都很环保,除了印刷。"

"那就是催化剂,"斯科特回忆,"我决定我们应该吹响环保主义的号角。为了使之实现,我开始了一系列与之相关的商业活动。"

7.4 通往可持续发展之路

在公司探索的过程中,斯科特发现最主要的困难在于缺少行业协会的指导与支持。印刷业的历史中有着一些约定俗成的事情,例如倾倒含有有毒化学物质的污水。虽然改变这种情况不一定会被抵制,但却十分昂贵,以至于对大多数企业来说,这种改变并不可行。斯科特发现,数码前线经常需要开拓自身的路径,"没有人会握着你的手去帮你"斯科特陈述道。在谈论废弃物测定这个部分中,他表达了一个关于产业辅助的特别愿望。当说到对整个印刷工艺的评估时,斯科特表示很清楚,因为数码前线采用了大豆油墨与海德堡 DI 胶印机,他拥有现行最环保的印刷技术。尽管如此,他还无法制定出一套标准将他的公司与行业里其他公司进行正确地比较。如果存在,这套标准不仅会使数码前线公司具备有利的条件,使其可以向客户更清晰地阐释他们在可持续发展方面做出的成果,还给了他们一个很好的机会,让他们能够教导顾客与同行关于印刷工艺中特定单元废弃物排放水平的相关知识。斯科特相信,测算企业碳足迹这项工作"应该由我们的行业协会负责。他们应该有一个团队,你只需要说,'我需要测算,'他们就会过来帮你做这项工作。"

较之次要的第二个困难则是员工的认同与支持。数码前线公司的销售经理里克·莫拉维克说:"我们都知道我们是一家小企业,公司由马克主导。如果马克认为公司应该如何发展，那么公司就会按着这个方向去做。"尽管如此，斯科特有几次已经发现他很难真正地将全部的信息都让人理解透彻和到位。员工们知道公司是以何种方式运作，知道工艺本身是极尽所能环保的，但对于像回收利用这样的规定并不是一直都能坚持执行的。"我现在依旧是通过垃圾桶去发现那些违规行为，然后问他们，'为什么这些没有被回收？'"斯科特说道。然而，斯科特和莫拉维克都一致相信员工的支持度会稳固上升，他们并不担心员工阻力会对公司长期的发展造成任何问题。

7.5 走在业界前列

早期，我们遭遇了一个难点：在采用低废、可持续的印刷工艺并将其投入市场运营方面，我们是领先于行业的。数码前线已经有能力将自身呈现为一家环保印刷企业，但是也发现，在评估墨水、纸张以及其他输入对环境影响的环节中，所需信息的实际获取过程是十分困难和繁琐的。斯科特解释道："不管怎样，在过去的几年里，造纸业实际上已经变得积极且主动。一旦他们开始注意到一个潜在的市场，他们就会随之做出改变。"以数码前线公司来说，他们最开始接收的订单很多是在纸张再生成分含量上几乎没有任何信息的供应商所提供的纸张样本目录，而如今他们接收的订单细化了再生消费后成分的含量，提供了系统对于再生制品的选择。纸类批发商的这种变化催生了公司如今的生产工艺，帮助我们简化了我们所提供给客户的各种选项。当然，这种改进可能会对公司的营销产生负面的影响，因为我们的公开宣传将会使其他公司在向市场推出绿色打印选项这一方面更加容易，会对我们产生竞争压力。但斯科特强调，简化对含回收成分纸料鉴别程序这一改进工作是非常有用的。虽然纸张和油墨的供应商正努力加入可持续发展的浪潮，但还是存在一些寻找、订购环保材料过程一点都不精简的地方。举例来说，最近有一项新技术已经让可生物降解横幅所需材料的生产成为可能。这一材料能在堆埋期三个月内开始被分解，而目前所使用的乙烯基材料永远不会被分解。这一材料研制出来后，斯科特惊奇地发现，公司目前的供应商正在寻找一家能够为他们提供这种材料的厂商。"供应商们是不会来主动找你，让你知道他们有什么"，斯科特说。公司必须靠自己去发现可持续的创新产品，并在随后去研究和寻找到底有哪些供应商能够提供它们。这一过程会延迟对新的可持续性产品的使用，因此数码前线公司必须时刻对此保持警觉。

7.6　成本分担——让可持续发展成为可能

对于数字前线来说,购买海德堡 DI 无疑是幸运的,能够借此做出往可持续发展方向前进的选择。莫拉维克报告说,由于在购置更多可持续设备、以可持续方式经营方面,以及在将公司营销方向转向以环保为重点的过程中产生了很多额外成本,目前公司尚未扭亏为盈。他预计,将很可能需要一段较长时间才能回本。尽管如此,斯科特指出,这些花费在现在已被视为"商业成本"。例如,他提到,"我们用大豆油墨会比之前用常规油墨时的开销更多一点,但这是一个情况、一个选择,是我们在很久之前就已经决定了的。所以,我不想看着那说,'哦,天哪,它花了我更多的钱',因为那只是一个成本。"公司提供的最环保的印刷工艺目前已经上市,这些成本已被吸收作为业务的一部分。

不过,为了在商海中生存下去,企业确实不得不将绿色印刷中的一部分成本分摊给客户,一般是在客户对承印物(纸张)的选择上。数码前线公司采用的就是这种方式,让客户能够尽可能直接、清晰地了解到再生纸料的不同等级,并在其中做出选择。斯科特解释说,"对他们的最终承诺真的可以归结到纸张上,因为这就是他们在可持续发展上所做的金融投资。"虽然使用几乎不含再生成分的纸张印刷并不一定与公司的价值观相一致,如果客户不愿分担使用再生纸的费用,数码前线公司还是可以在非再生纸上进行印刷。身处一个高度成本推动型行业,无论是斯科特还是莫拉维克都强调。因使用再生原料而产生的较高价格可能会让所有人认为他们公司在与其他印刷商的竞争中处于劣势,但绝不包括他们最注重环保的客户。因此,当公司对某一印刷作业定价时,会提供给客户不同等级再生纸的印刷选择,并希望由于公司的引导,客户会逐渐在印刷选择中提高再生纸料的比例和纸料中使用的消费后再生成分的比例。

7.7　成本驱动型产业中的绿色营销

在印刷行业,大多数客户在绿色印刷方面唯一关心的就是他们所要花费的钱的金额。数字前线公司充分认识到这一现实情况,将市场营销的侧重点放在教育和宣传上面。莫拉维克认为,在当今社会,随着越来越多的公司对可持续发展的关注日益增强，客户在自己的认知轨迹上，可能会从一开始对减少浪费、使用环保油墨毫无兴趣，转而产生极大的兴趣，这样的转变有时会相当迅速。数码前线希望其客户能意识到，它是目前最环保的印刷公司。至于他们是否真的关心可持续性发展，莫拉维克说，"如果真的关心，那就太好了，但如果他们没有，也没关系。但可能我们也会有办法去引导他们。"在那之前，斯科特和莫拉维克只是想先保证让他们的客户以及潜在客户能够知晓。

在到可持续性的过渡阶段，公司最大的开支之一在于其营销活动的变化。一个新的标志诞生，使用绿色作为颜色，以"拯救地球，避免浪费"作为口号。公司的每个产品，斯科特都为其添加了一段说明，列出了产品在绿色环保方面的信息。斯科特也开始为公司使用再生纸进行高调宣传，告诉大家他们的所有产品都是使用再生材料印刷出来的。数码前线重新设计了公司的网站，打造了一个崭新的公司形象。网站强调了公司对绿色生产所做出的承诺，并教给客户一些关于印刷行业可持续性发展的问题。莫拉维克承认，这种营销方向的转变会产生一笔巨大的一次性费用，但他声称，这绝对是值得的。

由于印刷业是高成本驱动型产业，数码前线无法强迫其客户使用较贵的再生纸印刷。然而就在他以使用了再生材料为噱头进行销售的过程中，莫拉维克注意到，公司需要提升对客户个性需求方面的感知能力。莫拉维克在尽可能为目前的再生项目做宣传的同时，着重保持良好的客户关系。"在很多地方我都能和人讨论关于再生材料或是100%使用再生废物的材料，但是也有一些地方让我连提都不想提这些内容。"在硬性销售中，销售者能十分亲切、频繁地教育人们是至关重要的。莫拉维克指出，"这个行业是受价格驱动的，因此，当你开始和别人谈论不同材料之间价格的差别、这种材料为什么比较贵时，他们只会摇摇头，说，'好吧，我为什么要那样做？'他们中有些人就是不明白，他们不明白这一点。这就需要我们的努力。"公司能够在其能力范围内尽一切可能去教育顾客并提供给顾客关于环境可持续发展方面的各种选择，但最终决定是否使用再生材料、决定材料中再生成分比例的依旧是顾客。

当说到软性销售，或是将可持续性发展的教育放到实际销售中这一过程，貌似就没有那么棘手了。无论是斯科特和莫拉维克都会在各种会议上发言，对业界成员、环保人士以及潜在客户宣教绿色印刷的内容。这种做法也能从公司官网上看出，网站的作用就是向消费者宣传如何才能做到绿色环保，希望顾客能以此走上环保的道路，并通过数码前线帮他们达到自己可持续发展的目的。

7.8 竞争

当谈到竞争，价格显然是一个关键因素，但是，当潜在客户真正关心一个公司是否具有可持续性时，数码前线遇到了比想象的还要更多的问题。不幸的是，就像莫拉维克说的那样，在推销的过程中，"我走过去告诉他们我在做绿色印刷，然后五分钟内就会有人跟在我后面说他们也能做绿色印刷，哪怕他们并没有这个技术。"我们正在和另一家公司竞标，他们有一台与我们不同的印刷机，可能是制版不同，可能是化学品的使用不同，也可能是印刷机冲洗和发泡剂的使用不同，重要的是他们也在再生纸料上印刷，并因此就向他们的客户宣传他们也是一个绿色印刷公司。这就是我正在抗争和为之奋斗的事情。"因为印刷与成像协会还并没有建立起一套成熟的指标或任何在印刷工艺方面的认证，在一个真材实料的绿色印刷公司和一个只是因为自己能提供再生纸就简单地声称自己也很环保的公司之间，消费者很难进行正确鉴别。"然而数码前线的幸运之处在于它买入了海德堡 DI 胶印机，使其能在那些言过其实的可持续发展企业面前保持自身的独特。印刷机属于非常昂贵的资本投入，除非绝对必要，一般都不会被更换。莫拉维克解释说，"有的印刷机 40 年了依然可以良好地运转。没有一个心智正常的印刷商会想要扔掉一台运转良好的机器，只是为了去买一台可能环保一点的机器。这就是不可能。印刷机太昂贵了。你根本承担不起把它扔掉。"很多竞争公司甚至已经决定力争成为绿色印刷企业，并且决定要改变公司的结构组成以及他们的商业模式，但当说要将印刷机替换为一台海德堡 DI 这样的环保印刷机时，公司就无法继续像数码前线这样坚持可持续发展了。莫拉维克补充道，因为大多数印刷企业都不具备一个大的市值，而且虽然对绿色打印的需求在不断上升，但依旧是总需求的一小部分，他还没有看到科罗拉多州有谁采用了和他们一样的印刷工艺。但是，他预计这种情况终会出现。数码前线的绿色印刷工艺是基于利用环境友好型印刷机海德堡 DI 进行印刷。随着新的印刷企业进入市场，已有印刷企业采购新型设备，他们也能通过在海德堡 DI 印刷机上用大豆油墨印刷而像数码前线那样环保。甚至如果技术进步了或者有比海德堡 DI 更加环保的印刷机被制造出来，数码前线可能会发现自己变得落后了。

7.9 资质认证

不管现在有没有出现直接模仿者，斯科特认为，当下环保是一个很流行的词汇。出于这个原因，即使有些公司几乎没怎么在他们的印刷过程中最大限度地减少污染和废弃物，也希望把自己尽可能地呈现得十分环保。斯科特感到十分困扰，有些公司干脆撒谎或者暗示他们提供再生纸印刷、他们是绿色印刷商进而回避真相。这个问题在现有对印刷商的资质认证体系下只会不断恶化。

印刷公司用来表明他们是以可持续的方式经行经营的首要认证就是森林管理委员会（The Forest Stewardship Council，FSC）认证。根据 FSC 网站上的描述，它的认证模式是"允许产品在拥有一个特有凭证的情况下从经过认证的森林流入市场。"然而斯科特认为，当涉及要在印刷业中评判可持续化的做法，尤其对于中小企业，这个认证存在的弊大于利。"你花 8000 美元去认证，基本上所有它包括以及它能给的所有的荣誉，就是当纸从卡车上卸下时，你能说，好了，我把纸放在这里，这些纸不能与来源没有被认证的纸混在一起。所以，它对于你如何印刷，或你印在哪上没有任何关系。他们所关心的只有产销监管链，"斯科特如是说，"它的作用就是让那些大企业，有很多印刷机的大企业，得到这个证书，然后只要每年交 8000 美元他们就是绿色印刷企业了。除此之外没有解决任何事情。所以很可能他们的工艺是世界上最糟糕的工艺，但是他们却拥有那个认证。"此外莫拉维克指出，尽管 FSC 的意图是好的，"他们却还在砍伐原木"，而不是使用再生后的原料。FSC 确实也为再生纸提供了认证，但斯科特称，这个认证并没有一个严格的标准。来自其他机构的认证存在一些问题，很难让消费者正确鉴别。斯科特描述了一些提供认证的公司，说他们"几乎变成了第三方的标志售卖者"。他们能提供的也确实就是使用该标志的权利，并希望他们的标志能得到更多人的认可。尽管斯科特指出，印刷与成像协会等行业组织正试图建立起更有信誉的全方位认证，然而没有标准的、有效的认证目前依旧存在。对顾客来说，这就造成了一种情况，区分绿色印刷公司与非绿色印刷公司并不是一件简单的事。

7.10　由外而内

斯科特可以肯定，数码前线是科罗拉多州最环保的印刷公司，很可能也包括了周边地区，他显然对此感到自豪。然而，斯科特希望他们公司的可持续发展不仅局限于工艺和产品，更能延伸到公司的内部运作中去。

对斯科特来说，绿色印刷的实现与公司接下来的旅程无疑创造了一种对于可持续发展的激情，而这种激情他也希望能体现在公司内部运作中。斯科特正努力研制一种风能开关来减少与能源相关的污染，并在努力避免生产环节中不必要的浪费。

对于公司的可持续发展计划，员工是否认同则成为一个巨大的挑战。尽管斯科特还没有遇到过什么大的与可持续发展计划相关的员工问题，他认为，大部分员工只是把它看作是我们新的营销计划，并不一定能感觉到自己对环境的所作所为与自己有什么更深刻的联系。尽管员工们能够接受将可持续发展作为商业模式，但他相信公司中很多可能与印刷工艺无关的方面具备改进与提升的空间。莫拉维克说，业务中某些方面是难以将其可持续化的，因为公司没有属于自己的建筑。"把大笔资金投入给一栋不属于你的建筑，真的很难。"

不过有一些方面，斯科特最希望能得到潜在的最环保的发展途径。例如，许多客户将用过的乙烯基横幅返还给数码前线处理。由于乙烯基材料不能被降解，斯科特也在不断研究将这类材料再利用的方法。他把这些用过的材料都放到他的储藏室中，并没有处理，除非有机构想要再用它们。"我们已经将它们存储在我们的库房中。这种来源的标志已经成百上千了，客户在给我们这些材料的时候说'你可以就直接扔了它们'，我并不打算把它们就这么扔掉，因为我知道它们理应被如何处理。"斯科特同样也保存泡沫板，以试图找到一种再利用的途径，而剩余的纸张则选择捐赠给当地的学校。

斯科特认识到，可持续发展包含了人与整个地球，他很努力去为社会做出贡献。"我们把从再生纸中得到的收益捐给了印刷与成像协会（PIA），他们有一个奖学基金的项目，我们只是将这些钱捐献给他们。它维持了可持续发展整个循环链的运行。"数码前线公司还捐赠了全部收益的5%用于发展慈善事业。

7.11 结论

数码前线公司已经成功将印刷过程可持续化，并将可持续发展作为其业务的核心部分。虽然这一业务重点已经帮助公司确立了一个特殊的市场定位，马克·斯科特对可持续发展的强调与行动已经超越了市场营销的范畴。数码前线在环保方面远超于其他竞争者，主要是因为行业基准与环保的要求相去甚远。但在可持续发展这一问题上，斯科特一心追求极致，不愿退而求其次。斯科特的热情促使了公司全体上下都在付出努力，就像莫拉维克评价的那样，每一个人都确确实实地专注于可持续发展。无论何时何地，所有人的心中都很清楚，当它们与客户交谈时，就会体现出来，那个思想就存在他们的内心深处，体现在他们的言谈举止。人们一直都知道这点。就是因为马克,一直在研究、在努力地推进它……马克做得很到位。

该公司在可持续发展上做出的贡献的确是由它的创始人自身具备的激情和奉献精神所驱动的。对于斯科特来说,环保绝不仅仅是公司营销的一种手段,它更是斯科特经营公司的一种理念,是他的一种生活方式。就像他在采访中反复强调的那样,"这种思想是正确的,是理应去做的。"

小　结

（1）保持股息分配的灵活性：客户的请求与咨询能使您对机遇更加警觉,能激励你去创新。

（2）理想的可持续发展需要您与您的供应商以及客户三者之间共同努力。您可以采用最环保的工艺,但并非所有客户都愿意承担其所带来的成本。

（3）对他们的环保教育将会成为您未来绿色商务中的一笔投资。

（4）绿色认证往往会误导消费者。名副其实的环保公司将会从更严格、更具有普适性的标准中受益。

（5）随着可持续发展越来越为人所接受,商业行为正同时以微妙和戏剧性的方式发生变化。绿色资源不再难以被发现,也会有行业协会提供所需的信息与支持。

8

博尔德谷信用社：自然更好的银行服务

伊丽莎白·S.库珀曼（Elizabeth S. Cooperman）
研究贡献：克林特·麦卡弗（Clint McCarver）

8.1 项目开始

在2007年的一个波光粼粼的，阳光明媚的春日，博尔德谷信用社（Boulder Valley Credit Union，BVCU）首席执行官兼总裁——里克·艾伦（Rick Allen）看了一眼窗外，意识到是时候开启一项在管理层中已被讨论过的工作项目：购进太阳能发电系统，为博尔德谷信用社的主要部门生产清洁、零排放的太阳能电力。科罗拉多州博尔德市位于落基山脉美丽的山脚下，拥有约28.0420万人口。居住在博尔德市或是城市附近的员工们很早就已经致力于环境保护。许多人骑车上班，自行堆肥，选用节能灯泡，对物品循环利用，加强建筑的保温隔热性能以节约能量。

BVCU决定从纳玛斯特（Namaste）太阳能公司购入一个10kW的太阳能发电系统，这一系统将能生产零排放的清洁太阳能电力。在系统30～40年的寿命里，这套系统的净效益相当于每年抵消14t二氧化碳的污染。在环境方面，每年减少的污染影响相当于种植树木1078棵，或减少驾车出行30500英里。从经济角度来看，每年的能源成本将会较之前降低，且费用固定。若要进一步提高太阳能发电量，可以后续安装额外组件。令人信服的董事会成员，代表了BVCU的广大储户，将易于得到今后节约的能源效益、较为固定的电力成本以及更好的环境效益。作为BVCU的董事会主席，韦恩·特纳克里夫（Wayne Turnacliff）曾经表示，"节约资金、改善我们的环境是理所应当的，并且是正确的商业决策"（Namaste，2007）。

太阳能电池板截止到2007年7月5日已全部安装完毕，如今每年能产生11170.1度电（kW·h）（BVCU，2010）。根据零售电价（科罗拉多州每千瓦时

9美分）这相当于每年能节约下1117美元的能源，或者相当于太阳能板30～40年寿命间总共节约33510～44680美元的能源。政府的奖励措施帮助BVCU减少了大约52%的系统成本。大约科罗拉多州在这个时候，一个10千瓦时太阳能电池板系统的平均安装价格约为6.5万美元，除去Xcel能源公司3.5万美元的折扣，除去大约9千美元的联邦税收抵免（扣除该系统净投资额的30%），净系统成本约为2.1万美元，或相当在系统生命周期内净节省1.251万～2.368万美元。此外，由于净计量电价政策，太阳能发电系统通常会超量生产电力，而多余的电力会返还到公用电网中，存留用于以后使用（BVCU，2010）。

为了让BVCU的客户能够看见系统的能源节省与其环境效益，管理者运用胖猎犬公司（Fat Spaniel）（www.fatspaniel.com）的技术安装了一套监控系统，能在BVCU的网站上提供该太阳能供电系统发电量的实时监控数据，包含了每周、每月、每年以及整个使用期内的累计数据。截至2010年2月1日，网站监测系统显示，太阳能供电系统从2007年7月5日使用之日起已发电31374kW·h，避免了39029磅CO_2被排放到环境中（www.WeCareColorado.com）。

随着安装工作的完成，里克·艾伦对自己做的这个决定感觉非常满意。他说，"我们希望在我们的引领下，其他公司能相继行动起来，保护我们的环境与公众健康"（Namaste，2007）。在当时，他还不知道这套系统的安装将会引发一个全新的商业模式。

8.2 关于博尔德谷信用社

1959年，BVCU开始作为州级特许信用社，为博尔德谷学校系统中的老师、学生、工作人员以及他们的家庭提供金融服务。多年来，其企业规模不断扩大、不断多元化，已改组为州级特许自然人信用社。今天，BVCU拥有2.11亿美元资产，覆盖了科罗拉多山脉17500多名会员，包括博尔德（Boulder County）和埃斯蒂斯帕克（Estes Park）地区约500个群体。任何博尔德和埃斯蒂斯帕克地区的现有员工，连带他们的直系亲属，都有资格成为会员。群体会员主要为博尔德谷（Boulder Valley）学区、埃斯蒂斯帕克学区、博尔德社区医院、埃斯蒂斯帕克医疗中心以及埃斯蒂斯帕克青年会的员工群体，当然还包括一些其他群体。

BVCU拥有52名全职员工和4名兼职员工，分散在博尔德、路易斯维尔和埃斯蒂斯帕克的四个支社。会员也能通过国家信用社网络获取服务。网络涵盖了4000多家分支机构、28000多个自助取款机、一个呼叫中心，以及BVCU网站

（www.bvcu.org）上所提供的服务。BVCU 办理抵押贷款、机动车与消费贷款等业务，内容包括新旧汽车贷款、房车休闲车贷款、信用卡贷款以及其他关于家居修建（如家用太阳能电池板）的个人贷款，并为会员提供支票与储蓄账户、理财教育和其他投资产品与服务。

信用社是比较特殊的单位，它不具有营利性，无需缴税，拥有多类型的普通债券，涉及多种职业、行业、政府、居民、员工、区域和多个普通债券群体，也包括社区信用社。在提交申请存入或购买至少一个份额（通常为 5 美元）的基础之上，个人拥有完整的表决权（全国协会联邦信贷联盟，2010）。会员的储蓄账户被称为其股份，会员，实际上就是信用社的所有者，他们的意见与利益由选举产生的董事会成员统一代表。

信用社受惠于强大的同业协会。信用社协会（CUNA）及其附属公司作为支持机构，国家信用社管理局（NCUA）利用其至少 25 万美元的私人储蓄调控管理联邦及各州"全国信用社股份保险基金"。信用社有一个使命，即协助会员理财，保证组织机构的资本与财政活力。BVCU 的职责是"为会员提供有用、友好、准确、及时的金融服务"（www.bvcu.org）。身为一个受社会关注的信用社，BVCU 发现，策划一些回报社会、保护环境的活动并不复杂。

BVCU 在和大约 30 家其他的存款机构争夺"博尔德-路易斯维尔-埃斯蒂斯帕克"地区的存贷款市场，竞争公司中包括资产超过 50 亿美元的大型跨境银行控股公司（例如富国银行、摩根大通、美国合众银行）、科罗拉多州内的中型银行控股公司（例如第一银行的控股公司与 COBIZ 金融公司）、小型社区银行和储蓄银行（美西银行和自由储蓄银行，FSB）。在博尔德，其他几家信用社与别的团体进行合作，包括爱创家 Ashoka 组织、博尔德县员工信用合作社、Elevations 信用社和卓越会员联邦信用社。截止到 2009 年年底，科罗拉多州大约拥有 116 家信用社、100 多万信用社会员以及 102.7 亿美元的资产（科罗拉多州信用合作社，2010）。在 2007 年，BVCU 成为博尔德地区首个全方位贯彻环保理念的金融机构。

8.3 银行与信用社产业

8.3.1 可持续发展方面的举措与障碍

8.3.1.1 大型银行的可持续发展行动

金融服务行业在其利益相关者（股东/所有者、监管机构、政府、竞争对手和客户）的推动下，变得更具可持续性，支持解决社会与环境问题的公司，避免向那些破坏环境或引发社会不良问题的企业贷款。Jeucken（2002 年）指出，相对于其他行业，银行业是一个污染较少的行业，但由于这个行业是非常大，因此它是一个重要的环境影响因素。较为突出的可持续性问题与障碍包括在数万亿的金融交易中使用了数量庞大的纸张，为搭建运营信息系统及其他后台运作消耗了大量的能源。正如 Jeucken（2002）说的那样，欧洲和英国的几大银行很早就开始了环保事业与节能减排项目。其中瑞士联合银行在 1990～1993 年间共减少 25％的能耗，国民西敏寺银行在 1991～1995 年间节约能源成本共计 5000 万美元。设立在欧洲和英国的荷兰 Triodos 银行成立于 20 世纪 80 年代，它有意针对性地投资那些造福人类和环境的项目。Triodos 的所有银行大楼都使用了太阳能或其他形式的可再生能源，荣获金融时报 2009 年年度最佳可持续发展银行奖（Triodos 银行，2010）。

美国银行（BOA）就是美国大型银行参与到可持续发展活动中的一个例子，其董事会于 1991 年通过了一系列的环保原则，包括适当采买原则和对银行、供应商和承包商较为可取的环保措施。BOA 也增加了其对再生纸的使用，并参与创立了再生纸联盟，以便拓展再生纸市场。到 1993 年，BOA 所购纸张中，95％的纸张都至少含有 10％的循环再生成分。到 1996 年，BOA 已经较 1994 年减少了 26％的纸张使用。为了减少在公司报表与内部文件上对纸张的浪费，所有的复印机都要求具备双面打印功能，并且为此建立起了一个综合、全面的企业内部网络。到 1999 年，BOA 将环境原则作为一项组成内容加入与纸供应商的采购合同中（Sarantis，2002）。

截止到 2007 年，BOA 已经连续 10 年，投入 200 亿美元致力于推动可持续发展事业，这一切不仅体现在公司本身的运作上，也包括它贷款给那些从事新型替代性能源技术、产品开发与服务的金融公司。2008 年，BOA 投资了一个新的能源管理系统项目，旨在帮助全国各地的 3300 个金融中心减少其温室气体排放，并降低能源成本。这一项目预计能帮助节省 50％的能源成本，消减 14000t 温室气体的排放。BOA 采用的是 Field Diagnostic Services 公司的节能技术，可进行更精确的加热、通风和空调调制，帮助降低能耗以及运营成本（Sustainable Business，2008）。BOA 会对购买混合动力汽车的员工提供现金奖励，为有节能住房的客户提供贷款减免。BOA 同时与 Brighter Planet 联合推出了一种环境友好型信用卡与借记卡，能在可再生能源项目的采买上给予使用者一定比例的优惠（Bank Vows，2008；Credit Cards' Latest Pitch，2007）。许多美国银行提倡使用网上银行和电子对账单，减少了纸张的使用量，节约了银行成本，并且很多银行正在建设新的节能型建筑。例如，最近摩根大通翻修了其位于纽约的公司总部，使之更有效率，并在2007年在丹佛开设了第一家节能型分支机构，该机构采用了Energy Star的办公、电器、照明等设备，并且制定有全方位的回收利用计划（Chase Opens Its First "Green" Bank Branch，2007）。其他地区性银行也纷纷建立了新的LEED（美国绿色建筑评估体系）认证的分支机构，包括Northwest Georgia银行（Northwest Georgia Bank，2009）和Chittenden（New Chittendon Bank，2009）。

在贷款方面，摩根大通、花旗集团和70多个其他金融机构都纷纷签署了"赤道原则"。该原则作为一项协议，针对银行向发展中国家提供贷款的各环节中存在的社会与环境问题，为银行提供了指导性的方针，其中包括银行对重大贷款要进行环境评估。创建于2002年的"赤道原则"最初仅包括10个全球性银行，承销了大约145亿的项目贷款（其中约30%面向发展中国家）。2006年，"赤道原则"进行了修订，目前适用于所有千万及以上、横跨不同行业的项目贷款（Epstein，2008，p.122和www.equator-principles.com）。

大型金融机构已开始投资于能提供清洁能源的公司。例如，英国一家银行Barclays资助了一项涉及风力发电场的数百万美金的项目，该项目预计能为13000个家庭提供电力。富国银行贷出超过17亿美元，涵盖大约35个LEED项目，其中包括建筑贷款以及随着对长期客户部分越来越大的兴趣而选择的一些长久性融资。大型银行，如科罗拉多州的U.S. Bank，也推出了低于标准利率的房屋净值贷款计划，帮助房屋拥有者改善环境（见Epstein，2008，pp.122-123；Home Equity Loan，2009）。Chittenden，佛蒙特州最大的银行，为客户提供了高利率的业务选项，作为银行将它们的资金转用至社区项目上的回报（Scheer，2004；www.chittenden.com/socially-responsible.htm）。

对于环境项目的项目融资，其中的问题仍然存在。加利福尼亚州圣拉斐尔市绿色建筑财经联盟（Green Building Finance Consortium）的执行总监斯科特·穆达文（Scott Muldavin）在2008年《全国房地产投资者》（National Real Estate Investor）文章中写道，绿色金融为鉴定人和承销商提供了一个挑战。因为他们对可持续性发展的价值和风险这两方面并不熟悉，他们很难重视一个建筑或项目其生命周期里未来部分的能源储蓄和收益。然而，他也认同，目前能源节省水平和营销效益正在不断地增长（Hudgins，2008）。

《金融时报》在2010年的一篇文章中指出：尽管金融机构强烈呼吁应采取行

动应对气候变化，然而在普华永道/气候组织所做的一项针对拒绝向低碳企业贷款的调查中，它们却得到了较低的分数。"它们"甚至包括最气候友好型金融机构（农业信贷银行、汇丰银行、渣打银行、慕尼黑再保险公司、瑞士再保险公司）。从积极的方面考虑，文章中提到，银行将会发现它们能更容易地从一个环境的角度去判断是否应该对一个公司进行投资，因为证券交易委员会近期要求上市公司必须公开气候变化对其业务的影响（Harvey，2010）。

8.3.1.2 中小型银行的可持续发展行动

一些中小型金融机构的管理者认为，对他们来说从管理上实施可持续性的做法是不太可行的。然而，大型金融机构经常会面临一些小公司可能不是必须会面临的障碍，比方说：灵活性小以至于不能快速做出改变，总是要获得董事会和股东们的批准，并且在巨大的组织内部若要改变员工文化将会是一个非常大的挑战。社区银行、储蓄机构和信用社的优势在于它们更具合作性，愿意以各自的形式互相帮助，同时兼具社区服务使命。

一些中小企业已经开始尝试一边对客户进行环保教育，一边从事环保活动。公民金融集团（Citizens Financial Group，Inc.），一个区域性商业银行控股公司，总部设在美国罗得岛州普罗维登斯，公司设有面向客户的环保教育网站（www.citizensbank.com/greensense）。每当注册客户使用了无纸化交易，如在线支付、自动缴费、使用借记卡时，网站就会向其提供10美分的奖励。俄勒冈州Umpqua银行设有一个生态银行部门，为小型企业提供环保贷款，并教育客户有关安装太阳能电池板与其他节能措施企业的能源税收抵免和联邦税收抵免方面的知识。

一家位于休斯敦的Redstone银行，于2006年被改为可持续性银行，并更名为Green银行。坐拥2.75亿美元的资产，Green银行已经迈开了在可持续发展路上循序渐进的步伐，包括搬入一个新的具备LEED金级认证的总部大楼；制定低利率的标准绿色项目贷款条款；提供其他环境服务和无纸化支票账户。在得克萨斯州奥斯汀市，一家新的社区银行，One Earth银行，也十分注重可持续发展（Hudgins，2008）。

其他新的可供选择的银行包括：①New Resource银行，始于旧金山，提供常规银行所不提供的银行贷款；②美国佛罗里达州的First Green Bank，创建宗旨在于提高环境和社会责任；③Common Good银行，位于马萨诸塞州西部，实现了崭新的社区网络结构；④E3银行、费城社区银行，为银行提供了一种多元化的、基层的所有制结构，其大部分业务都能在网上完成，以减少其碳足迹和运营成本，为可持续性企业提供更低利率的贷款。一些已经建立的专注于节能减排、协助投资节能和可替代能源项目的社区银行包括芝加哥的 ShoreBank、华盛顿和俄勒冈州的 ShoreBank Pacific、Wainwright 银行以及波士顿的 Trust Company（Green Banks，2010）。

2006 年，Alpine 银行，一家拥有 14.6 亿美元资产，设立在科罗拉多州西部斜坡（Western Slope）的独立社区银行，因其环境管理获得了 ISO 14001 认证，其中包括使用清洁能源、节约用水、循环利用、挑选使用再生纸产品和绿色清洁剂以及妥善保存化工产品。2005 年，Alpine 银行的员工开始一项名为"绿色团队（Green Team）"的基层工作内容，开发了一个更为正式的方案和一个环境管理系统，为衡量银行发展和影响提供了框架，并且这一工作在持续完善中（Alpine Bank，2010）。Alpine 银行拥有一套正式的环境政策与项目，意在减少能耗、纸耗、水耗和车辆的油耗。Alpine 银行网站上有一个"绿色倡议"部分，它将客户与能够协助他们解决可再生能源、高效节能产品、污染防治和温室气体减排环节中出现的问题的组织连接起来，银行相当于客户处理回收利用问题的一个中转站。

2009 年 2 月，Alpine 银行（目前拥有 27 亿美元资产）引入了一个 Nexsan 公司所做的新一代自动化磁盘驱动器平台，通过节省当前磁盘驱动器管理中的用电与冷却，减少了 30％的仓储成本和超过 20％的能耗。Alpine 更换了其 10 层的办公大楼所有的白炽灯照明，购买了由"阿斯彭金丝雀倡议（Aspen Canary Initiative）"部门提供的标志。金丝雀标志由阿斯彭市售发，所售资金均投资给本地、州和地区的可再生能源与节能项目，以减少企业或个人的温室气体排放量。Alpine Bank South Rifle，一个新的工厂，于 2009 年被授予 LEED 认证（Alpine Bank，2010）。

除了 BVCU，已从事可持续发展工作的信用社包括：①美国新墨西哥州的 Permaculture 信用社，其会员都会遵守一个道德行为守则，即将钱投资给可持续发展项目和当地的社区，而绝不贷款给那些对自然资源具有剥削性的商业（Scheer，2004；Permaculture Bank，2010）；②美国亚利桑那州立信用社，向那些从事可持续发展事业、聚焦于社区发展的公司提供贷款，包括在 2009 年资助在弗拉格斯塔夫（Flagstaff）建立第一个通过太阳能供电的多户住房的希望工程（Arizona State Credit Union，2009）；③科罗拉多州丹佛市的 Bellco 信用社，在 2009 年与 Payitgreen（www.payitgreen.org）合作以客户的名义植树，作为对客户使用网上银行和电子报表的答谢。Bellco 翻修了其办公空间以降低对能源的使用，包括安装感应照明开关，并制定了完善的回收利用计划（Bellco Credit Union，2009）。由于信用社最多仅能提供其资产12.25%的商业贷款，一些信用社，如马里兰州的Mid-Atlantic联邦信用社，已经找到方法和银行取得了合作，允许大企业贷款资金超出信用社贷款上限，这为信用社业提供了一个崭新的市场（Williams，2009）。

BVCU无疑是这场信用社业界运动的引领者之一，而这场运动正逐渐演变为整个美国面向环境的运动。BVCU的营销副总裁贾森·鲍尔（Jason Bauer）在接受采访时表示，虽然环境和社会责任工作可能永远不会像那些在大型金融机构中的工作那样得到广泛的注意，但是中小型公司可以做先行者，在有限的机会中成为可持续发展的领头羊。中小型机构应该做到愿意向前迈进，趁着现在对环境和社会做出自己的承诺（Bauer，2008）。

8.3.2　可持续性商业战略入门

随着博尔德谷信用社（BVCU）新太阳能供电系统的落成，其市场总监决定为此举办一个庆祝活动。BVCU为那些紧随其后的公司树立起了一个榜样。这个事件的公布对于BVCU来说是一次积极的市场推广，同时对于客户和员工来说也是令其感觉到自豪的一点。管理人员通过采取额外的方法，以积极的方式奖励客户，让客户更加具有环保意识，进而减少他们的碳足迹。这件事具有里程碑式的意义。会员会被给予针对家用太阳能发电系统的特殊低利率融资，以及针对节能汽车较低的汽车贷款利率。在庆祝活动期间，新会员均收到了一份环保礼物。BVCU还推出了一个网站讲解节能技巧，帮助客户降低成本，并且有利于保护地球环境（www.bvcu.org/green）。

随着新太阳能板安装这一举措被越来越多的人知道，博尔德谷信用社在当地、区域和业界出版物中得到了十分正面的评价。其结果是，科罗拉多州和全国各地的信用社开始知道BVCU所做的努力。一天，杰森·鲍尔接了信用社的同事从俄勒冈州的一个小镇往他办公室打来的电话。同事热切地讲到BVCU已经作为领导者走在全国信用社可持续发展的最前列。在当时，这只有前期的努力，并不是所有的都看上去那么重大，鲍尔认为有点滑稽就笑出了声。虽然这句话是称赞的，但他还是想知道博尔德谷信用社是如何发展成为人们口中的行业环保领军者的。

一夜之间，BVCU可能就走在了领先的前列。BVCU的管理者和员工们曾参与过环保活动，为什么博尔德谷信用社就不能以一个组织的角度，把环境问题放到公司所做的每一个决定中考虑呢？也许 BVCU 能够为科罗拉多州乃至全国的其他金融机构树立起一个榜样。鲍尔突然意识到，这就是所谓的"应该做的正确的事"，因为环保工作能让 BVCU 本身以及它的经商之道更具特点，BVCU 应该充分致力于可持续发展，而不能仅仅是浅尝辄止。应该超越金融机构的现行做法，例如使用再生纸、为客户提供在线报表以及在线支付账单等。正如鲍尔在 2009 年接受《CoLoradoBIZ 杂志》的采访中所说的，"我们希望树立起一个榜样，目前为止还没有任何一个金融机构真正地敢为人先。所以，这就是我们决定要做的——去做正确的事"（Ringo，2008；Bauer，2008）。

在鲍尔收到俄勒冈州同事打来的电话后的两个星期内，BVCU 的经营模式就发生了改变，其中包括公司内部的决议方式。相比"更加便宜""更加绿色"则对 BVCU 的社会使命更重要。计划分为两步，先是为主要分支机构安装追加的太阳能板，然后在第二年为其他分支机构安装。BVCU 已与生态循环（Eco-Cycle）和其他注重环保的慈善机构、企业建立起了合作伙伴关系。使用环境友好型的办公用品，所有的营销材料都将使用基于大豆或玉米的油墨与再生纸打印。除了改变公司的文化，员工的态度必须改变。公司希望每位员工将能在生活中循环回收、使用堆肥、使用可再生的产品、节约能源和材料，并能成为信用社会员的良师益友。

新战略包括教育与援助两个方面，以帮助客户高效使用能源，更加具有环保意识。每位在 BVCU 注册的新会员将会获赠一个节能灯泡，每个节能灯泡上都附有一条有力的信息："如果美国每家每户都换用一个这样的灯泡，这将是相当于减少 80 万辆车上路"。BVCU 全新的商业模式包括"教育、意识和承诺"，针对员工、管理者、客户/会员以及其他企业（Bauer，2007a）。

随着 BVCU 成为博尔德县第一家具有完整生态意识的金融机构，一个新的品牌也被正式推出。环保意识将会贯穿于公司的全部决策和运作过程。正如鲍尔指出，BVCU 的环保应聚焦于开展一份与"新颖的促销"相抗衡的业务。要告诉并指导我们的会员，我们已经推出了一个新的、更加详细的网站（www.WeCareColorado.com），上面记录了他们在环保方面所做出的努力、与环境相关的优惠以及与 BVCU 业务区域内其他注重环保的公司的合作关系。新网站将作为环保生活策略的资源中心，银行管理者和员工会指导会员并与其合作，通过提供节能型汽车的汽车贷款补贴、安装太阳能电池板以及做出其他能降低能源成本和保护环境的家居改善，协助他们进行可持续化的旅程。正如里克·艾伦所说，"我们所做的环保工作是我们迈出的第一步，我们要进一步推动我们所服务的社区的环境责任文化。我们鼓励会员们与我们一同努力，以减少我们对环境产生的影响。"鲍尔将 BVCU 的新理念总结为："一切都将从这一步开始，而且在我们看来，将这一理念贯彻到整个组织机构是十分正确的决定。它将不再是我们东做做、西做做的小事而已，它就是我们本身的存在"（BVCU Press Release，November 13，2007）。

8.4　合作伙伴与使用工具

若要致力于成为一个零废物公司，所有的产品都应能循环利用，产品和包装物从设计就要考虑它们的回收与再利用，将送至填埋场的垃圾降低到最小限度，而且需要对产品的整个生命周期负责。朝着这样的目标，BVCU 与生态循环公司（Eco-Cycle），科罗拉多州博尔德的一家提供"零废物"服务的公司建立了合作关系。他们提供的服务包括回收利用、堆肥、教育、提供工具和信息等，帮助企业在产生过程中创造零浪费（Eco-Cycle，2010）。

罗宾·伯顿（Robin Burton）是生态循环公司负"零废物"服务的协调人员，2007 年 12 月他曾说道，"我们很高兴看到博尔德谷信用社做出这样的决定，超越了一般的回收利用，通过节能化、堆肥化和购置环保产品贯彻可持续发展。"生态循环公司努力改变线性的生产系统，使其能够循环起来。资源管理方面，从产品的设计到最终处置进行整体上的考虑，并且针对废弃物提供"零废物"服务，包括那些难回收材料。生态循环公司的"零废物"系统包括以下四个关键的概念：

① 更改规则。以支持资源回收。

② 生产者责任。应本着对工业负责的责任心，创造毒性更小、更高效的产品。

③ 购买零废物产品。让购买力成为"零废物"宣传的一个声音。

④ 资源化设施。将处理与回收系统朝"零废物"方向建设、改进（BVCU Press Release，December 3，2007）。

BVCU 努力贴近"零废物"，所做的工作包括采购节能照明、办公设备、有再生成分的纸张、办公耗材；使所有的营销材料都印在至少含再生成分 30% 的再生纸上面；并让员工本身做到回收、堆肥和节约能源。

BVCU 也会和生态循环公司组织自己的员工和志愿者们进行一些废旧物回收活动，将它们带来的废旧的电脑、显示器、电视、录像机和 DVD 播放器等物品用环保的方式处理。那些可继续使用的电脑会在得到拥有者允许的情况下捐赠给非营利组织。旧设备会被出售给回收使用率最高的公司，而 BVCU 的会员们则会从该收益中受益（BVCU Press Release，March 28，2008）。

BVCU 已和科罗拉多州的 54 家从事可持续发展工作的公司和非营利性组织成立了合作伙伴关系（www.wecarecolorado.com/partners.html）。这些组织机构包括如下。

可持续性酒店（圣朱利安酒店及水疗中心 St. Julien Hotel and Spa 和博尔德景色酒店 Boulder Outlook Hotel and Suites）。

再生能源与工程建筑公司（可再生能源选择与建筑能源公司 Renewable Choice Energy and Architectural Energy Company、布里基太阳能 Brickey Solar 与布里基建筑 Brickey Construction）。

有机食品杂货店（全食超市 Whole Foods）。

非营利可持续性行业协会（Colorado CORE）。

绿色印刷企业和商务中心（Copy Experts）。

BVCU 也会协助慈善组织并与之达成合作，如森林管理委员会（Forest Stewardship Council）、雨林联盟（Rainforest Alliance）、全国植树日基金会（National Arbor Day Foundation）和索恩生态研究所（Thorne Ecological Institute）。BVCU 十分欢迎其他环保组织成为他们金融需求的首选金融合作伙伴。

鉴于其新的使命和品牌塑造任务，BVCU 参与了博尔德县社区教育项目。2008 年 4 月，BVCU 举办了首届世界地球日环保博览会，有超过 30 家博尔德的生态友好型和以可持续化管理的公司展示了他们的环保产品和服务。出席者接受了关于减少碳足迹的积极教育，品尝了用太阳能烤箱烤出的食品，试驾了电力驱动的汽车、卡车和踏板车，并参与了一些有趣的游戏和活动。BVCU 能够从相当多的非会员和潜在的新会员中获益。目前该 BVCU 地球日环保博览仍然是一年一度的盛事。

8.5 跨越障碍

BVCU 组织结构很简单，没什么官僚体制或繁文缛节，这使得它具备了很强的灵活性。同时，BVCU 在致力于将可持续发展融入信用社业务模式的过程中已经取得了领先地位。新的经营战略可以很快实施，然而，管理人员却意识到，他们面前可能存在着一些阻力。管理者对客户进行了抽样调查，发现有非常多的客户/会员都很热情地赞成这次变动。管理者也向其他可持续化管理的企业征求了意见和建议。BVCU 并不需要一个文化的改变，因为它的管理者和员工都能察觉到，对环境的关注已经成为企业文化和企业形象的一部分。由于对高成本的顾虑，一些会员还没有完全地就可持续发展采取积极行动，因为一些对环境损害少的产品可能需要花费更多一点。另外，要确保信用社的所有分支机构都能全面地为新的商业模式付出努力，这也是一个具有挑战的任务。管理层决定进行一次完整的审核，以确定在环境管理流程中有哪些需要改进的地方。

堆肥和回收计划需要将各个分支机构的部分都结合起来，堆肥与回收区域应设在员工的办公桌前。销售商与供应商必须要按照最佳环保做法执行。一些销售商已经满足这一模式的要求，另一些则不得不被舍弃，并继续发现新的符合条件的商家。要与其他环保公司建立并保持合作伙伴关系，因为这会让 BVCU 在一些项目上减少成本，例如：回收来的墨盒会比较便宜。最大的财政承诺则是要求所有的营销材料以及报表都要使用基于大豆或玉米的油墨并且在再生纸上打印或印刷。原来通过非再生纸打印出来的报表将会被用作便签本。从卫生纸到复印纸再到任何用于财政报表的纸，所有的纸制品都要求是能够被回收再利用的。为了进一步减少纸的使用，实施了新的营销举措以倡导会员/客户使用在线报表。卫生间内张贴标语，提醒员工随手关灯、节约能源；在出纳窗口也张贴了标语，建议客户改用网上银行和在线财务报表。

随着节能灯泡被发到新会员的手中，一两个新客户/会员对灯泡损坏时可能出现的汞泄漏问题表达了他们的担忧。同时，客户/会员尝试遵循 BVCU 的引导进行可持续发展实践，在寻求计算机和其他难回收产品的回收再生途径的过程中，他们也指出了其中存在的一些困难。鉴于这些问题，他们都提供给会员们附近地区难回收材料中心的地址，并且管理者也向客户保证 BVCU 也可以接收、回收这种材料。埃斯蒂斯帕克和路易斯维尔的分行将会接收这些需要回收的节能灯泡。

管理者需要确保所有分支机构都能够按照规定执行，留意任何一块废物区域，检查员工们能不能正确处理堆肥与在办公桌旁就做到回收再利用。清洁人员和其他员工要接受回收循环利用方面的培训，以确保他们了解他们工作新的方面。一个分支机构的可持续计划推行较为缓慢，存在继续使用现存的非可回收物质的情况，因此这项计划的推行在该机构表现出一定的阻力。为了克服这个问题，这些物资被带走并赠送给那些完全符合 BVCU "只能用可回收纸制品"这一政策的机构。随着这种改变持续进行，所有的分支机构都参与进来了。当剩余的机构都开始完整地致力于可持续发展时，一股新的激情被点燃。客户们能够看到 BVCU 完全地实现其对环境的承诺。员工和会员也都认识到 BVCU 正在做一件十分伟大的事情，这种可持续文化定义了它们本身的存在与今后的发展。怀揣着充分彻底的环保意识并真真实实地投身于可持续发展事业，BVCU 已经令自己变得十分与众不同，这家信用社正在做一件无论是员工还是管理者都真正认同的事情。

8.5.1 可持续发展的成本与收益

如同 2009 年《CoLoradoBIZ 杂志》上的一篇文章所指出的那样（Ringo，2009），BVCU 在其新的环保商业模式上的投资超 9 万美元，花费内容包括对员工的培训；建筑改造，如为各分支安装太阳能板、新的窗户和窗帘、节能灯泡等；搭建了一个新的网站，www.wecarecolorado.com；为每一个员工在其工作区安装回收箱。尽管当前的经济不太景气，小公司可能不太敢做出较为重大的初始投资，但为了履行新的使命，BVCU 意识到重大的节省项目——如利用太阳能电池板供电系统节约能源——在未来将会更加广泛、更加深入。如今，这种较小的节能增效行动已收获成效，通过使用像环保型复印机墨粉或油墨这样的绿色产品，每年能够节省下几千美元。有些成本则升高了一点，如一令再生纸会比之前多出一美元的成本。不过，BVCU 可以承受任何可能多出的费用，因为它会将通过节省其他项目花费而降低整体预算，如减少对纸张的使用（Ringo，2009）。

BVCU 的公关专员史蒂夫·卡尔（Steve Carr）谈到，BVCU 全面实行这项新的商业模式用时四到六个月。作为对其他从事新的可持续性商业模式的信用社的建议，他指出在开展培训和教育上需要投入很大的耐心。一些小的改变能够在节能上有很大的作为，比如提供电子报表替代纸质报表就能避免数百棵树木被砍伐。贾森·鲍尔指出，BVCU 会为合作企业员工提供会员服务，在此基础上，BVCU 与其他地区企业的合作已经创造了显著的商业利益。在 BVCU 开展其新的绿色战略之前的 15 个月，BVCU 已经与三家新的企业机构达成合作伙伴关系。在实施绿色战略的第一年里，又签署了 40 家新的合作企业。新的合作伙伴企业，如 Standard Renewable Energy 现在利用信用社为其提供个人银行业务，并作为面向有可再生能源方面融资需求客户的融资来源。其他的合作伙伴也都认识到，支持 BVCU 以及其他对环境负责的组织是他们所做的一件极其正确的事情（Moed，2007；Ringo，2009）。

从财政角度来看，在 2008 开始持续到现在的金融机构与金融市场危机期间，BVCU 在金融机构表现良好，保持着充裕的资本。平均资产回报率高于该区、高于科罗拉多州相同规模信用社的平均水平，甚至高于全国商业银行和储蓄机构的平均水平。虽然许多银行在金融危机中遭受了较大的净坏账冲销，BVCU 的净坏账冲销额仍远低于同业信用社和银行/储蓄机构的均线（NCUA, 200; Federal Deposit Insurance Corporation, 2009）。从 2007 年 7 月至 2009 年 9 月，BVCU 资产从 1.48 亿美元变为约 1.99 亿美元，增长了 35%，每年 16% 的年复合增长率（全国信用社平均值为 7%）高于同行，也高于全国银行和储蓄机构平均水平（CUNA, 2009）。

8.5.2 所获奖项与对未来的展望

除了在整个组织内进行变革，BVCU 申请并获得了博尔德县"清洁环境合作伙伴（PACE）"认证。BVCU 成为博尔德县及其相关市场中第一家获 PACE 认证的银行或信用社。现在每一天，BVCU 都继续让环保发扬光大，继续建立新的合作伙伴关系，推出新的产品，使组织日新月异。BVCU 还与博尔德生态循环公司（Eco-Cycle）合作，成为博尔德县与它所努力加入的"零废物"市场中的第一金融机构。

由于在可持续发展方面所做的努力，BVCU 已获得了多项奖项。

2009 年：Daily Camera 报纸评选出的博尔德县本地最佳用人单位人民选择金奖（2008 年金奖得主）。

2009 年：鉴于 BVCU 的办公室改造活动而获得生态循环公司的"零废物"奖。

2008 年：科罗拉多 CORE 可持续机遇峰会上"科罗拉多清洁技术倡议"颁发的 Clean Tech 可持续发展企业荣誉奖银奖。

2008 年：Daily Camera 报纸评选出的博尔德县最佳金融机构人民选择金奖（2009 年银奖得主）。

2008 年获得由信用社全国协会互助保险集团和 CUNA 借贷理事会主办的全国借贷比赛抵押贷款部分卓越信用社奖第一名。

BVCU 的管理者和员工会继续为实施可持续性战略而努力工作，继续开拓新的思路，并鼓励其他企业和个人加入进来，共同保护环境、降低能耗。对未来的想法主要有：发展更多的业务联系和合作伙伴并支持他们的环保工作，比如就"如何做到更加环保"对其进行培训。博尔德谷信用社证明了，一家小型的金融机构也可以成为社区环保工作的领袖。

> **小　　结**
>
> （1）博尔德石谷信用社从小做起，开启了它的可持续发展之路，将公司带向了一种全新的商业模式。与此同时，BVCU 也成为第一家具有完全环保意识的信用社。
>
> （2）"BVCU 与生态循环公司等注重环保的慈善机构或企业结下了合作伙伴关系。"
>
> （3）"除了改变公司的文化，员工的态度必须改变。公司希望每位员工将能在生活中循环回收、使用堆肥、使用可再生的产品、节约能源和材料，并能成为信用社会员的良师益友。"
>
> （4）"作为对其他从事新的可持续性商业模式的信用社的建议，史蒂夫·卡尔指出在开展培训和教育上需要投入很大的耐心。一些小的改变能够在节能上有很大的作为，比如提供电子报表替代纸质报表就能避免数百棵树木被砍伐。"

参考文献

高山银行，2010 年，https://www.alpinebank.com/go/about-alpine/green-initiative.

"亚利桑那州立信用社：针对绿色燃料与光伏发展放贷"，美国商业资讯网，2009 年 3 月 3 日，第 1 页，http://www.businesswire.com.

"银行承诺 200 亿美元用于绿色项目"，微软全国广播公司节目，2008 年 2 月 6 日，http://www.msnbc.msn.com/id/17500301.

杰森·鲍尔，"更好的银行更自然"，健康的星球（科罗拉多版），十二月 2007 年 a.

杰森·鲍尔，"更好的银行更自然"，大象杂志，2007 年 12 月 b.

杰森·鲍尔，2008 年 4 月由克林特麦卡夫进行的个人采访.

"BoA 降低银行中心 50% 的能源成本"Sustainable Business.com，2008 年 8 月 1 日，第 1-3 页，http://www.sustainablebusiness.com/index.cfm/go/news-display/id/16516.

贝尔克信用社注册 PayItGreen 商标，美国商业资讯网，2009 年 4 月 20 日，第 1-2 页.

博尔德谷信用社，http://www.bvcu.org "博尔德谷信用社超越'走向绿色'",BVCU 新闻稿,2007 年 11 月 13 日.

"博尔德谷信用社安装太阳能供电系统,并决心在可以负担的基础之上增加太阳能板",BVCU 新闻稿,2007 年 6 月 15 日,http://www.bvcu.org.

"博尔德谷信用社与合作伙伴生态循环公司一起迈向博尔德第一家零废物金融机构,"BVCU 新闻稿,2007 年 12 月 3 日.

"博尔德谷信用社继续维持其减量,再利用和回收的承诺,"BVCU 新闻稿,2008 年 3 月 28 日.

"大通银行在美开设首家绿色分行",CSR 新闻稿,企业社会责任通社新闻,2007 年 8 月 3 日,http://www.csrwire.com/press/press-release/16175-Chase-Opens-its-First-Green-Bank-Branch-in-US.

"信用业的最新情况:绿色优势",华尔街日报,2007 年 11 月 30 日,https://online.wsj.com/article/SB120225763311445823.html.

科罗拉多州信用社,2010 年,http://www.cardreport.com/dirs/credit-unions-colorado.html.

美国国家信用联盟,2009 年第三季度美国信用社概况,2009 年 12 月 15 日由 CUNA 经济和统计部门编写.

Eco-Cycle,2010 年,https://www.ecocycle.org.

马克 J. 爱普斯坦,使可持续发展行之有效:在管理和衡量企业的社会、环境和经济影响中的最佳实践. 英国谢菲尔德:绿叶出版社,2008.

美国联邦存款保险公司(FDIC),2009 年统计数据概况,http://www.fdic.gov/bank/statistical/stats/2009sep/industry.html.

"绿色银行提供巨头银行服务",进步投资者,2010 年 1 月 15 日,第 1-3 页,http://www.sustainablebusiness.com/index.cfm/go/news.feature/id/1759.

菲奥娜·哈维,"研究表明银行在绿色项目上并没有那么积极",金融时报,2010 年 1 月 29 日,第 5 页.

"来自美国银行科罗拉多绿色项目的房屋净值贷款",房贷新闻,2009 年 9 月 16 日,http://www.financingandmortgage.com/blog/home-mortgage/home-equity-loan-from-u-s-bank-for-colorado-green-projects/.

马特·哈金斯,"银行培育绿色贷款",NREI 在线,2008 年 6 月 2 日,第 1~4 页,http://nreionline.com/brokenews/greenbuildingnews/banks_cultivate_green-Loans_0602/.

马塞尔·杰肯,金融与银行业的可持续发展:金融业与地球的未来. 伦敦:

地球了望出版社，2002 年.

乔伊斯·莫德，"1 CU 是如何触动开关与成员一起拯救环境的?"美国银行家：信用社杂志，2007 年 11 月 26 日.

NAFCU（全美联邦信贷联合会）服务公司，2010 年，http://www.culookup.com.

Namaste 太阳能电力公司和博尔德谷信用社，新闻稿，2007 年 6 月 15 日，http://www.bvcu.org.

NCUA 关于 2009 年国家和州同业报告和对博尔德谷信用社的报告，http://webapps.ncua.gov/ncuafpr/FPROnLineRatio.aspx.

"米德尔伯里新 Chittendon 银行大厦荣获 LEED 认证"，佛蒙特州商业，2009 年 12 月 8 日，http://www.vermontbiz.com/news/decembernew-Chittenden-bank-building-middlebury.

"Northwest Georgia 银行北海岸分行荣获 LEED 认证"，查塔努加新闻，2009 年 12 月 11 日，http://www.Chattanoogan.com/articles/article-164786.asp Permaculture 银行，2010 年，http://www.pcuonline.org/.

凯尔·林戈，"可持续发展聚焦：博尔德谷信用社"，科罗拉多商业，2009 年 3 月 1 日，第 1-3 页，http://www.cobizmag.com/articles/sustainability-spotlight-boulder-valley-credit-union.

希瑟·萨拉蒂斯，"节约用纸商务指南：美国银行的案例研究"，森林伦理，2002 年 9 月，第 16-24 页，PDF 文件 http://sustainability.tufts.edu/downloads/BusinessGuidetoPaperReduction.pdf.

罗迪·希尔，"信贷之路：通过绿色信贷联盟做优、做好"，环境杂志，2004 年 5-6 月，1-3 页.

Triodos 银行，2010 年，http://www.triodos.co.uk/uk/Investment-banking/.

杰夫·威廉姆斯，"小型银行真的需要您的业务"，美国在线小型企业资讯，2009 年 12 月，http://smallbusiness.aol.com/article/a/small-banks-really-want-your-business/20091209154209990001.

9

新比利时酿酒厂

K. J. 麦科里（K. J. McCorry）

研究贡献：莉兹·劳里（Liz Lowry）、玛丽亚·艾琳娜·普赖斯（Maria Elena Price）

9.1 介绍

新比利时酿酒厂（New Belgium Brewing，以下简称新比利时）是美国第三大精酿酒厂，同时也是科罗拉多州可持续性商业的领军者之一。这家受道德与价值观驱动的公司有其忠诚的职员以及忠实的客户群体。根植于科罗拉多州柯林斯堡（Fort Collins），该厂生产的啤酒现已销往美国 26 个州。从最开始，新比利时就坚信企业应该具备社会责任感，不仅对环境，也包括对员工和社区。至今，新比利时已凭借其出色的产品和开创性的可持续发展举措赢得了多项国家奖项。新比利时对其自身价值观的尽心投入能从公司的使命宣言看出：“争创商业价值，彰显爱与才华”。1998 年，它成为美国第一家订购风能的酿酒厂，这也多亏了员工和业主能全票通过。它是第一批拥有可持续发展工作专职人员的小型酿酒厂之一，该职位专注于推行各种可持续发展举措。这家科罗拉多的公司已经为我们证明了，培养可持续发展的文化不仅能够让企业盈利，还能使其成功，甚至成为行业领导者。

9.2 一辆自行车、一张地图和对啤酒的热爱

回到 1898 年的比利时，一切都是从杰夫·莱贝什（Jeff Lebesch）踏上他的自行车之旅开始。他不仅热爱乡村，他也热爱那些遍布在比利时各个修道院中已有几百年酿造历史的啤酒。一回到科罗拉多州的家中，这位电气工程师修补了旧的乳品加工设备，在自己家的地下室中建造了一个比利时啤酒酿造作坊。他的朋友和家人都很喜欢他做出来的调酒，于是 1991 年他便决定把他酿造的酒投放到

市场中去。

最初，公司仅仅位于杰夫的地下室中，当时他与他的妻子金·乔丹（Kim Jordan）亲手将所有的啤酒灌入瓶中，一小时能够装满 60 箱啤酒。金曾经是一名社会服务人员，作为杰夫的妻子，她也会以除此之外的不同身份支持丈夫的事业。金承担了销售代表、经销商、营销总监和财务规划师的角色，并最终上升至如今的首席执行官的位置。

杰夫和金将他们的第一款啤酒命名为单车琥珀啤酒 Fat Tire Amber Ale，象征杰夫在比利时的那场具有启发性的单车之旅。这款啤酒已经成为新比利时的王牌啤酒。随着公司的不断发展，它搬入位于科罗拉多州柯林斯堡的一个老铁路车站。1995 年，又从车站搬到了柯林斯堡市中心区附近的 $2\times10^5\,m^2$ 土地上，在那里他们定制了一套新的酿造设备，至今仍在使用。

新比利时发现，他们所面向的消费群体比以往任何时候都更追求产品的多样性。除了它的王牌单车啤酒，该公司还生产各种长期的、季节性的和特别推出的啤酒，以及比尔森啤酒。常规的生产线包括阳光小麦啤酒（Sunshine Wheat）、蓝桨比尔森啤酒（Blue Paddle Pilsner）、1554 黑啤（1554 Black Ale），当然，还有最畅销的单车琥珀啤酒（Fat Tire Amber Ale）。季节性啤酒包括两度以下（2°Below）、红树莓啤酒（Frambozen）、威猛箭犬啤酒（Mighty Arrow）、裸泳啤酒（Skinny Dip）和霍普托贝啤酒（Hoptober Ale）。探索系列啤酒，为喜欢冒险的啤酒爱好者酿造，包括莱富丽（La Folie，一种在橡木桶中成熟的酸味棕啤）、母舰威特有机小麦啤酒（Mothership Organic Wit）、比利时修道院啤酒（Abbey Belgian Ale）和特里普啤酒（Trippel，修道院三倍风格啤酒）。公司还会举办员工竞赛，以鼓励酿造出新的原创酒品，尽管这类酒只能在酒厂的品酒室尝到。

拥有 300 多名员工，新比利时酿酒公司是美国的第三大精酿啤酒制造商，其产品销往美国 26 个州。目前，其酿酒厂每分钟灌装啤酒 700 多瓶，每年生产量超 50 万桶，并具备增长到 85 万桶的生产能力。该公司每年收入超过 1 亿美元，在过去五年里大约增长了 10%。与之相比，根据摩根士丹利的研究，精酿啤酒业的平均利润增长率在过去短短几年里已由之前的 10%～12% 降至 8%。然而，在 2009 年，新比利时仍旧享受着 17% 的增长水平。

9.3 新比利时的一般消费群体

新比利时酿酒厂往往会吸引那些喜欢户外活动、以社区为导向、关注环境保护的消费人群。虽然新比利时酿酒厂面向的人群是所有会喝精酿啤酒的消费者，但是总体地看，新比利时手工精酿啤酒的消费群体有着很明显的特征。他们往往是男性，将近 40 岁，年薪约 95000 美元。尽管这些消费者大多数时间都会喝当地的精酿啤酒，不过他们也会偶尔享用下国产的或进口的啤酒。他们生活在有着文化和社区意识的城市地区，倾向于从在商品价值基础上注重环境保护、具有社会意识的公司那里购买产品。他们是冒险家，往往到其他国家旅行，往往涉足股市。新比利时发现，在他们公司的一般消费人群的生活中，通常情况下每饮用五杯啤酒就会有一杯是由新比利时酿造的。

9.4 新比利时的可持续发展道路

杰夫和金从一开始就很确定，他们希望他们的公司能肩负起绿色环保的责任。1991 年，他们去落基山国家公园远足野游，一起讨论关于公司的总体目标与愿景。在这次考察中，他们决定新比利时将成为一个环境和社会的管家。今天，他们在当时记录下的文字仍然是这家公司真实的期望：

精心呵护维持人类生存与生活的地球。

通过在废物输出与资源输入之间建立闭环循环管理自然资源。

最大限度地减少啤酒在航运环节中对环境造成的影响。

减少对煤电的依赖。

保护珍贵的落基山脉水资源。

集中精力节能增效。

支持技术创新。

凭借我们会在今后不断改进人与地球之间的关系的承诺以及对啤酒的感情与激情，为快乐的环保主义做出示范。

对于这项决定，员工的初始响应便十分热情。金和杰夫很高兴看到努力打造一个有理想的公司这件事对于他们自己的员工是有着实际意义的。与新比利时的很多关键的决策一样，创始人向他们的员工征集奇思妙想，一起研究如何才让公司能够切实、有效率地实现这一构想。新比利时的很多员工都能不假思索地向参观者背诵出公司的这些价值观念，这项关于可持续发展的理念如今已嵌入了企业的文化之中。

在为实现 1991 年所提出的理想目标而付出的全体努力下，多年来新比利时已经先后实施了各式各样的举措来减少公司对环境的影响，推动改善当地乃至全球范围内社区环境与文化。

如同所有的精酿酿酒厂，盈利的关键在于最大限度地提高原料利用率。在啤酒生产中，原料成本很高，即使是微小的变化也会在价格底线上产生很大的不同。新比利时一直在寻找方法，以求最大限度地利用原材料，降低对能源的使用，减少浪费。

9.5 能源

1998 年，新比利时开展了它的第一次能源审计工作，结果表明单一最大的 CO_2 来源是科罗拉多州柯林斯堡的燃煤电厂所使用的电力，这家燃煤电厂负责为公司所有的设备输送电能。为了减少 CO_2 带来的环境影响，公司接受了订购风能的想法，尽管每度电的成本会增加 2.5 美分。管理层认为，他们必须要得到员工的支持，因为该决定将极大地影响他们的年终奖金。在一次员工会议上，他们对审计结果进行了说明，提出了根据公司的电力需求订购风能的建议。在一个行业和公司的历史性时刻，员工表达了他们对风能项目的一致支持。并且，在 1999 年，新比利时从风电项目中购买了相当于自身全部电力的风电，成为全国首个能够这样做的酿酒厂。这一决定使得柯林斯堡市专门额外地竖立起一个新的涡轮机，为新比利时公司在未来 10 年里生产电力。

除了参与风电项目，新比利时也在不断努力，降低整个公司对能源的需求。杰夫，作为一名电气工程师，能够将更节能的环保理念加入工艺和设备的设计之中。他将天然气用作热能，给水加热并在酿造过程中产生蒸汽。除此之外，公司通过在生产过程中闭合热循环，设计出了一套热回收系统，进而节约天然气的使用。2002 年，新比利时一个实地工艺水处理厂房投产，除了处理所有的生产废水之外还可产能。甲烷气体，作为水处理过程中的一个副产品，通过管道输送回啤酒厂推动设备运转，这项工艺满足了公司电力总需求的 15%。多年来，公司一直辛勤努力，促进酿造工艺自动化，以便能够节约更多的能源及时间。

2002 年，为参与一个符合美国绿色建筑评估体系（LEED）的试点工程，新比利时开始了其与美国绿色建筑委员会（the U. S. Green Building Council）的合作。这个机会使新比利时开始能够在其现有设施中采用新的绿色建筑技术。2007 年 6 月，其投入了一个新灌装与包装设施，设计上纳入了许多绿色建筑和节能元素，同时使灌装能力增长为原来的两倍。该设施耗资 2600 万美元，目前已建造花费了原定预算中的 200 万美元。

该设施在建筑方面的特点包括以下若干点。利用天窗和日光管提供自然光，减少白天的用电需求。利用光线感应器和电脑控制的灯将晚上和阴天时所需的辅助照明使用减至最少。供热、换气和空调系统不含氟碳，且采用创新的置换通风技术。设施周围配备节水技术栽培的花园景观以尽可能减少用水。采用多孔混凝土包裹建筑，使水方便排出。使用绝缘板和大部分绿色建筑材料建造。设施内配有用压缩的报纸和碎木制成的可持续性办公家具。地毯从再生地毯产品的领先制造商——Interface 购买。即使是挂在门厅的艺术品也是用再生瓶制成的！尽管上述在绿色建筑方面的努力，新比利时还是没能申领到 LEED 认证。LEED 认证更注重建筑物性能，而这次建筑改建 50% 都集中在新比利时包装工艺的改进上。2009 年，新比利时安装了一个 200 千瓦的太阳能电池组，可产生高达用电负荷峰值 16% 的电能。870 电池板系统是科罗拉多州出现的最大私人太阳能电池组。

在 2008 年商业风险排名的前十中，安永将能源冲击列作了第九名。在预计能源成本将急剧增大的背景下，企业考虑采取各种降低能耗的方案是非常重要的。新比利时将节能减排看作是当前的一个问题，一个应该非常重视的问题。因此公司不断前进，购买节能增效的设备，教育职工降低能耗、减少浪费，并将节能注入设计之中。这些确实需要花费更多的前期费用，但管理者认为这些花费最终一定能通过减少能源需求和降低未来成本被再次赚回来。

9.6 水

在酿造过程中使用的主要原料之一便是水，而且用量很大。啤酒厂通常会使用多达 5L 的水生产 1L 的啤酒。近年来，新比利时已经很努力地减少水的消耗量，如今平均每升啤酒只需消耗 3.9L 水。意味着与全国行业平均水平相比，每桶啤酒能节省 129L 水，抑或平均每年节约用水超 $5.7×10^7$L。公司已经通过重复使用在灌装工艺最后的外观冲洗过程中用于冲洗瓶子内部的水，实现了最显著的节水效果。

9.7 循环利用

新比利时力求通过循环利用、创造性的回用策略以及负责任采购来减少废弃物。所有的酒糟，作为酿酒过程中产生的副产物，都会作为饲料出售给当地的牛农和猪农。啤酒桶帽盖可以被再利用为桌面。在公司总部，那里有着更多的回收再生项目。在现场，各种材料都会被收集回收和无害化处理，包括纸箱、瓶、罐、聚苯乙烯、塑料、纸板、伸缩膜、木材、电线、办公用纸、墨盒、计算机、塑料袋、石油、钢铁、汞和其他危险废物。新比利时鼓励员工将路边回收项目（curbside programs）中的一些难以回收再生的物品带到回收工厂进行处理。从办公室和宣传产品到包装材料，甚至啤酒杯垫，主要是从生产中使用可持续性和再生材料的制造商那里采购的，并且优先考虑本地生产商。

9.8 包装

饮料行业中的另一种常见的可持续方面的难题是饮品的包装问题。玻璃是绝大多数酿酒厂碳排放的第一贡献源。制造玻璃的过程需要消耗大量的能源与资源。此外，玻璃瓶不轻的重量使得在运输过程中需要消耗更多的燃料。使用回收后的再生玻璃能够大大降低碳排放量。新比利时从科罗拉多州一家当地的供应商那里采购玻璃瓶，这样就能减少运输成本和温室气体的排放。由于生产的琥珀色玻璃中的再生成分只占10%，为了提升柯林斯堡的回收水平，加大这一比例，新比利时设立了棕瓶回收计划，完全由酿酒厂出资，对于零售商来说是免费的。

9.9 替代交通

为了减少开车的频率，所有的员工在工作满一年后都会获得一个定做的越野自行车，与新比利时的王牌——单车琥珀啤酒（Fat Tire Beer）瓶身标签上的那辆自行车类似。这是该公司为推行替代交通、增强人体健康所作出的最早的举措之一。酿酒厂的前门外，一排排的自行车车架上就停放着这些自行车，让人不由得也想要拥有一辆。

9.10 慈善事业和社区参与

凭借金曾经的社会服务背景，她十分愿意将更多的慈善事业和社区为基础的行动融入公司的工作中来。新比利时经常能慷慨地对社区合作、慈善捐赠和赞助活动等提供支持。根据全国销售额百分比计算，迄今为止，该公司已向各种组织和社区捐赠了 400 多万美元。供资决策由公司的一个内部慈善委员会进行制定，委员会成员都是选择了服务于积极参与社区工作的非营利组织并且愿意为他们的使命做出示范的员工们。为了促使员工参与到当地社区活动中，新比利时在厂里安放了一个社区公告板，上面张贴有各种社区活动和志愿服务信息，公司也邀请非营利组织借用其设施组织讨论或开展特殊活动。新比利时每年都赞助 150~200 个项目，其中，最受欢迎的活动之一是支持骑行和环保组织的柯林斯堡自行车巡回赛（the Fort Collins Tour de Fat）。通过这些活动，新比利时已成功吸引到关键利益相关方，如地方节目和一些非营利组织，它们反过来又成为新比利时酿酒公司的拥护者和盟友。

9.11 一个持续的过程

虽然新比利时已经支持了许多显著的、具有进步意义的可持续发展举措，公司仍然在不断地朝着减少环境影响的方向努力。2008 年 3 月，新比利时签约了一家外部公司——气候保护公司（Climate Conservancy），针对六罐装单车琥珀啤酒进行生命周期评价。生命周期评价或评估，要考察一个产品在整个存在过程中的原料生产、制造、销售及废物处置等环节。所有的这些步骤和创造一个产品所用到的资源，便叫作这个产品的生命周期，或足迹。本次评估中，新比利时发现，55% 的足迹都来自零售环节中的制冷，5% 来自配送环节，14% 来自玻璃制造环节。令公司惊讶之处在于，在产品的生命周期评估中，产品运输足迹的占比位于排名的较低端。正因为如此，公司决定在解决运输过程之前将重点放在如何减少制冷和包装过程的足迹。

为了协助管理所有这些可持续发展活动，新比利时于 2000 年年初设立了一个全职负责可持续发展的职位。这是由一名拥有资源管理学学位的品酒室员工希拉里·米济亚（Hillary Mizia）所提出来的，她意识到这项决定对公司来说是一个很好的机会。她将这个新的职位命名为"可持续女神"。该职位在公司里已经变得十分重要，在 2007 年 5 月被提升到领导层的高度，并由詹·奥格里尼（Jenn Orgolini）担任可持续发展的总负责人。除了研究和实施各种涉及可持续发展的项目，詹还努力培养公司内部的可持续发展文化，并建立了一个论坛供员工提出意见与反馈。

9.12 企业文化

新比利时可能已经因其备受瞩目的举措成了企业可持续发展的榜样,但是真正能反映这家公司成功之处的却是环境与社会责任感根植于其企业文化的程度之深。新员工主要都是基于他们的价值观而被录用的,绝非仅仅依据他们的技能与背景。就业一年后,他们不仅会拿到红色的越野自行车,也会成为公司持股计划的一部分。这个持股计划被设置为一个退休计划,是每个员工福利待遇的一部分。更重要的是,它意味着员工持有公司股份。

新比利时侧重于一个事实,即每个雇员都是公司的拥有者,并为他们提供了提出意见与反馈的机会。每年,公司都会举办全体员工务虚会,反思战略规划,听取员工见解,并寻求志愿者成为新项目及活动的管理人员。同时还会审查账目报表,让每位员工知晓他们的工作如何影响公司盈亏。全员务虚会议不仅为员工提供超越自己本职工作的机会,它还证明了这样一个事实:所有员工都对公司事业的成功与否担负着责任。

随着公司和员工数量的不断壮大,管理层已经注意到,越来越难以保持所有员工的积极性与参与度。但是他们依然努力保证员工在新比利时的工作过程对他们来说会是一段有意义的经验。公司成立早期,领导层就作出了决定,他们不想要那种等级分明的组织结构。他们希望创造跨学科的团队,打破一般情况下部门与部门之间的壁垒,虽然每个员工确实都还有一个负责进行年度审查并提供反馈的管理者。这种人员结构随着人员的增多会带来更多的挑战,但是员工看上去很喜欢,依然保持着他们引以为豪的新比利时酿酒公司的员工身份。

9.13 推动可持续发展

直到几年以前,新比利时才开始向市场展示其可持续发展的成就。原因在于公司较为谦卑,怕被打上"刷绿(greenwashing,假冒环保)"的标签,并且对消费者的态度抱有不确定性。通过进行消费者调查,它发现情况正好相反。典型的新比利时消费者都知道酿酒厂在环境和社会方面所做出的成就,并因此在人群中形成了一个品牌偏好。此外,调查显示,消费者希望能够更多地了解这些可持续发展的举措。

新比利时已开始逐步向市场推广其可持续发展举措。它有一个专门服务于可持续发展计划的网站，在2008年完成第一个可持续发展报告，报告可以从网站直接下载。公司更喜欢用行动说话，经常支持其他组织和社区活动，而非专注于直销。从2007年起，它要求每一个自行车巡回赛城市都有一名成员用他的汽车换一辆自行车，33个人都接受了这一挑战。自行车巡回赛已成为新比利时一个巨大的成功项目。2009年，该活动吸引了超过50000人参加。

经过无数次环境评奖，新比利时在可持续发展方面所做出的努力已经在媒体上传播出去，获得了人们的认可。它被美国商业道德杂志（Business Ethics Magazine）评为杰出环境贡献企业。2006年，CORE（Connected Organizations for a Responsible Economy）颁发给新比利时一枚在清洁技术与可持续性商业方面的创新荣誉金牌奖章，同年公司也受到了由科罗拉多州公共健康与环境部门授予的科罗拉多环境领袖奖。在环保工作方面的其他奖项已通过美国科罗拉多州可再生能源学会、科罗拉多州环境伙伴、科罗拉多回收协会和环境保护局颁发给了新比利时公司。公司还在2002年美国商业改进局举办的优秀市场道德火炬奖大赛中获得了荣誉奖。

新比利时把这些可持续发展工作的市场推广看作是自身与其他精酿酒厂的一个重要区别。公司已经发现，保持其客户群忠诚度的关键就是公司的环境与社会价值观和意识形态，还有就是要酿造出很棒的啤酒。这几部分已经使新比利时酿酒厂在精酿啤酒方面的竞争者里脱颖而出。新比利时希望在可持续性市场营销领域能更靠近前沿地带，但是必须承认，这一过程必须要有组织地、慢慢地进行。

随着媒体对"漂绿"的打击，一些公司能够因其虚假行为被发现。当下，企业行为和品牌高度必须比以往任何时候都更要保持同步。新比利时告诫那些开展环保工作的企业要保持做事规矩、诚实，更重要的，要保证实事求是的态度。他们已经认识到，世界上没有完全完美的公司。只要通过自身的营销，让消费者知道，他们一直在努力做到更好。

9.14 可持续发展过程中遇到的挑战

所有公司在发展壮大的过程中都会遇到各种挑战与障碍，新比利时也不例外。随着投资新的灌装设备，灌装能力变为原来的两倍，想要继续做出正确的环境决策就变得更为负责。通过近来的生命周期评价，新比利时懂得了在制定决策前全面收集数据、掌握实际情况与当前所有选择是十分重要的。在过去，公司会直接行动，而不审查那些相关指标、评估或是投资回报（ROI）计算。鉴于此，新比利时确实凭借其直觉做出了一些很好的决策，收获了不错的成效。虽然公司已经意识到恰当的衡算投资回报是具有价值的，但这也不会是它做出可持续发展选择的唯一决策工具。

9.15 未来可持续发展举措

接下来，新比利时打算根据生命周期评价的结果采取一些行动。由于金属罐的装船重量较轻并因此能减少船运环节上的 CO_2 排放量，公司目前已经开始使用金属罐替代玻璃瓶盛装啤酒。新比利时希望改进 26 个国家分布区内现有的瓶装回收计划。它计划开发一种方法来降低制冷方面的要求，最好让啤酒能在零售店的室温状态下可以正常存放。这种不需冷藏的目标实现起来会很复杂，需要在酒的酿造过程中就有所调整。此外，公司正在研究制定采购方面的规定和指导方针，以更好地筛选供应商和原料来源。作为合同的一部分，每家供应商都将被要求参与一个可持续性评估程序。2010 年初，得益于当时派发的补助资金，新比利时安装了一套 200kW 的太阳能光伏发电系统。公司在 2008 年的春天得到了柯林斯堡零能源补助的（Fort ZED Grant）400 万美元拨款。该补助是柯林斯堡政府的举措，目的在于促进通过使用可再生资源或节约能源生产出超过居民和企业用能的足够量的能源。这笔款项也足够使新比利时用两年时间研制出另一个 500kW 的热电联产系统，利用非高峰时间在现场产生足够的电力以满足制冷方面的能源需求。热电联产是将酿造过程中产生的废热（如在蒸汽中）利用起来，生产电力。新比利时酿酒公司可持续发展道路时间轴见表 9-1。

表 9-1 新比利时酿酒公司可持续发展道路时间轴

年份	可持续发展举措
1991	新比利时啤酒进入科罗拉多州市场
1991	确立了可持续发展的愿景
1995	引入员工持股计划
1998	首次开展能源审计工作
1999	购买风能计划获员工 100% 比例全票通过
2000	第一个全职"可持续女神"受聘担任公司的可持续发展负责人
2002	参与了美国绿色建筑委员会关于既有建筑的绿色建筑评估体系（LEED-EB）试点项目
2002	工艺水处理厂房投产
2004	开始使用 B20(一种生物柴油与柴油混合物)给柯林斯堡内啤酒直销服务卡车加油

续表

年份	可持续发展举措
2005	成为芝加哥气候交易所的会员
2005	启动本地棕瓶回收计划
2006	发展出一种可持续性管理方案
2006	成为第一个使用再生材料制作啤酒杯垫的酿酒厂
2007	开设了一个新的占地 50 英亩的灌装与包装工厂
2007	可持续发展负责人这一职位提升到领导层的高度
2008	迄今为止,已向社区慈善组织捐赠超 160 万美元
2008	首次针对六罐装单车琥珀啤酒开展生命周期评价工作,并产生了第一份可持续发展报告
2010	在工厂里安装启用了一套 870 电池板、200kW 的太阳能电池组

小 结

(1)"从最开始,新比利时就坚信企业应该具备社会责任感,不仅对环境,也包括对员工和社区。"为了支持这一点,他们将环境与社会价值纳入公司的使命和愿景之中。

(2)"1998 年,它成为美国第一家订购风能的酿酒厂,这也得益于员工和业主能全票通过。它是第一批拥有可持续发展工作专职人员的小型酿酒厂之一,该职位专注于推行各种可持续发展举措。"通过员工表达见解、讨论和参与,令可持续发展思想灌输到企业文化中是非常重要的。

(3)新比利时力求通过循环利用、创造性的回用策略以及负责任采购来减少废弃物。所有的酒糟,作为酿酒过程中产生的副产物,都会作为饲料出售给当地的牛农和猪农。啤酒桶帽盖可以被再利用为桌面。在公司总部,那里有着更广泛的回收再生项目。

(4)使用回收后的再生玻璃能够大大降低碳排放量。新比利时从科罗拉多州一家当地的供应商那里采购玻璃瓶,这样就能减少运输成本和温室气体的排放。为了提升柯林斯堡的回收水平,新比利时设立了棕瓶回收计划,完全由酿酒厂出资,对于零售商来说是免费的。

(5)对产品进行生命周期分析。在做出关于可持续发展举措的决策之前,收集必要的指标、基准和环境影响数据是非常重要的。

参考文献

Beers, Brendan, New Belgium Brewery Packaging Materials Purchaser, personal interview, May 2, 2008.

Dwoinen, Alex, New Belgium Brewery House Manager, personal interview, May 2, 2008.

Ferrell, O. C., "New Belgium Brewing: Ethical and Environmental Responsibility," Working Paper 2007, Colorado State University.

Giske, Meredith, New Belgium Brewery Marketing Manager, personal interview, May 2, 2008.

"New Belgium Brewing Bottling and Packaging Facility," Packaging Gateway, downloaded July 24, 2008, http://www.packaging-gateway.com/projects/newbrewery/.

New Belgium Brewery, "Brand Tracking Survey," presentation, February 2008.

New Belgium Brewery, "New Belgium Brewery Case Study," presentation, September 2009.

New Belgium Brewery, "New Belgium Brewing Company: Sustainability Management System," March 2008, http://www.newbelgium.com/Files/SMS%203rd%20edition,%202009%20for%20external%20release.pdf.

New Belgium Brewery Project Profile, 2007, U. S. Department of Energy Intermountain Clean Application Center, http://www.intermountaincleanenergy.org/profiles/New_Belgium-Project_Profile.pdf.

New Belgium Brewery, "The Sustainable Purchasing Guidelines Project," presentation, 2008.

New Belgium Brewery, "Sustainability at NBB," October 19, 2007.

New Belgium Brewery, 2007 New Belgium SustainabiLity Report.

New Belgium Brewery, "Waste Not, Want Not," Blog Post, May 8, 2009.

New Belgium Brewery, "Who Is the New Belgium Consumer," May 2008.

Orgolini, Jenn, New Belgium Brewery Director of Sustainability, personal interviews, March 20, 2008, and May 2, 2008.

Owsley, Greg, "Sustainable Branding Strategy," March 27, 2007, New Belgium Brewery.

10

绝对回收专家：使用清洁型技术的废品公司

格雷厄姆·罗素（Graham Russell）

2008年11月6日，CBS（哥伦比亚广播公司）的"60分钟"栏目播出了一则题为"继有毒电子废物之后的路"的故事（"Following the Trail"，2008）。2009年8月27日，CBS再次在"60分钟"上播送了这期节目。这一节目现已更新，并重新命名为"电子荒原"，是一档由广播公司与一个环境监督小组——巴塞尔行动网络（BAN，总部设在华盛顿州西雅图）合作精心打造的调研节目。记者针对一个从美国丹佛某电子垃圾回收堆场运到某发展中国家G地的40英尺的集装箱进行全程跟踪。G地及周边地区是世界上最具毒性的地点之一，该地的水污染与空气污染之严重超乎想象。污染主要来自当地人用最原始的方法拆解废旧电脑、打印机和其他电子设备并从中提取微量金或其他金属的过程。几乎全部的电子垃圾都是从发达国家进口到这一地区的，其中也包括美国。

早在2002年，G地区就已被BAN的题为"出口危害：亚洲高科技垃圾桶"的纪录片当作主要对象介绍过（Puckett，2002），揭露了因美国和其他发达国家在该地区倾销电子废弃物（电子垃圾）而造成的可怕的环境和恶化问题。从那时起，几乎每一个处在美国新兴的电子产品回收行业中的人们都认识到了将那些废旧美国电子产品船运到世界落后国家所造成的可怕后果。然而，许多美国电子产品回收者，就像"60分钟"节目里在丹佛的那家，还会继续向尼日利亚、巴基斯坦、孟加拉国等其他贫穷国家及地方非法出口电子垃圾，仅仅提供微薄的资金供那些地方的人们生存而已。

当地所付出的环境代价大到惊人，更不用说在这种经济模式下当地居民付出了多严重的健康代价。调查显示，G地区十分之七的儿童都存在血铅超标的情况，且远远超出美国认为的安全水平。在BAN和其他人从G地周边地区的河流和灌溉沟渠中采集到的水和沉积物样品被发现含有多种重金属，含量多达美国和欧洲最大可接受标准水平的100~2000倍。在BAN拍摄纪录片的时候，当地的水污染严重到淡水不得不用罐车从30km外运送进来的程度。当地医学研究表明，许多孩子遭受着严重的呼吸疾病问题（Huo，2007）。

10.1 一个基于可持续性商业原则的战略——为什么？

2002 年，麦克·莱特（Mike Wright）卖掉了他成功的系统集成企业，并在接下来一年或更长时间里寻找他的下一个创业企业。2004 年，他看中了名为绝对回收专家（GRX）的一家位于丹佛的小小电子废弃物回收商。GRX 成立于 1999 年，已经开拓出一个小的细分市场，并且这一市场即将成为迅速发展的行业：对废旧电脑、打印机、键盘及其他废弃电子设备的处理行业。在开始第一次大规模使用电脑及相关电子设备的 20 年后，需要找到最终"安息之地"的老旧设备数量在呈几何级数地增长。GRX 之前所有者在一间被垃圾场包围的、住满了狗的房子外经营这间公司。

在莱特收购 GRX 之前的一些年里，科学家和一些人开始发出警告，表明由于设备中存在大量的铅、镉等有毒金属物质，这些物质很可能会污染到地下水，因此一味简单地把这些东西倾倒到垃圾填埋场中会造成非常可怕的后果。欧盟已经将这方面的情况落实到了法律上，要求要逐步减少电子设备在生产环节中有毒金属物质的允许使用量，也开始给电子设备制造商强加义务，要它们在老旧设备的使用寿命终止时对其进行负责任的回收与再利用。即使在美国，各州也在逐渐限制用填埋的方式处理电子垃圾，虽然环境保护署（EPA）尚未在国家层面思考这个问题。很显然，对于莱特而言，想要找到避免电子垃圾填埋处理以及从电子设备成品中回收组成材料的方法，他的压力会越来越大（see RoHS，2002）。

莱特爽快地承认，他并没有特意为他接下来的企业去寻找清洁技术业务。在收购 GRX 时，他也没有创建可持续性商业模式这样的一个特定目标。和任何优秀的企业家一样，他可以预见电子垃圾处理市场将在未来几年内迅速地成长起来，而他的目标是要快速创业并从中得到利润。尽管如此，在早些时候，当他看到了 BAN 所录制的在 G 地和其他第三世界美国电子垃圾倾倒场令人震惊的反映环境和社会问题的纪录片时，他就决定他不会成为造成灾难的人中的一员。也正是因为这一点，令他意识到他必须为 GPX 创建一个负责任的、可持续的商业模式。

10.2 当清洁技术不再具有可持续性

清洁能源的发展作为美国新型绿色经济的潜在推动力量，引起了不小的轰动。清洁技术可被定义为在使用资源（能源、水和其他自然资源）时能帮助提高效率水平的技术，以及能够帮助减少废料和消除浪费的技术。这些技术有时被描述为生态友好型技术，这意味着它们能减少经济活动对环境的影响，或是能够消除浪费。

但是，认识到这一点很重要，一家公司会仅仅因为想要宣传它的产品或服务在本质上是生态友好的就自称是清洁技术公司，但这并不意味着它具备一个可持续性的商业模式。这就是为什么目前会有如此繁多的可再生能源技术（尤其是在生物燃料领域，对当地供水和农业的影响可能是极其负面的）。这些类型的负面影响可能会也可能不会被清洁技术企业的经营者所承认，但这些负面影响代表了一系列可能摧毁其竞争优势的后果，使这种商业模式从长远来看是不可持续的。

这一章的开头几段描写了，尽管一个电子产品回收商将他的业务形象吹捧为一个负责任的电子垃圾处理者，并且向公众承诺其买来的废旧电子设备将会以对环境无害的方式处理，这家企业也很有可能明显地不具有可持续性的商业模式。随着 G 地的故事被播出，在美国和欧洲有数百个像他这样的人浮出水面。很难相信那些经营者对那些集装箱中的、从他们自己堆场里送出去的废弃物会发生什么毫不知情。

非可持续性清洁技术的这种商业模式经常出现在一个新的产业的早期发展阶段，是由一些旨在减少有毒物质不当处置所引发的环境问题的规章条例催生形成的。然而实际情况是，在还没有人能妥善地想出如何将那些技术或操作标准落实到位以达到想要的效果之前，这些规章条例就已经开始生效了。这样的法规经常会为不法商人进入市场提供可乘之机，对于一个热门的新兴产业，圆滑的经营者会迅速出来赚一些快钱，然后在后继强制执行高标准环境与社会要求的法规和资质认证出台落实之前脱离市场。

这是 20 世纪 80 年代初环境监测行业的普遍现象，因为在当时，新的规定要求对水和有害废物进行检测，鼓励科技教育与培训（STET），使得成千上万的小型实验检测公司如雨后春笋般涌现。其中许多公司的经营者不仅在技术上不具备化学检测的资格，而且自身的道德标准允许他们不顾那些利用已发布的分析方法走捷径而得到的生产数据是否真实有效。最坏的情况是，检测实验室的经营者会接受贿赂，作为交换，实验室会交出一份能帮助需要检测材料的一方脱离法律监管的报告书。虽然，相关操作标准与认证体系的法规会在最终被落实到位，大多数不守信用的商家会被淘汰——但在那之前大量的破坏问题已经存在，许多不知情的客户已经被骗取了金额巨大的钱款，或者发现忽视测试实验的操作标准令他们已陷入了监管方面的麻烦。

当迈克·莱特在 2004 年买下了 GRX 的时候，尽管有新兴的法规和对象 G 地区那样的环境与健康灾害的广泛宣传，年轻的美国电子回收行业还是充斥着不负责任的经营者们，完全忽视他们的经营模式对环境和社会造成的不良影响。这一行业，虽然将自身描绘为一个新兴的、尖端的、受技术驱动的清洁技术产业，然而在大多数情况下，它是以一个完全不可持续的方式运行的。

(1) 电子废弃物回收处理：如何运作。

原则上，电子垃圾回收处理是非常简单的。不同的组成材料旧设备被分解，然后再将其回用到其他产品的制造中去。在 2005 年莱特开始制定他的 GRX 企业战略时，他面临的主要挑战是（实际上现在仍然是）一些材料极难被妥善地回收处理。最有价值的材料包括金和其他用于制造电脑电路板的贵重金属，由于有像诺兰达（Noranda，加拿大）和优美科（Umicor，总部设在比利时）这样具备复杂工艺的公司，这是一个非常大的市场。它们能够从废旧设备中提取出贵重金属，能将这些设备材料焚烧殆尽，或者用对环境负责的方式妥善处理。莱特发现他还可以很容易地为钢、铝及其他构成机壳、电脑机箱、打印机等设备的金属构件找到其对应的下游市场。废旧金属回收行业已存在了数十年之久，在本地存在有大量相互竞争且在业界保持着良好环境记录的处理商。

除这些金属外，其他的设备组成材料都是（一直都是）非常难以回收处理的。电脑显示器，就将电视机一样，内部装有由厚玻璃制成的阴极射线管 (CRT)，其中一部分含有大量的铅，用来保护观众免受内部辐射所伤害。除了在准确分离含铅玻璃屏幕与纯玻璃屏幕这方面存在的困难，含铅玻璃回收市场在 2005 年的时候也迅速缩水，原因在于在电视和电脑上使用了数十年的笨重的 CRT 显示器逐渐被平板显示器所取代。尽管多次尝试寻找显像管中含铅玻璃的替代用途，唯一可行的含铅玻璃回收处理途径却是重新用于新 CRT 显示器的制造。然而，美国最后一个 CRT 显示器制造厂已在 2005 年年底被索尼关闭。

尽管在发展中国家 CRT 显示器仍在制造，当人们开始用平板显示器替代 CRT 显示器时，流入市场的含铅玻璃量开始超过市场所需的量，价格暴跌。一个美国回收商能通过一些手段将含铅玻璃与无铅玻璃分离开，在美国售卖无铅玻璃，也能在海外的 CRT 显示器制造商，如印度的创世通（Videocon）或是三星（Samsung）那里卖出一个合适的价钱——当然这取决于含铅玻璃的质量。然而，为了保护自己免遭不法经营者在分离出含铅玻璃的过程中偷工减料，后者不断提高质量控制标准，对不符合规格的批次会实行严厉的处罚甚至完全拒绝验收。另外，海外的 CRT 显示器制造商是否真的将这些含铅玻璃全部用于再生产？是否会将大部分含铅玻璃倾倒在当地，从而给负责任的美国回收商带来法律责任呢？

唯一可行的、负责任的处理含铅玻璃的方法是将它们送到铅冶炼厂，如道朗公司（Doe Run）或诺兰达公司（Noranda），冶炼出铅以便重新利用，残留的惰性硅基熔渣可以被安全填埋。然而，实际情况是，冶炼厂需要电子垃圾回收公司能提高它们的价格。在 2009 年，最好的选择就是：将含铅玻璃与无铅玻璃分离开，将这些可再生的材料分别出售给海外 CRT 显示器制造商和国内玻璃制品制造商（如啤酒生产商）。然而，对于老式 CRT 显示器，全球范围内的需求都在减弱。一个可靠的处理含铅玻璃的方法还需要多久才能出现在市场之中，这是一个值得我们商榷的问题。所以，电子产品回收商也已经发现，对玻璃负责任地处理已经成为一个日益严峻的挑战，很可能损害他们从对电子垃圾构成材料的后端销售中能得到的利润。

就塑料来说，情况已变得更糟。虽然很多塑料都可以被回收再利用到新产品的制造中，有十几种不同种类的塑料都经常用于电子设备的制造，但将它们彼此分离开的处理过程是相当困难的。2005 年，莱特正在建设他的 GRX，当时美国仅有几家机构拥有那种基于密度将不同类型的塑料分离开的半成熟技术，其中没有任何一项技术被证实有能力对电子设备中的塑料进行大规模回收。

在发展中国家，有一些企业会将电子垃圾中回收的塑料重新制造成各种低档塑料制品，如开关盒外壳和廉价的塑料家具。对于已经按照大概类型分选了的塑料，每磅他们会支付 10~14 美分。然而，从可持续发展的角度来看，不确定因素总是存在：那些人是否真的重新利用了这些材料，还是用不负责任的方式将大部分材料倾倒在当地。对于美国那些希望对环境负责的回收商，处理塑料是否真的能带来收益？将它们作为燃料送到危险废物焚烧炉是否会产生费用？那个唯一对环境负责的处理方式究竟是什么？这些都还是问题。

（2）无知的客户＋不负责任的销售商＝重大战略挑战！

正如已经揭示的那样，在 2005 年的电子产品回收行业中，贵重、少量的材料回收产业到处都有。大多数的废旧电子产品拥有者一心想要丢掉它们，根本不关心它们去了哪里，会被如何处理。那些少数关心它们最终去向何处的人多半都会选择相信回收商所说的"它们正在被负责任地处理"之类的表述。

包括最终在"60 分钟"栏目中作为调查对象的那家公司，许多在丹佛或是美国其他地区的回收商都有着相当简单的业务模式：

将不太旧的设备修理好，可以低价卖给学校、教堂、非营利组织或其他可能买不起新设备的机构。

至于那些不能被修理和再出售的设备，剥离出电路板和其他几种组件，如具有高价值的贵金属，因为这些材料可以在冶炼企业（如诺兰达、优美科和玻利顿公司）那里卖出一份好价钱。

将这些电子垃圾装进集装箱中，以超低的价格卖给美国和其他地方的代理商，代理商会将这些电子垃圾运到发展中国家的一个充满毒性的、类似人间地狱的地方，那里的人很原始地通过明火焚烧塑料，采用露天酸浴的方法清洗出剩余微量的有价金属，拆完的电子垃圾就会被丢到稻田、灌溉沟渠，污染当地的供水系统，杀死当地的动植物，对当地居民的健康造成损害。

在这样的模式之下，转卖物品（包括送到冶炼厂的线路板）得到的收益，加上从把电子垃圾运到海外的代理商那里收集的大部分费用，足以支付在美国的回收成本与修理可再生物品的员工工资，并可以挣得一笔可观的收入。在 2005 年那样的商业模式下，大多数经营者都没有征收前端的回收费用。在此情况下，整个行业运行得很好。当然，无需付款就能摆脱老旧电子垃圾，这对于消费者而言的确具有很大的吸引力。

回收行业的教条之一就是再次使用比回收再造要好。对于废旧电子设备，这似乎令人半信半疑。对于使用了三四年的手机或电脑来说，其增量式的寿命难免短暂。它的第二个使用者可能生活并不富裕（否则将会购买新的设备），这台设备在其使用寿命结束后能被妥善回收的可能性微乎其微。许多电子垃圾回收商都争着做他们认为最负责任的回收业务，即对所有的废旧设备都循环使用，不送去修理公司也不转手再卖，这一内容会在后面的章节中提到。

对于负责任的回收商来说，回收成本、将设备拆解至其构成材料的拆解成本以及妥善处理含铅玻璃和一些塑料制品所需的那部分难以确定的费用远远超过回收商能从线路板和基本金属（钢铁和铝）上挣取的收益。因此，有必要对电子垃圾的拥有者收取一点点的前端回收费用，来帮助这个经济模式顺利运作起来。在 2005 年的背景下，一种对于负责任的电子垃圾回收商来说较为可行的盈利模式由 70% 的前端收费和 30% 的后端材料收入所构成。

为什么会有人本可以不花钱就处理掉他们的废旧电子产品，却要额外支付费用让一个负责的回收商回收它们呢？特别是当还存在没有征收回收费用的回收商依然承诺说他们的回收作业完全无污染时？迈克·莱特一直强调做正确的事情，并提供出色的客户服务，借此他赢得了他在创业初期的成功。对于新的业务，他并不打算用一组不同的价值观来指导他，尤其在看到"出口危害"纪录片中描绘的典型产业模式所造成的可怕环境危害之后。对他和那些负责任的经营者来说，业界之中谁是骗子一目了然（迹象包括：没有前端收费；手中存有海运集装箱；在他们的作业与材料的下游处理问题上完全缺乏透明度）。然而，事实上，大多数客户要么根本不在乎自己的废旧电子垃圾究竟去了哪里，要么不知道如何通过询问辨别出一个负责任的回收商，这种情况将 GRX 置于一个严重的竞争劣势上。

莱特知道，总有一天，针对电子垃圾妥善处置的相关条例将追赶上市场需求的脚步（就好像在环境服务业的早期领域，如填埋作业和实验室测试服务的相关条例）。不管怎样，2005 年的战略性挑战就是：如何才能建立一个价值主张，能鼓励人们即使在有大量的经营者依旧免费回收废旧设备的情况下也能选择支付一份前端回收费用。

10.3　战略与价值主张

在一个行业顾问的帮助下，GRX 开始看到，在实际过程中存在一些非规范性的重要问题，这些问题非常有可能左右一个电子垃圾的持有者的思考，思考要不要支付一份前端的回收费用以换来回收商对于能将所有的电子产品完全妥善销毁的保证。并非所有电子垃圾都是以用集装箱运到发展中国家以及类似的地方作为最终归处，在有些案例中，一些还贴有前一个所有者标签的废旧电子产品在最不可能出现的地方找到了它们的用武之地。例如，在科罗拉多州的土地管理局内，旧显示器被射击俱乐部用于打靶训练。资产标签显示它们之前从属于不同的学校和当地政府机关。对于那些涉事机构来说，这并不是一个很好的宣传！在另一个记录详细的案例里，一位明尼苏达州的业主将一个仓库租给了一个电子垃圾回收商，之后该业主突然发现他再也没有收到回收商理应交付的月租费。在努力追查承租人踪迹未果之后，业主开始调查回收商的资产，并发现有几个楼层从上到下都堆满了废旧的电脑和其他电子垃圾。由于承租人不知去向，而很多设备上都贴有资产标签，仓库业主根据标签成功地找到了这些废旧设备之前的使用者。对于这些电子垃圾曾经的使用者来说，这未免有些令其尴尬。因为在这个案例中，他们已经支付了前端回收费用，并被告知他们的设备将会得到妥善处理。

对于电子垃圾的所有者而言，存在一种可能，即设备最终落入了盗用身份信息的回收商手中，这类商家会依靠从废旧设备的硬盘或打印机缓冲区中恢复出类似社保号码或驾驶证号码这类的身份信息赚取很多的非法收入。麻省理工学院的一组学生从回收站采购回一批废弃电脑，他们能够利用从废旧电脑硬盘恢复出的个人标识号成功从私人银行账户中取走现金。

这样一来问题就没那么难解决了，如果回收商能有一个坚定的承诺，保证顾客的设备及其内部残留的数据都能够被完全地销毁，这就能说服设备的所有者支付一份前端费用。莱特已经苦思冥想了很长时间，不能确定是否应该让 GRX 走上修理并转卖较新设备的商业之路，纯粹销毁的传统回收观念在这个行业里已经不太能行得通。事后看来，他将 GRX 的成功绝大部分归功于他对战略重点的坚持：在客户面前能保持一个清晰、易于理解的价值主张——确保废旧设备被彻底销毁而牺牲掉一部分收入流。这一决定也需要适度且必要的资金投入用来购买能够销毁硬盘的压碎机，但很快，它就变成了一个针对潜在客户的强有力的卖点。

GRX 为其操作流程设计了一种综合报表，上面记录了一些可核实的信息，例如设备是被销毁的、那些构成材料被处理到了哪里，邀请潜在的客户来审查他们的设施，并就下游材料如何处理进行详细交谈。再加上一些有相当诱惑力的推销宣传，如一些电子垃圾所有者口中对他们所选择的对此不太关注的回收商的负面言论以及由于旧电脑中的信息被盗用而引发的一系列问题，使得一些想要利用电子垃圾做好事的大公司开始关注他们。

这段时期，GRX 所做的突破之一就是获得了与生态循环公司（Eco-Cycle）的业务。生态循环公司是一个大型的、不以营利为目的的回收企业，总部设在科罗拉多州博尔德市。生态循环公司在多年前就已经成为丹佛市区回收行业的一支主力军，并在 20 世纪 90 年代后期就开始参与了以"零浪费的一代（zero waste generation）"为主题的改革运动。生态循环公司已经将两卡车的电子垃圾从博尔德运往一个位于洛杉矶的回收企业那里，该企业已被证实采用高自动化操作设备把所有设备彻底销毁，并能机械分离出不同的结构材料用于新产品的制造。一旦 GRX 能够向人们证明它可以完全销毁那些电子设备并会将材料送至已被核实的负责任的下游回收商那里，生态循环公司就可以很容易地将它的业务切换至本地服务提供商，因为这样就避免了每月两辆卡车横穿半个美国所造成的 CO_2 排放和燃油费用。

另一个突破则是 GRX 开始认识到，业主和建筑管理者越来越关注电子垃圾这方面的问题。在科罗拉多州，法律不合逻辑地允许私人业主以卫生填埋的方式处理废旧电脑、电视或打印机等，却不允许企业这样操作。于是，一些规模较小的回收公司就会让自己的员工把废旧的电子设备分散地带回家，与普通垃圾混在一起然后丢掉——然而，在 2005 年，莱特经营 GRX 的早期，在回收行业中还盛行着另一个骗局。

要解决这个问题的另一个方法是偷偷地在正常营业时间之后把旧电脑扔进与

业主或物业有合作的垃圾搬运工所放置的大垃圾箱中，而通常情况下那些业主和建筑管理者对此大多都不知情。结果，电子垃圾在被倒入垃圾填埋场时才被垃圾搬运工们发现，假设电子产品的所有者足够聪明撕掉了资产标签，最终被监管部门列为监管对象的只会是业主或是建筑管理者。不过，一些小企业使用的另一个花招是租用一间屋子，把电子垃圾偷偷放满出租屋内的柜橱，然后在租期结束时迅速离开，最终清理这些电子垃圾就会成为业主和建筑管理者的责任。

GRX 发现了一个稳固的营销机会，鼓励业主和建筑物管理人员举办电子垃圾回收日，能借此机会向他们的租户大力地开展宣传活动。就集中回收行动来说，这着实是一个非常有效的途径。与此同时，可以推动公司及其对环境责任的回收行动向大面积的小型机构方面发展业务。类似的由当地政府组织的回收日活动也急于促进对环境负责的电子垃圾回收业的发展，使那些电子垃圾不再进入当地的垃圾填埋场。

当这个行业中有很多参与者极其愿意抛开对环境和社会造成的不良后果而选择走低级的营销线路时，如果我们把 GRX 构建的制胜战术归结为占领行业的制高点，那么它所需要的基本要素有以下几点：

① 确保将从顾客那里收集来的废旧电子设备尽数销毁，包括硬盘驱动器以及其他可能存有数据的器件。

② 对实现组成材料的真正循环再生与垃圾的填埋转移投入最大的努力。

③ 让公司在运营的各个方面都能实现完全透明，邀请外界认识参观交流公司的下游材料处理情况，让大众对公司组成材料的最终处理进行核实。

④ 公开邀请潜在客户可以在任意时间对 GRX 的各项活动进行突击检查。

随着 2005 年间这一战略逐渐在市场上大行其道，GRX 的业务量和收入开始飞速地增长。表 10-1 记录了 2005 年 1 月至 2007 年 12 月期间公司位于丹佛的总厂回收到的电子垃圾的增长情况，以磅为单位。从 2005～2007 年回收量的年均复合增长率接近 72%。

10.4　行业的领军者

许多企业主千方百计想要打造出一个负责任的商业企业形象，但苦于所在行业缺乏足够的强有力的监管，只好通过行业协会来提高相应的作业标准。迈克·莱特也不例外。从 2005 年开始，他在国际电子回收协会（the International Association of Electronic Recyclers，IAER）中发挥着越来越重要的作用，尤其是致力于解决教育上的问题,并帮助提高协会作为责任实践驱动者的知名度。他还与巴塞尔行动网络建立了非常密切的合作关系,并鼓励 IAER（后来并入美国废料回收工业协会）与政府一起开发建立起一个针对电子回收企业的认证体系。同样,他还参与了科罗拉多协会电子垃圾回收处理这部分工作,与环境保护署在丹佛的 8 个地方部门合作,在当地水平上将工作标准向更高处推进。

表 10-1　2005～2007 年 GRX 丹佛工厂业务量增长情况（以月/年处理的电子垃圾质量计）

单位：磅

月份	2005 年	2006 年	2007 年
1 月	97998	191474	341670
2 月	115664	247667	268993
3 月	108923	260850	390443
4 月	157554	286706	383183
5 月	168098	480594	659761
6 月	114305	451133	539429
7 月	118080	353271	502796
8 月	146270	595620	448956
9 月	130492	361087	399249
10 月	129656	383046	528901
11 月	257164	414202	411910
12 月	230985	297905	361332
共计	1775189	4323555	5236623

在很多行业中,不道德的经营者所做的对环境不负责任的活动会使那些试图做正确的事的商家处于劣势,此时,不断向各方进行游说以建立更高要求的作业标准和监管标准则成为一个有力的武器。这是每一个可持续性企业的经营者都应该注意的问题。除了将整个行业向更高级处推动之外,积极参与解决行业问题以提高公司信誉水平,以及被人看作是行业领军者,这些总能带来一些有趣的并且往往出人意料的商业机会。GRX 最近获得了 ISO 9000 和 ISO 14000 认证,成为全国范围内极少数能获此认证的电子回收商之一。莱特认为,正是他为实现更高作业标准所付出的巨大努力造就了 GRX 目前在市场中所享有的竞争优势。

10.5　关于社会层面

在莱特刚刚得到 GRX 的所有权时,公司里依然是好几队人用锤子、螺丝刀等基本工具手工拆解废旧电脑及其他电子设备，莱特认为完全有可能将其转换为一个自动化的过程从而降低劳动成本。当时，一批资金雄厚、具有风险资本支持的企业选择在精细化破碎和分选设备（大多数造于欧洲）上面投资，寄希望于他们能够以非常低的单位成本应对数量庞大的电子垃圾，从而在与小型手工作业的商业竞争上取得一个巨大的竞争优势。

事实上，虽然破碎电子设备，使其减小到十分均匀的小块这一过程比较容易，但是要将所有不同的组分分离为合理清洁的物质流则显得尤为困难，并且大多数电子垃圾回收商的作业——甚至包括那些大型企业——都还在很大程度上保持着手工作业。在认识到 GRX 的业务量还远远达不到购置自动化设备所需条件时，莱特仍然觉得在一个单位利润薄、大批量加工必不可少的行业中保持运作成本尽可能低是非常有必要的。莱特想要打造一个对社会和环境负责任的商业模式，在追求过程中，他希望与那些从吸毒和酗酒问题中恢复的人们搭建起积极并且低成本的劳务关系，因此他和丹佛几家重返社会教习所建立了良好的合作关系。

事实证明这的确是个很大的挑战，主要是由于那些从吸毒和酗酒中恢复的人们具有倒退回他们以前行为习惯的倾向，这导致了他们会经常旷工、偷窃，做一些让人头疼的事情。正当 GRX 完善了它的战略——确保回收来的电子设备能够被彻底销毁时，公司发现工作人员盗窃问题持续存在已成为发展道路上的严重障碍，为此 GRX 不得不放弃从教习所雇用员工的策略。

从 2006 年开始，该公司一直寻求建立起一个高效且积极进取的员工队伍，为其技术尚未娴熟的一线工人提供较好的薪水和一系列完整的针对个人及家庭成员的保健福利金。与此同时，莱特鼓励他们要对自己所挣的工资好好负责，引入了基于设备拆解量的奖金制度，同时向他们明确表示公司会因交付清洁的材料而被支付相应的酬金，因此需要他们更加勤恳地工作。那些不符合最低生产指标或者在分离不同材料的过程中经常粗心大意的员工会有被解雇的风险。将高的绩效期望与良好的就业条件相结合已经成为公司成功保留称职、积极员工的关键所在。莱特还帮助他的员工，让他们明白他们的工作对创造美好环境所做的贡献，这对于公司管理层与部分一线工人而言是一个有力的激励因素。

2005 年下半年，莱特决定他应该把他可靠的用人策略进一步推进，有意确保他没有雇佣任何非法移民。这使他公司的员工数量在一夜之间损失近半！一个没能通过合法公民测试的员工后来在一所酒店找到了工作，该酒店是美国最大的连锁酒店之一，作为一家具有社会责任感的企业在业内拥有良好的信誉，还有一个员工离开之后进入了一所当地学校。

10.6 衡量成功的标准

由于在过去几年中发展十分迅速，GRX已经无法在业务可持续性上做出更多有意义的改进举措。然而，其中非常重要的一条是关于从垃圾填埋中转移出的材料的百分比。

当2004年莱特买下GRX公司时，位于丹佛的工厂每月可处理约30000磅的电子垃圾，每周都会有一个装满材料的40英尺标准的集装箱离开厂区被运往垃圾填埋场。到了2008年，该工厂每月已经能够处理约600000磅的电子垃圾，而运往当地垃圾填埋场的集装箱仅需运送一次即可。莱特估算认为，当前的循环利用率约为94%，大多数以填埋方式处理的材料都为旧电视柜上的木材。

2005～2006年期间制定出的可持续性商业模式促使公司能够顺利地在盐湖城（Salt Lake City）和奥马哈（Omaha）开展业务。公司还收购了一家位于科罗拉多州斯普林斯（Springs）的竞争对手公司，并扭转了之前糟糕的经营状态。截止到2008年夏天，全公司每月处理电子垃圾接近一百万磅，使其成为迄今为止落基山脉地区规模最大的回收公司。

不可否认，借助于2007年和2008年全球商品价格的飙升，GRX在此期间实现了极强的盈利水平（到2008年，对于那些对环境与社会负责任的回收企业，一开始70%前端回收费用与30%后端材料销售利润组成的典型收入结构基本上已经完全相反）。虽然莱特不会透露具体的收入数据，然而在回收行业中该公司在经济上的成功和较高的知名度已经吸引了众多潜在买家的注意。关于GRX是否应该成为一个主要的产业整合者，还是使其本身变为一个大型公司的一部分，2008年夏天在经过一次内部讨论之后，莱特最终决定将公司出售给新加坡的Centrillion环境和回收公司。在公司出售时，包括基于财务表现的额外对价，收购估价约为7百万美元。莱特认为，考虑到Centrillion在新加坡证券交易所的表现，最终的收购对价甚至可能会更高。

出售协议条款之一要求，在对公司的收购结束之后，莱特将继续留在机构内一段时间。Centrillion在美国针对电子产品回收行业一直奉行整合战略，收购GRX以来，该公司还收购了另一个在马萨诸塞州、加利福尼亚州和北卡罗来纳州的行业领导者——迈泰电子回收公司（Metech）。莱特作为Centrillion在全美业务的负责人，负责向其首席运营官汇报工作。

GRX 与 Metech 的联合经营大约会使 2009 年全年电子垃圾处理量达到 2200 万磅。莱特已经启动了一系列的业务改进措施，他预计到 2010 年该公司将能容纳 3500 万磅的电子垃圾，令其成为全美国最大的电子产品回收商之一。至于那个位于丹佛的破败的、只能在充满了狗的垃圾场外工作的小公司，当初买下它的人如今作为一家系统集成公司企业家，着实可谓是一个成功者。

最后再补充说明一下：GRX 已经完全压倒了所有在丹佛本地乃至整个科罗拉多州的竞争对手，这并不奇怪。然而，这家公司经历了几个月的沉寂之后，很明显地再次成为当地电子垃圾回收行业中的一个积极的角色。莱特知道，他为 GRX 创造出的这种对环境与社会负责的商业模式是绝对不会输给那些继续从事不道德经营行为，并选择对它们的行为所造成的不良环境与社会后果视而不见的竞争对手公司。

莱特也很好奇，一个被媒体批评数月并被环保署搜查的企业经营者是否还会想在同一行业中再次抬起头来。也许他能从错误中吸取教训，值得一个机会去以自己的能力与莱特等志同道合的竞争对手一起不断地努力，不断为这个行业做出贡献，把电子废弃物业务带入一个真正成熟的清洁技术领域，将数百万吨的废弃材料循环送回到全球制造业经济中，同时为国内提供良好的就业机会。也许他只是不知道什么时候他才会筋疲力尽而已。

小　结

（1）这些类型的负面影响可能会也可能不会被清洁技术企业的经营者所承认，但这些负面影响代表了一系列可能摧毁其竞争优势的后果，使这种商业模式从长远来看是不可持续的。

（2）GRX 为其操作流程设计了一种综合报表，上面记录了一些可核实的信息，例如设备是被销毁的、那些构成材料被处理到了哪里。

（3）GRX 发现了一个稳固的营销机会，鼓励业主和建筑物管理人员举办电子垃圾回收日，能借此机会向他们的租户大力地开展宣传活动。就集中回收行动来说，这着实是一个非常有效的途径。与此同时，可以推动公司及其对环境责任的回收行动向大面积的小型机构方面发展业务。

（4）GRX 公司制胜策略中的基本要素：确保从客户那里回收到的废旧电子设备被彻底拆毁；尽最大努力实现真正的组成材料循环再生与填埋转移；让公司在运营的各个方面都能实现完全透明；公开邀请潜在客户可以在任意时间对 GRX 的各项活动进行突击检查。

参考文献

"Following the Trail of Toxic E-waste," 60 Minutes, November 6, 2008 (produced by Sony Granatstein, CBS Interactive, Ino.), http://www.cbsnews.com/stories/2008/11/06/60minutes/main4579229.shtml.

Puckett, Jim, Leslie Byster, Sarah Westervelt, Richard Gutierrez, Sheila Davis, Asma Hussain, Madhumitta Dutta (edited by Jim Puckett and Ted Smith), Basel Action. Network and Silicon Valley Toxics Coalition, Exporting Harm The High-Tech Trashing of Asia, February 25, 2002, http://www.ban.org/E-waste/technotrashfinalcomp.pdf.

RoHS, "Read about the EEC Efforts To Make the Electronic Equipment Manufacturers More Responsible for End-of-Life Issues," RoHS (Restriction of Hazardous Substances) Guide: Info Guide to the RoHS Directive and WEE Compliance, 2002, http://www.rohsguide.com/.

11

丹佛机械商店：四代人的可持续性企业

史蒂芬·R. 伯纳德（Stephen R. Bernard）

　　丹佛机械商店成立于 1916 年，可持续性的商业惯例已经在这个家族企业中流传了四代。实践商业道德模式、服务社区和对设备维修保养的日常工作是机械商店的业务核心。很少有企业敢说自己对可持续性商业模式的实践有如此长的历史。怀特（The White）家族要求每一代人都要将较高的道德标准传承下去，因此众所周知，这一家族及其员工被科罗拉多商业道德联盟选为"2008 年商业道德模范奖"入围企业。是什么商业实践推动着这家公司能够一直坚持着一个充满活力的商业模式？相信从丹佛机械商店的老板和员工所提供的经验中，新兴可持续性经济的领导者们能得到一些教益。

　　本章介绍了这家公司在可持续发展道路上所经历的障碍与成功。丹佛机械商店的员工为他们能作为一个团队一起工作，每个员工的经验都会被重视而感到十分自豪。公司具有丰富的经验，可以帮助其他公司优化更改现在十分常见但却并不经济的设备"处理与替换"使用模式。我们可以从丹佛机械商店通过对设备进行维修、改造和重复使用而延长设备使用寿命的这些专业技能中学到一些知识与经验。如要维持一个小型或大型企业中至关重要的网络，这一重要的商业实践会减少公司对资源的需求。

11.1 历史

　　丹佛机械商店始建于 1916 年，创始人弗雷德·A. 怀特（Fred A. White），现任经营者斯科特·怀特（Scott White）与埃里克·J. 怀特（Eric J. White）。企业最初设立在丹佛第 18 街 1417 号，1938 年第一次搬至布雷克街（Black Street）1409 号，之后在 1996 年又搬到了目前的地点——德纳哥街（Denargo Street）3280 号（White and White, 2008; Denver Machine Shop, n.d.; Scott White, 2008）。

1956年，弗雷德的儿子埃德温·F. 怀特（Edwin R. White）接任了公司的管理工作。1976年，埃德温退休后，他的儿子E. 詹姆斯·怀特（E. James White，吉姆Jim）成为公司的董事长。吉姆和他的妻子，李，一起经营这家公司，直到2003年斯科特·E. 怀特将整个公司收购了下来。2005年，斯科特的兄弟，埃里克·J. 怀特在公司持有百分之五十的股份。因此，斯科特和埃里克是丹佛机械商店的第四代业主。埃德温、吉姆、斯科特和埃里克全都毕业自科罗拉多矿业大学工程专业。怀特家族有如下历史记载。

第一张照片拍摄于1925年左右丹佛市区第18街的原始建筑中。店有两层楼高，利用单电机依靠轴、滑轮和皮带驱动从而转动多个车床，并调整机器的运转速度。

用于切割金属的工具材料均为硬化后的工具钢，手工打磨成型。那时的制造业需要用到杆轴、滑轮和齿轮，这一点和现在差不太多。许多零部件都要求先铸出一个大概的形状，因为这样可以使生产流程最简化。铸造工件需要用到模型师所雕制的与成品相似的木质模型，利用这种木模和砂子制作出砂模，向砂模中倒入钢水即可用来生产各种零部件。丹佛机械商店是丹佛地区第一批从事砂模铸造的企业之一。

1925年的丹佛机械商店（Courtesy of Denver Machine Shop, Inc.）

20世纪初，随着工业化的发展，机械商店的业务不断壮大，客户多来自当地的金银矿开采业、科罗拉多州普韦布洛（Pueblo）的钢铁行业、制糖业、交通运输业（因为对货车和马车的车轴、车轮具有需求）以及铁路业。由于在当时那个年代，电话机尚未普及，日常大多数的商业合作都是在老牛津饭店（Oxford Hotel）的洽谈桌上进行，因为业界人士经常在那里一起进餐。"回想当年是我的曾祖父在经营这家店铺，"斯科特说道，"时间在以不同的速度流逝着（Scott White, 2008）"他的曾祖父定期都会走到老牛津饭店中，这家饭店如今已成为麦考密克餐厅（McCormick's Restaurant）。为了完成订单，弗雷德·怀特会在午餐时间与模型技工商定模型制作，和钢材供应商讨论所需钢材，和工程师谈论工作计划，还会和其他企业主就供给与加工问题进行协商。午餐后或是在第二天，供应货品就会被用货车拉来，铸件也已铸造出来，工程设计已经完工，而加工正在紧锣密鼓地进行中。很多次，在一个项目完成之后，款项都是在牛津饭店的桌子上进行结算的。曾经的分类账簿显示，当时的定价有时会十分低廉，材料价格0.05美元，劳动力价格1.50美元。店里有5个炉窑，许多种不同样式的模型可以进行砂型铸造。然而，店里并没有现成的材料，比如制造车轮所要用到的钢块。

为了满足第二次世界大战期间对装备的需求，美国政府与很多像丹佛机械商店这样的企业签订了合同以制造大量的武器装备。1938年，店铺搬至一个更大的设施内，位于丹佛市区第14街和布雷克街上。在战争期间，机械商店被分配到了优先制造榴弹炮和吉普车零件的工作任务。第二张店铺的照片拍摄于1944年，照片记录了当时由于战争而被编排在一起的工作人员。

1946年，埃德温·怀特（简称埃德）从军队光荣退役之后，便与其父亲一同经营丹佛机械商店。埃德对空气压缩机及相关空气设备十分熟悉，因为他当时已经是一名工程师了。埃德在第二次世界大战时期是军队机械部门的一名军官，通过这方面的接触，他代表丹佛机械商店与德兰瑟工业公司（Dresser Industries）的子公司——LeRoi空气压缩机公司洽谈，使机械商店成为该公司在科罗拉多的经销商。1956年，随着分销业务量的不断增加，怀特家族不得不另外创立了一家独立公司——丹佛气源机械公司（Denver Air Machinery Company）。埃德一边经营着这边的生意，另一边也要照看着机械商店的生意。在1969年，E.詹姆斯（吉姆）·怀特加入进来，与他的父亲一同负责管理这两家公司。在此之前，吉姆是壳牌石油公司的一名石油工程师，并在越战期间担任过两年的美国陆军工兵部队军官。1976年，埃德退休，吉姆接任了丹佛气源机械和丹佛机械商店的总裁职位。随着20世纪80年代的采矿和建筑行业的持续低迷，分销业务被迫关闭。吉姆和他的妻子，李（Lee），把全部工作重心都放在了经营丹佛机械商店上。那个时候，公司的业务范围不仅局限于本地，还拓展到了怀俄明州（Wyoming）南部的采矿行业。随着采矿业方面的业务萎缩，公司开始将重心放在本地化服务上，公司的业绩继续保持增长。2002年，斯科特·怀特也加入到家族公司的经营中，并将其整个收购过来，而吉姆在对其培训两年之后才正式退休。在2004年，埃里克·J·怀特以丹佛机械商店百分之五十的股份加入他孪生兄弟的公司运营中。大学毕业之后，斯科特在卡特彼勒公司（Caterpillar）做了几年时间的冶金工程师，并担任过陆军军械部的预备役军官。埃里克在获得采矿工程专业硕士学位之后，在美国陆军工兵部队里做了四年军官，之后也曾就职于卡特彼勒公司。无论斯科特和埃里克，在加入家族企业之前都曾在位于科罗拉多州奥罗拉（Aurora）的奥托立夫公司（Autoliv）工作过三年时间。

1938年丹佛机械商店位于它的全新更大的办公场所

(Courtesy of Denver Machine Shop, Inc.)

1944年丹佛机械商店为战争努力工作的流水线工人

(Courtesy of Denver Machine Shop, Inc.)

11.2 服务使命

　　丹佛机械商店从1916年就开始作为家族企业对外提供常规机械加工服务。目前公司业主之一，斯科特·怀特说道："我们改造东西，我们要保证机器能够运行，保证它们是严丝合缝的，这是我们的分内之事。而改造机械是我们的核心竞争力。通常情况下，当竞争对手做出一个全新的替换零件时，如果我们以其价格的60%就能将设备改造修复"他说，"那大部分的顾客将会很愿意选择我们。很多时候，一些零部件难以获得，或在海外，或需要半年的备货时间，这时我们就会受到客户的青睐了。"

11.3 改造与修理——替代购买新产品的可持续方法

　　通常情况下，丹佛机械可以通过更改组成元件的合金和材料来让一个全面性的修复变得更加划算。举例来说，对于一个地下钻孔机上的铰接枢轴，更换它的销需要花费 4 个小时，更换轴套需要花费 20 个小时。当矿井的机械枢轴需要维修时，机械商店通过让销代替轴套首当其冲地承受机器磨损，能够为矿井节省 16 个小时的停工时间。即使从工厂购买新的销和轴套可能比改制部件更加廉价一些，但却也并不总是最经济的做法。

如埃里克·怀特所言，"在现代工业中，很多设备要么来自国外，要么就已经很老旧了"（2009）。"举个例子，有很多印刷机和食品加工零件都是从意大利进口的。所以，就算那种器材在意大利有售，可能不仅其本身就很昂贵，而且你还要把它用船运过来，这又是一笔不菲的开支。从资金的角度来看，如果你打算节省掉航运的成本，改造就显得相对经济一些。并且，如果零件的生产年份过于久远，可能市面上都不再有售卖的了。"因此，客户经常会选择改造而不是再次购买，因为这样会更快修好，同时避免了海上运输部分的开销。并且，真的只需要一到两天的时间，一台由于部件故障而在生产线上停滞的机器就可以恢复正常运行了。所以，对于一个生产线来说，这可能相当于成百上千甚至好几百万美元的经济价值，埃里克说，"航运会给环境带来影响，因为在装船的过程中会消耗比平时更多的化石燃料，"埃里克继续说道，"并且，如果我们能把所需材料控制在我们的周边地区，不仅为我们自己节省了开支，同时作为一种社会责任对环境保护也具有一定的意义。"

举一个关于采矿行业的例子，设想有一个德国制造的挖掘机上的一个零件，一个连杆销。"这个零件要么来自德国，要么就是在这里制造和供应，"埃里克说，"这种情况下，让我们假设挖掘机运行一小时可以创造出一千美元的经济价值。然后，考虑到这台挖掘机后面有 8 或 10 辆矿用卡车在等待装填。一旦挖掘机出现故障无法使用，八九辆卡车也就跟着没法工作。所以，如果我们能够在很短时间内修复好一个零件，使其能很快地回到生产的整体运作中的话，产生的经济价值将会比这个零件本身的价格高很多很多。"

再举一个例子，对一所学校里的风扇轴进行快速地修理具有至关重要的意义。如果学校一定要等到坏掉的风扇轴被新的替换完成，那么在那之前，由于室内缺少空气流通，孩子们将不能去学校上课，老师们也无法继续上班。商店为了保证学校能正常运转，要么必须迅速修复这个风扇轴，要么订购一个全新的轴。如果商店能够使修理工作快速完成，那么从整体上看，这可能是最经济的解决方案。"相比于购买新零件而丢弃旧零件，我们通过对磨损零件加以改造或是二次利用来尽可能地保护环境。"埃里克说。

11.4 产品及服务类型

丹佛机械商店的业务范围主要包括科罗拉多州的采矿业、报纸印刷业及餐饮业中的各个企业。它以车间为基准作业，对机械进行维护、修理以及特殊加工操作，具体包括如下内容：一般机械加工；钢结构加工；轴承表面焊接修复；金属表面喷涂修复；矿业与工业设备改造；特种机械制造；现场焊接与钻孔；样机与样品制作；定制钻钢模具；短期生产作业；特殊钢结构加工；应急服务。

11.5 从一开始就具有的可持续性意识

"早在1916年我的曾祖父创立丹佛机械商店时，"埃里克说道，"可持续发展就作为了我们的一种生活习惯，因为包括原材料在内的一些我们现在看来习以为常的东西，比如用一个工作日就能运送到的零件，以后的某一天将变得难以得到。"

20世纪初的社会完全是可持续的，因为在当时设备不得不被修理或是改造，而不是被替换。用于制造新零件的往往都是那些手头的、本地的和可回收的材料。例如，在所使用的材料中，钢一直都是最能被回收的材料。"不得不被重新熔化并倒入模具重新塑造成一个对所需产品有用的零件，"埃里克说，"有一种观念——当一件东西坏了的时候选择修复它而不是扔掉它再买个新的——对我们来说这不仅仅是一个策略，更是我们全部的业务。这就是我们正在做的事情。"通过改造和修理机械零件而使科罗拉多州企业的老旧机器恢复运转，丹佛机械商店得以一直营业，并延续到了今天。

因此，虽然丹佛机械商店并没有展开全面的可持续发展计划，但是却采用了一套可持续的管理方式，使公司及其业务能够在近乎一个世纪的时间中存活下来。这个家族有意让公司在其第四代时保持一个较小的规模，拒绝成为一个大型的生产制造企业。在如此长的时间里，怀特家族不断积累经验，并将其在工程设计、市场营销、财务及一些小的商业元素上面学到的管理精髓和做法一代一代地传承了下来。

11.6 客户才是关键的利益相关者

丹佛机械商店始于客户的支持，相对地它会帮助客户维持生产的正常运转。

"如果某人的电梯坏了，"斯科特回想道，"服务人员找到我们这里，让我们为其制作出一个新的轴或是将滑轮修好，使电梯可以在第二天能够正常使用"。吉姆·怀特也回忆道："当我刚刚接手企业的时候，我们的许多长期客户曾在丹佛扶轮会议上与我攀谈，'吉姆，千万不要让丹佛机械商店关门，因为没有你们公司我的生意将无法继续。'如今，它是我们的一种荣誉，但更多的是我们对商业界其他公司的一份责任。"（Jim White and Lee White，2008）

11.7 丹佛机械商店的循环利用与工作效率

丹佛机械到底做了什么使其经营如此具有可持续性呢？"首先，"斯科特说，"我们采取了一种'从开始到结束'的方法。"所有的金属废料和刨花，包括钢铁、铜和铝都能被循环使用。"我们在所有可能的地方对材料进行循环利用，所以没有什么会被我们浪费。我们的工具是碳化合金做成的，甚至连碳化合金也会被收集并循环利用。"

这样一来，丹佛机械商店促进了金属回收事业，而这又是一个对可持续发展的有力贡献。2008年，废品回收行业处理材料总计1.5亿吨，在基础设施和设备项目方面可支持数十亿美元的投资。积极地将使用后的材料转换为原材料再投入到新产品的生产中，这确实是一种具备可持续性的发展。在2008年一年里，这些原材料的出口总价值约为280亿美元，销往全球150多个国家。再生废料占世界原材料的40%左右。而降低能源消耗又是另一个重要因素。从矿石中锻造新钢需要消耗大量能源，对废旧钢材进行再生利用能够为其节省50%的能源需求。再生铜、铝节省能源需求的效果均达90%以上。同时，通过减少能源的消耗，制造业对再生金属的使用也降低了温室气体的排放（Institute of Scrap Recycling Industries，2009）。

丹佛机械商店拥有数台大型设备，均衡地使用这些机器能够最大限度地减少能源浪费。夜间，所有的压缩机和机器都处于关闭状态。"让它们始终处于运行状态可能会更方便一些，"斯科特说，"但那样并不环保。所以，每天早晨我们都要为机器做预热准备。从长远来看，这样也可能为我们省下不少的钱。"

11.8 奉献社会的遗产

可持续性商业模式也需要有社会贡献的成分。丹佛机械商店采用了一种家族传承下来的用人方式。"每当我们要雇佣新员工时，我们会仔细地将这个人与我们的道德规范相核对，确保他们能够接受我们的理念，"斯科特说，"也为了确保他们能适合这项工作。"譬如能积极参与地方的社区组织。经营者和员工会定期抽出时间去支持社区的服务活动。丹佛机械的四代经营者都是丹佛扶轮社和国际扶轮社的会员，每年都通过自愿的财政捐款来支持公益事业。所捐资金会被送往当地社区乃至世界各地。埃德和吉姆都是丹佛扶轮社的董事会成员，而埃里克也于2010年加入该董事会之中。埃里克、斯科特和吉姆也是协会坚定的支持者，用他们的精力和财力为科罗拉多矿业大学提供帮助。

"通过参加扶轮社，"埃里克说，"我们可以直接地影响我们社会的社会福利。"通过扶轮，他们与丹佛儿童俱乐部建立了工作关系，为那些高中可能无法顺利毕业的学生提供帮助。"如果他们不能从高中毕业，"埃里克继续说道，"他们会继续长大，然后可能就会活得碌碌无为。这会需要很大的社会代价，如果我们能帮助他们走好这第一步，使他们最终拥有一份可靠的工作，这样就能避免更大的损失。"李·怀特亲自指导了一个丹佛学生几年，该学生就处于不能毕业的危险之中。"我们有90%的毕业率，"埃里克说，"通过改变这些人的命运，的的确确可以改善我们未来的社会状况。上班期间，我可能会花至少10%～15%的时间为扶轮社工作。"2009年，他们捐助了儿童保健项目（Health for Kids），与学校一起为那些困难儿童提供医疗救助。2008年，他们向食品银行（Food Bank）在落基山脉地区举办的"希望之包"活动（Totes for Hope）提供资助，由食品银行提供食物，人们自愿用背包将食物带给那些儿童。公共体系一般会保证这些困难儿童每天有两顿饭和一些零食，但是到了周六和周日，在橱柜里并没有提供给他们的食物。"所以，当他们周一回到学校时已经两天没吃东西了，"埃里克说，"那么他们如何能好好学习？"

11.9 将可持续发展的理念世代相传

今天，大多数涉及企业如何自我维持的商业指导都只是针对一代甚至更短的时间。如果要想将企业像可持续性的遗产那样世代相传，企业必须要做得十分正确，包括提供必要的服务、注重道德、努力工作并且能聪明地投资。"可持续发展对于仅仅一代人来说是很不错的，"吉姆说，"但是为了能够让公司持续生存20年或30年，像我们这样，你不得不具备一些手段或是计划，好让这家店能顺利地传给下一代管理者。"这个家族企业到底采用了什么可持续发展原则，能够让其在过去的92年中如此成功呢？

第一，当公司即将传给下一代领导班子时，必不可少地要有一个经过周详考虑的商业计划。"你必须这样做，首先，要确定下来谁将是公司的领导者，"吉姆·怀特说道。"一旦确定下来谁能够带领公司继续经营下去，并要坚持之前相同的道德标准后，你就必须对其好好地培养，让他们得到锻炼。当你锻炼他们时，你必须要把你的责任转移给他们"。"大多数企业经营者经常会忘记的最重要的事情，"吉姆·怀特说，"是他们必须应该站在一旁，让他们的下一代好好地去做他们该做的事情。如果他们继续想要控制一切，他们将没办法将手中的火炬顺利地传递下去，而且这也是好多企业想要更新换代但最终没能成功的原因：因为老一代的领导者们想要一直把控着一切。"

第二，成功的换代要求每一个新领导人都有资格胜任，并有着顺利过渡的渴望。一般的小型企业，它们负担不起一个没有生产输出的人，而家族也不会想当然地认为对管理者进行资格预审是十分必要的。怀特家族经历了四代人，他们尽可能采取一些措施以确保每个领导的位置都是由一个完全称职的人所填补。他们甚至强调，如果在家族中找不到一个能够称职的领导者，如果想要将事业继续成功发展下去，那么就有必要从家族外找一个有资格的人来接任领导者的职位。

第三，怀特家族十分注重教育在企业换代过程中的重要性。斯科特的父亲吉姆，鼓励斯科特和他的兄弟埃里克在加入家族企业的管理队伍之前先在自己选择的行业和公司工作几年，就像他们的父亲当年那样。他们在高中和大学期间为公司工作，长时间接触着公司的各项操作以及高标准的道德要求。当他们回归公司时，他们已经拥有很好的工作背景和经验，使他们能顺利地开始企业管理的相关训练。他的祖父经营的是与今不同的机械商店，教育了他的儿子，然后他的儿子在高中和大学期间便参与到了公司的工作之中。如今，他还保存着大学期间有关公司的一些书籍。

第四，在将责任与权限传给下一代并退居二线好让新领导者有发展空间之后，在过渡阶段，之前的领导者应该保证能够及时为新管理层提供他们所需要的建议与帮助。这是一个很宝贵的优势，帮助小型企业在其成长和向前发展的过程中保持曾经的辉煌与荣誉。

最后，每一个合格的接班人，在保证公司盈利的基础之上，都要采用较高的道德标准，永远将所有员工的福利放在心中十分重要的位置，并能随时满足客户不断变化的需求。想要保持上述原则，就应该一代一代地坚守着一个对社区和环境有益的企业，并使其发展蒸蒸日上。

11.10　抵过经济繁荣与低迷的可持续发展

"一段时间之后，"吉姆说，"社会经济会开始捉弄你，所以企业不可能在持续地在一个不变的基础上蓬勃发展。经济可能会越来越不景气，国家可能会有战争、会处于萧条时期。"怀特家族记忆中，在近一个世纪的时间里，丹佛机械商店经历了大约四次这样的经济起伏。吉姆强调说，"当你的生意不景气的时候，你必须勒紧腰带，继续为你的客户们提供服务，保持核心业务能不断地向前推进。但是那段时期，真的很容易就能说出'好吧，我想我还是放弃吧'这种话，有很多公司都确实就这样放弃了，但是如果你能玩命地勒紧腰带，你就能挺过这段时期。为此你必须要调整好企业的经营策略。"不幸的是，吉姆人生中有两次困难时期，致使他不得不将丹佛机械商店的规模缩减到四名员工甚至更少。不过，不管怎样，由于这个家族坚持着自己的原则，公司得以持续至今。如今公司拥有24名员工，并且运营良好。

11.11　为使公司可持续发展而身兼数职

李·怀特，吉姆的妻子，她说道："我还认为你不得不具备一项身兼数职的能力。如果你很能赚钱，你也有足够强大的劳动力的话，你可能不用太过积极地出去销售。也许你也可以雇人帮你销售。但是，一旦经济真正出现衰退，除非你找到了一个非常与众不同的利基，否则你将不得不亲自出去进行销售。"作为一个小型企业，方方面面都有很多工作等着你去做，从给植物浇水到办理客户业务；管理应收账款、应付账款和各项收入；订购材料；将信息录入到计算机中。随着时代的改善，你可以雇人来接替你，让你可以专注于一个重点的领域。李说："在20世纪80年代经济危机的时候，我们的员工所剩无几，大部分电脑录入、记账和招聘的工作都不得不由我亲自完成。而这些事情我们都做到了。"之后，随着业务的发展，他们开始有能力雇人来负责那些细节工作。家族成员需要能够积极适应时代的脚步，愿意偶尔不取分文。"我愿意承担这世上所有我知道的、我所拥有的一切，只为与吉姆并肩前行，"李说，"我愿意为他而在我的职业生涯中退居二线，并且我十分确定吉姆的妈妈就是这样做的。"

斯科特说："我一直很幸运，因为当我从我的家人那里把公司买下来的时候，他们同意继续待一段时间来协助我处理各项事务。我现在仍然经常会和我的父亲一起工作，一起研究账目，一起看书，了解现在正在发生的一些事情，然后做出正确的选择。如今已过了6年的时间，我依然将他们视为我的顾问团。我感谢他们的帮助，我不认为任何人，尤其是一个工程师，有足够的信心能去买下一家企业或是自己创业，但是他们就在那儿跟我说'是的，我们可以'。这家企业已经存在了超过90年的时间，我们可以告诉你它是如何运作至今的：如果没有这样强有力的支持，我们真的很难实现这种转变。我们企业建立在伦理之上，建立在我们如何对待彼此之上。"作为2007年和2008年商业联盟道德奖的入围企业，丹佛机械商店已经很好地证明了这一点。

11.12 克服障碍

"我认为我们一直都是具备可持续性的，"斯科特说。"我们有关于我们社会可持续发展的文化，也有针对我们自己可持续发展的文化。"丹佛机械商店最近遇到了一个棘手的问题，涉及商店附近正在建设当中的新的高层建筑。怀特家族很清楚他们自己想继续和这个社区保持友好的关系，认为自己需要对当地以及即将成为邻居的大楼开发商负责。所以，他们将他们的焊接设备移走以避免制造烟尘和噪声污染。他们坚持保持他们院子的干净清洁，希望在新民居附近作为一个产业与大家和平共存，携手进步。

"我认为，维持我们生意的其中一个要素，"吉姆说，"就是我们一直努力让自己保持在一个特定的利基之上。这是我和斯科特，当他想要壮大业务时，我们在一起做的事情里面的其中一件。我尽可能收紧手中的缰绳，控制住避免他急功近利，步子不能迈得太大。你需要保证你的资金能跟得上你的消费需求。在众多能够断送一个企业的事情之中，最危险的就是'他们做得很好'这样的事实。越来越多的企业在社会经济良好的时候却并非是在经济萧条的时候从市场中出局，这是因为当他们做得不错时，他们想要壮大自己，生意很容易就会找到他们，之后的事情你就知道了，他们负担不起所有的账单。所以，在发展的道路上，你必须紧握住手中的缰绳，使业务保持稳步增长，并能随时停下来整顿局面。在我的一生中，有两三次从拥有很多员工到缩减至两三个员工的情况，因为你不得不使你的开支与你的业务相符。当市场走低时，你就可以缩减你的规模。"

"我们的整个观念，"斯科特说，"就是我们所正在做的，并一直在做的事情。

我们从来不会突然说想要变得'绿色'就一下子进入任何一类商业实践中。"并非选择批量制造零件这条路，这个家族有意识地决定留在他们根深蒂固的维修行业，没有成为一个合约制造商。这就是他们是如何开始、如何进行、对未来如何规划的。

"作为一个企业，"斯科特说，"有一个最大的错误，我们在过去几代中犯了很多次。有时我们为了专注照顾一两个主要客户而忽略了整个社区。"这样会使公司逐渐流失客户，最后不得不重建业务。企业的经营者们慢慢从这些经验中吸取教训，如今他们对社区都十分关心，十分注重他们的散客群体。丹佛机械商店现在致力于发展一种模式，使公司给每一个客户的业务比例不超过整体业务量的20%。散客群体方面的投入成本较高，但是"我们认为这是一种服务，我们建在这里，就应该尽所能为周围的人们提供服务，比如谁家的灯坏了，又比如谁家的除雪机出现了故障来找我们修理。虽然工作量都不算太小，但是也没什么十分巨大的。"

11.13 丹佛机械商店核心业务的可持续发展

"我们正在不断寻找我们可以提供的新的产品和服务，"斯科特说，"但是，与此同时，我们仍然要维持好我们的核心业务。最初的记录显示我们公司是从改造设备起家的。可持续性可以追溯到我们工艺的核心部分，"斯科特说，"而且，对工艺的追求是我们的核心价值观之一。作为一名工匠，我们手中的每一份工作都传递着匠人的灵魂。所以，每个工作都像是一件艺术品，当我们完成交给客户的时候，总会有人为之感到自豪。它已成为我们公司文化的一部分，是我们诚实守信和精湛工艺的核心。这就是我们实现公司可持续发展目标的方式。这就是真实的我们。"它也依然是公司业务的核心，"所以，当我们对我们的市场定位重新规划的时候，改造与再造业务始终占据着重要的比重。"

"我想说，现在我们是这个行业的领导企业，"斯科特说。"我们改造与再造业务已经在我们客户群拥有了很好的口碑。我认为，在大多数的情况下，如果一个客户能够从我们的老式营销理念获益，并且我们也可以从中得到利润，那么比起'去旧购新'这样的方式，这已经是我们很不错的招牌了。人们遇到问题能来找我们是因为在过去近一百年来我们赢得了大家很多的信赖。人们来找丹佛机械商店是因为他们知道我们能帮他们摆脱困境，也能帮助他们修好设备使其继续良好地运转。"

11.14　市场竞争

大多数竞争对手专注于合约制造而不是维修业务,因此市场竞争并不是很激烈。丹佛机械填补小众的维修市场,而非将其取代。他们加入了落基山工具与机床协会(Rocky Mountain Tool and Machine Association),在那里他们可以与镇上的许多其他商店合作。目前,斯科特是这个协会的主席。

当问及公司的可持续发展战略是否为公司提供了一个实际的竞争优势时,斯科特说:"我认为是的,我们的竞争优势在于我们能够做那些别人无法做的工作。我们已经具备了承担那些一般人承担不起的重大再造项目的规模与能力。因此有足够的能力去提供全部或一部分的机械改造服务,这的的确确是我们的一个优势所在。"

11.15　机械商店的指标

丹佛机械在过去 93 年里一直保持盈利,有几年甚至超过其他竞争公司。"当你身后有着超过 100 年的良好信誉的时候,"斯科特说,"客户会很信任你。他们知道你会做正确的事情,会信任你的服务和你的产品。我要说的是,那些指标已经不言而喻。"作为一家小型企业,公司主要坚持着按时交货、质量、安全和价值这四个指标,这四个指标使大家能够有意识地节约能源。并且,公司最近购买了一个新的商店系统,能让大多数的手动功能计算机化。"这能使我们减少格式纸的使用,"斯科特说,"而且我们这一年已经就此省下了 3000 美元的费用。"

当一个客户的关键设备无法运行,或者他的一部分员工由于设备故障而无法工作时,让这个客户的业务生产能在最短时间内恢复才是最优先的任务。据估计,丹佛机械商店已经帮助其处在这种紧急故障状态下的客户们避免了几十万美元的损失。例如,整修一个磨煤辊轮毂的市场价的费用为 6000 美元,但该零件的零售价超过 40000 美元。一个新的地下装载机机臂的售价超过 100000 美元,而丹佛机械商店对其的改造费用一般低于 10000 美元。这些种类的维修对于丹佛机械商店来说十分典型,并且也代表了他们所做的大部分工作内容。可持续商业之所以能够发展下来,不仅仅是因为这种模式对环境和社会的负荷较小,更是因为它往往是最经济的选择。

11.16 可持续发展与 2009 年的经济衰退

　　当前的经济形势是如何影响商业和可持续发展的呢？公司的大门始终是敞开着的，但是在这样的经济状况下公司的利润已经能够保持平稳。再回首这家公司近一百年的历史，我们能从中学到很多关于这家公司如何运作的经验。它一直都是针对当地的制造业提供相应的服务，但是也依然保持着其业务的多样性。谈到这家公司遇到的挑战，就要回溯到帮农民修理货车车轮使其能把苹果运到市场这样的项目时期。之后，在经济大萧条时期，他们的曾祖父通过依靠他的基础机械技术解决有限的本地业务而挺过了这段艰难时期。在第二次世界大战之前，该公司针对采矿业和地方产业提供服务。战争期间，采矿业和地方产业发展迟缓，该公司通过帮军队制造榴弹炮等硬件设备为国家出力。这一时期公司的业务越做越大，就如同照片所展现的那样，公司拥有了超过 30 名员工。战后，公司继续服务矿区，包括怀俄明州矿区，该矿区主要生产用于制造瓷器上玻璃材料的天然碱矿石。丹佛机械商店还继续为本地产业提供服务，比如面包店和食品公司。1984 年采矿业利润下滑，新的设备很难卖出，因此它的姐妹公司——丹佛气源机械公司被迫关闭。"在那时，"埃里克说，"我的家人主要将精力集中在对他们来说能有生意的业务上。"这里说的能有生意的业务，在这座城市里，包括电梯维修和食品公司的业务，比如西夫韦金丝雀食品公司以及一些面包房。它还提供砂石作业，直到经济再度回升。随后，斯科特和埃里克成了公司的业主，公司开始将重心放在为扩建工程项目提供建筑设备服务，包括丹佛国际机场、T-REX 高速公路和轻轨项目。

　　如今，横七竖八的建设工程都已放慢了速度，所以公司正在开展针对旅游业的相关机械业务，包括为一个旅游公司部分翻修一个 20 世纪 50 年代的老式洲际 21 节车厢的火车。新经济时代下的另一个例子是针对医疗行业提供服务，机械商店为一个公司装备 20 多辆厢式车，使其能够到患者家中进行 X 光检查。这种厢式车均要配备机械坡道，是为方便将专业设备接入住宅而设计出的。丹佛机械商店也为一家生产矫正鞋（包括军靴）的公司提供机械服务。

　　"关键是，"埃里克说，"随着经济形势的变化，这家公司长久的资历和可持续的发展在一定程度上无疑是它的一项能力，足以使其能够在保持着核心业务和道德标准的情况下在不同产业中来回切换"。"多元化经营是企业可持续发展的关键，"他继续说道，"如果经济衰退发生的时候，我们没能及时将公司的业务调整到当时可获得利润的市场中去的话，我们任何一代人都可能会输掉公司的一切。我并不是说，这对现在的我们来说就很容易。"顺便一提，这也包括保持社会参与度。作为在经济起伏时期社会中的一个积极分子，这个家族在不怎么盈利的时候为社会做小贡献，在盈利较高的时候为社会做大贡献，以此来为社会各界提供支持，给社会、经济和环境带来了积极的影响。

小　　结

（1）清楚你的核心业务。对于丹佛机械商店而言，其核心业务就是改造和再造业务。

（2）敢于挑战"去旧购新"的经营方式。

（3）填补符合社会需求、为客户提供多元化服务的市场利基。

（4）做一个积极的社会活动家。

（5）在决策时应用较高的道德水准。

（6）在业务规划中采取包括材料减量化、再利用、再循环、提高能源效率、相关成本规避在内的措施手段。

（7）应用三个主要的可持续发展原则：降低成本、改善周围环境、为社区提供帮助。

参考文献

Colorado Ethics in Business Alliance, Awards: 2008 Finalists, March 20, 2008, http://www.ceba.org/awards-2008finalists.html.

Denver Machine Shop, Inc., n.d., http://www.denvermachineshop.com.

Institute of Scrap Recycling Industries, Inc., Scrap Recycling Industry Facts, June 2009, http://www.isri.org/Content/NavigationMenu/IndustryInformation/IndustryFacts/scrap cycling industry_facts_6_25_2009.pdf.

U.S. Environmental Protection Agency, Municipal Solid Waste Generation, Recycling, and Disposal in the United States: Facts and Figures for 2008, http://www.epa.gov, accessed Jan 2010. http://www.epa.gov/osw/nonhaz/municipal/pubs/msw2008rpt.pdf.

White, Eric, Personal interview, December 20, 2009.

White, Jim, and Lee White, Personal interviews, September-November, 2008.

White, Scott, Personal interviews, March 12, 2008, and October 2008.

White, Scott, and Eric White, Personal notes, 2008.

补充阅读

Clasgens, J. Colorado Business Ethics and Sustainability Award Nominee——Denver Machine Shop, unpublished research paper, supporting the Ethics in Business Alliance award in 2008.

12

第一中肯金融网络公司：回应社会责任的市场需求

格拉哈姆·拉塞尔（Graham Russell）

依据《美国社会责任投资趋势报告》（社会投资论坛，2007），2007年，美国大约投资了2.71万亿美元作为社会责任资产，这份报告中还提到了其他一些统计信息如下：

① 几乎每9美元的专业管理费中都会有1美元被用于社会责任投资。

② 这一投资水平表明从2005~2007年间社会责任投资增长了18%，而同一时期在专业投资管理中的所有资产仅增长了3%。

第一中肯金融网络有限责任公司是一家专业投资管理公司，在社会责任投资行业处于领先地位，该公司积极响应来自个人和团体投资者们不断增长的需求，投资者希望引导他们投资的公司用对环境负责、对社会负责的方式管理公司的业务，来创造一个更加可持续的全球经济。该公司的发展历史证明了要发展一个成功的企业就要解决好公众投资者们日益关注的问题，即公司要更好地管理和保护地球上的自然资源和人力资源，让我们的后代享受与我们同样的生活，甚至是更好的生活。

12.1 公司的历史

1987年理财规划师埃德·温斯洛在科罗拉多州斯普林市创立了第一中肯公司，后来公司总裁史蒂夫·舒特决定在科罗拉多州博尔德市设立办公处，而位于斯普林市的总部仍保留至今。1989年，负责科罗拉多州的卡森堡美国军事基地商业财务的前陆军军官乔治·盖伊让该公司担任了首席执行官。1989年，公司和格林美组织（Co-op America，是Green America的曾用名，美国一个不以营利为目的的会员组织）一起建立了战略营销联盟，这就是该公司社会责任投资的起源。

起初第一中肯公司的目标是建立一个由投资管理专业人士组成的团体，致力于满足具有社会意识的投资者们不断增长的需求，即由公司来引导他们的投资渠道以解决社会和环境需求，并且获得有竞争力的经济回报。在1992～1999年期间，该公司是胡桃街证券的全资子公司，胡桃街证券是在美国大都会集团（MetLife）下注册的经纪交易商，其总部设在密苏里州圣路易斯市。

在1989年，史蒂夫·舒特总裁令公司又加入了卡尔弗特集团（Calvert Group），卡尔弗特集团一直以来都是美国最大的提供社会甄别基金的共同基金公司。1993年，史蒂夫·舒特成为卡尔弗特分销商的总裁，负责处理与全国各地的经纪自营商关系。他与乔治·盖伊军官之间建立了强大的业务往来关系，由此First Affimative公司成为卡尔弗特集团开拓新业务的主要来源。1999年，盖伊和舒特筹集了100万美元从核桃街证券公司买回First Affimative以及公司的咨询业务（不是委托业务），因为他们认为First Affimative公司作为一个独立组织可以更好地满足具有社会意识的投资者们日益增长的市场需求。在购买的时候，First Affimative公司大约有1亿美元的账户管理费资产。

今天，First Affimative已经是一个拥有40名成员、由6大机构成员和6大网络成员组成的咨询委员会进行管理的有限责任公司，而舒特和盖伊拥有公司股权的55%。该公司在科罗拉多州斯普林市、博尔德市和丹佛市设立了15个常驻员工，并且公司是由四人组成的高管团队进行管理，其中就包括盖伊和舒特。公司在全美国范围内的正式下属网络投资顾问已发展到100多人。另外30～40个顾问受益于由First Affimative公司发展的志同道合的投资专业人士组成的社区，同样，来自各方面的资源使公司有更多的顾问致力于服务有社会意识的投资人。到2010年年底，所管理的客户资产已增至近7亿美元，只比2008～2009年金融危机爆发之前的最高水平低3%。

12.2 社会责任投资

维基百科将社会责任投资定义为"旨在同时将财务回报和社会利益最大化的投资战略"（维基百科，2010）。社会责任投资不是一个新的现象，在20世纪最初的十几年，有社会意识的投资者们力图将他们的投资致力于提高妇女权利。在20世纪60～70年代，他们有致力于维护弱势群体的权利，在此期间，社会责任投资关注于劳动和管理问题，消除化学品，如凝固汽油弹（在越南战争中，使用它给环境和人体带来了毁灭性的影响），提高汽车燃料标准，提高核电工业的安全规范（维基百科，2010）。

20 世纪 80 年代，社会责任投资者们主要关注三个方面，一是南非种族隔离政权；二是当时发生的主要工业灾难如切尔诺贝利、博帕尔和埃克森公司瓦尔迪兹石油泄漏，这激励了投资者们进一步去推动和完善行业规范；三是关注改善为美国消费者生产产品的海外工厂糟糕的工作环境。

20 世纪 90 年代以后，社会责任投资（SRI）越来越关注创造一个最广泛意义上的更加可持续的全球经济模式的概念。许多投资者认为，气候变化、地球自然环境的毁坏（如对全球森林的破坏和对海洋的过度捕捞）以及能源和初级商品（原料、咖啡等）的价格上涨，都是严重的企业风险，而企业就是——或者被认为是——这些问题的制造者。在 21 世纪初，全球许多地方因企业和政府一心想开发自然资源（如石油和矿产）而使当地人的权利和传统生活方式遭到破坏，以及美国大量企业的假账和治理失败的现状，都成为可持续发展的严重问题，也成为社会意识投资者努力奋斗的目标。

2007 年《美国社会责任投资趋势报告》（社会投资论坛，2007）指出，美国一些直接以社会责任或环境责任为目标的投资量在过去的几年中快速增长，见表 12-1。

表 12-1　1995～2007 年美国直接以社会责任或环境责任为目标的投资金额

单位：10 亿美元

1995 年	1997 年	1999 年	2001 年	2003 年	2005 年	2007 年
639	1185	2159	2323	2164	2290	2711

值得一提的是，研究中显示的投资量不断增加表明，对环境和社会责任有明确和积极的态度的公司比那些不这样做的公司表现得更好（AT 科尔尼公司，2009；阿伯丁集团，2009）。2009 年由 50 只股票得到的 ING 社会责任投资指数（共同基金，2009）为 48.7%，相比而言，摩根士丹利资本全国基准指标为 39.3%，由美国前 500 家公开交易的股票得出的标准普尔 500 指数仅仅为 26%。2007 年《美国社会责任投资趋势报告》还指出，2009 年，晨星公司 145 个在美国进行的社会责任共同基金和交易所交易基金中，65% 的款项都胜过了标准普尔 500 指数。并且社会投资论坛（2009）宣布，2009 年，2/3 的社会责任投资基金都超越了基准值。在企业界"行善事"和"做好"之间日益明显的相关性是增加总社会责任投资量的主要因素，并且会延续下去。

12.3 当前的社会责任投资

虽然慈善事业从人类文明存在于地球上就已经开始了，但是有关自然和人类资源不断减少的信息是几十年前才开始广泛被人们认识与传播。公众开始关注资源耗竭的后果（如石油和石油衍生产物不可阻挡的涨价现象）以及目前剥削性的经济模式的潜在风险（如人类行为导致气候变化的危险）。这些存在的威胁逐渐引起了发达国家大量人群对可持续发展的强烈渴望。这些人也被称作文化创意者（Ray & Anderson，2000），他们努力将自己的价值观渗透到各个方面来实现他们的终身目标——至少是部分终身目标，即留下一个至少可以让后代人过上和当代人同等质量生活的经济体系。

这些有社会意识的投资者明白企业界必须承担找到世界可持续发展的途径，因为企业使用了大量资源。他们也知道企业依存于能够提供自然资源和人力资源的健康的人类社会和生态系统。因此，当今的社会责任投资者意在通过投资能够确保他们资金未来的同时，也引导企业努力创造一个更加公正和可持续的全球经济模式。无论是个人投资者还是投资机构都逐渐使用它们的资金去引导上市公司和私企去改变他们的运营模式来强调世界经济可持续的问题。

12.4 社会责任投资方案——一个令人眼花缭乱的选择

在20世纪70年代，两个共同基金通过各类环境和社会活动来甄别企业。在80年代中前期，十几人将这两个共同基金推出。甄别既可能是积极的，也可能是消极的（即通过投资组合甄别企业）。例如，一些基金将企业的酒精、烟草、博彩、核能工业以及种族隔离时代在南非的业务排除在外。其他基金拥护将环境友好和社会友好融入公司运营为策略的公司，如生产有机食品和相关产业的公司（如全营养食品市场）。最早的社会责任共同基金组织主要包括卡尔弗特集团、多米尼社会投资公司和派克斯世界基金公司。

从20世纪90年代中叶开始，投资工具的数量不断激增，有社会意识的投资者用他们的钱去研究强调这一特定情况的环境和社会目标，来实现他们的愿望。2007年《社会责任投资趋势报告》（社会投资论坛，2007）指出，总共260家社会甄别基金（包括共同基金、交易所交易基金、另类投资基金以及其他汇集产品）强调投资者所持有的每一种可以想象得到的价值系列。除此之外，越来越多的上市公司，尤其是那些在全球运营的公司，已经开始刻意和主动地强调客户、监管机构、政府和投资者们对企业业务更加可持续的需要。将可持续发展作为公司基本驱动力战略思想的公司主要包括杜邦公司（2010 年）、沃尔玛公司（2010 年）和通用电气公司（绿色创想，2010）。

由此，有社会意识的投资人需要面对一个不断增长的令人眼花缭乱的社会责任投资的选择，他们也不得不去寻求这个投资领域专家的建议。第一中肯公司已经建立了自己的商业模式以解决对可持续和责任投资广泛的和客观的建议，以及对其不断增长的需求，使自己能够成功地在这个持续增长的市场中占据一个独特的、行业领先的地位。

12.5 商业模式

早在第一中肯公司运营初期，公司领导已经意识到有一小部分的传统投资顾问已经发现了有社会意识的投资者们想要将个人价值融入他们的投资组合中，并且这种需求日益增多。一些投资人也想用他们的资金去帮助创建一个更加可持续的全球经济模式。1999 年，随着第一中肯公司金融框架的崛起，它成为一家独立的公司，致力于建立一个注册投资顾问团体，向有社会意识的投资人提供更多社会责任投资的知识、建议和选择。起初，公司是想将自己建立成为一个合作社，但是发现安全交易委员会的监管要求是复杂并且具有风险的，所以最终由会员系统和投资管理专家系统结合的有限责任公司的形式所取代。

在最开始的时候，第一中肯公司发现为有社会意识的投资人服务吸引了很多投资专家的注意力。一方面是因为几乎没有人涉及这一领域的运营，另一方面是通过处理社会责任投资的事务，了解这一方面的知识和客观性，来建立这一领域的早期知名度。

第一中肯公司不仅为个人投资者提供投资方案，也为投资机构服务。公司的业务涉及由加入的投资专家组成的框架。第一中肯公司承担客户账户的全权信托责任，这意味着除其他事项外，它可以每天对资金进行全程管理、控制，不需要获得许可就可以买入和卖出。公司的收入是根据其管理的每个账户的金额来收取一定的年费。该费用的一部分需要付给指定网络顾问，他们有可能是经纪人或者是独立的注册投资顾问。

第一中肯公司管理着数百万美元的账户，最小的账户资金是 5 万美元。小于 5 万美元的账户就会根据投资者对市场风险的承受程度，放到一系列广泛的多元化的共同基金组合模型中去。大客户可以在一个更加个性化的基础上通过约54名独立的客户经理进行管理。每个基金经理都可以提供一个特定类型或风格的资金管理。第一中肯公司通过一些国内外股票、固定收益、房地产和其他资产类别的经理（如波士顿的延龄草资产管理公司），使公司的客户账户多元化。

大多数传统的独立账户经理是需要至少1百万美元来开户的。第一中肯公司的客户可以认购更少的资金，这就使没有足够开户资金的个人客户接受了顶尖的独立账户经理管理。第一中肯公司负责监控经理人的业绩、客户订购的投资组合方案，控制整个投资组合过程中的平衡，并激发表现不佳的经理的斗志。

作为客户服务的一部分，第一中肯公司将客户的一部分资金投资于社区服务，将资金直接投资于那些难以招商引资的低收入社区。这些社区发展金融机构致力于减缓贫穷、增加就业、提供经济适用房以及在弱势群体中发展小型金融企业。第一中肯公司管理的资金大约有3%用于此项投资。

第一中肯公司还票选大部分顾客的代理人。代理人的票选是根据一个容易被理解的导则执行的，这一导则每年都会更新和审核，并且可以反映第一中肯公司最广泛的顾客的价值与优先性。顾客可以选择他们自己的代理人。第一中肯公司也会通过股东推动大会支持其他大的投资管理组，通过影响他们的投资行为鼓励更负有责任感的企业行为。

第一中肯公司对社会责任投资有兴趣的专业投资经理人主要的吸引力，已经变成公司理解有社会意识的投资者的价值观的规范方法，这些投资人是非常多元化的。就像其他投资管理公司一样，第一中肯公司通过不公开的客户调查问卷了解个人和投资机构的投资目标，包括投资时间、预期收益和风险承受能力。除此之外，公司还会问一些问题，旨在建立一套特定的投资者想要支持的环境和社会目标。大部分的投资管理公司——即使是更大规模的美林证券公司和A. G. Edwards公司——也不容易理解这种价值观的所有类型和精妙之处，因此，第一中肯公司在这些想要给自己客户提供社会责任投资咨询服务的大小企业中，承担了指导者的角色。

第一中肯公司并没有一个强大的研发队伍。相反，公司主要是依靠社会责任共同基金公司和独立社会责任投资研发组织的研发人员，如卡尔弗特公司和派克斯世界基金公司，来探寻一个公司需要如何做才能算得上是一个致力于环境和社会责任的商业实践。这一探究变得越来越重要，因为公众越来越希望企业做对社会有益的商业，企业备受来自公众的压力，许多大企业就会采取"漂绿"的方式来标榜自己,"漂绿"就是宣传自己是可持续的公司,但是实际上并没有做出对环境负责的行为。舒特回忆起一个早期"漂绿"的例子,当时通用汽车公司(GM)公开给予谷神星支持,谷神星(Ceres)于1989年建立,是一个非营利组织,以环境友好为目标运营的团体。但与此同时,GM大力游说以阻止车辆燃油效率标准的提高。正是这种企业行为的误导性和不透明性,第一中肯公司力图以此引起有社会意识的投资者客户的关注。

12.6 落基山上的SRI

第一中肯公司的发展战略取得成功的最重要因素之一是每年召开的落基山社会责任投资会议(2010年)。在1990年,第一中肯公司面临着一个挑战,即如何低成本地执行对分散在全国各地的45名投资专家的监督义务。这个解决方法就是将代表们以尽职审查会议的形式集中在一起,渐渐地形成了年会。

从1990年开始的规定性会议已经成为北美可持续和责任投资的首要会议,定期地吸引了上百名来自世界各地的与会者参加,来倾听领导者们谈论社会责任投资的最新趋势和议题。第一中肯公司仍然是落基山社会责任投资会议的发起人,并且这一身份是公司营销工作的重要组成部分,以此吸引来自全国各地的独立SRI管理专家加入公司系统中。

12.7 言行一致

像本书中其他研究案例一样,第一中肯公司有它自己的商业模式,在本质上是有社会责任和环境责任的。然而,与炼铝厂或是其他生产运营过程中消耗大量资源的企业不同,第一中肯公司减少环境影响和消减社会足迹的潜力是比较有限的。尽管如此,盖伊和舒特仍意识到公司应该做到内外言行一致的重要性,因此,多年来公司已经采取了一些措施来提高其运营的可持续性。

第一中肯公司在其兴旺发展以前就已经制定了全面的回收计划,如使用再生纸和用大豆墨水作为印刷染料。利用网络(发邮件,仅接受社交网站的请帖)、电话、网络顾问在线研讨会使出行最小化。公司高层认为公司是具有高度远期预见性的,它将每年的落基山SRI会议设定为避免出行的会议,这使得公司不需要乘坐飞机就可以见到公司的网络会员和潜在会员。

2008年,第一中肯公司搬到科罗拉多斯普林市总部,通过尽可能地使用自然光照明、使用低挥发性有机化合物以及使用回收的家具，获得了绿色室内装修评估标准（LEED CI）的核定是非常值得的。通过这些努力，公司非常自豪地教导房东一些绿色建筑管理原则，使得这座建筑的所有楼层都使用无毒的清洁材料打扫卫生。

落基山 SRI 会议为第一中肯公司提供了一个展现减少浪费和碳排放量的重要时机。在使用酒店作为会议会场成为惯例之前，公司在举行会议这件事上引入了绿色部分。舒特指出酒店或者其他会议场所现在都在吹捧他们的环保措施具有国内领先的竞争优势，但是即使在七八年前，他们基本上都不理解绿色活动的概念。除了在每件事上都将浪费最小化之外，第一中肯公司还购买会议使用电产生的和参会人员出行产生的碳排放量的抵消产品。

像大多数具有提供商品和服务的商业模式的企业一样，第一中肯公司实际上也从它所处的环境和社会立场上获得了效益。第一中肯公司就曾收到大量希望通过自己的工作使世界变得更好的人的就业咨询。正因此，公司能够选择非常聪明的和坚定的专业人才，他们中的大多数人都会长期留在公司工作，从而降低了招聘成本，提高生产效率。

12.8 第一中肯公司顾问网络——公司的实力所在

在该公司的成长战略的中心要点是建立专业的投资经理团体，致力于为全国各地的有社会责任感的投资者服务。这一网络——目前由 110 名第一中肯公司顾客资产管理专家和 50 名下属或者对此感兴趣的投资专家组成——是公司实力最大的来源。与此同时，这一网络的发展壮大也是公司目前面临的最大策略挑战。

第一中肯公司已经成为投资专家的一块磁石，吸引他们不断探寻和付出努力来服务于日益增长的社会责任投资市场。公司通过知名的、周到的品牌服务，培育了经理人、理财规划师和投资顾问之间的关系，并且他们之间的关系是高度共生的。第一中肯公司在公司网络顾问的面前扮演的是提供平台和培训的角色，公司为他们提供研发信息、帮助 SRI 顾客的方法、每年世界级 SRI 教育论坛以及一系列可以迎合有社会意识的投资人目标的 SRI 产品组合。公司也通过引导查询，将业务提供给全国各地的顾问。同样，关联的网络也表明第一中肯公司业务是由公司安排来管理客户的基金的。

12.9 成功的业绩

第一中肯公司在从核桃街证券公司买回公司的时候是1亿美元的管理资产，而10年之后公司就拥有了超过6亿美金的管理资产，这一事实证明了公司商业模式的成功。其复合增长率大约为20％。尽管在2008～2009年经济萧条并伴随着股票价格全面的下跌，公司仍然是盈利的。

也许关于公司辨别最好的SRI选择的最强有力的证据可以在公司五大核心管理共同基金组合中找到。表12-2显示的是到2009年12月31日为止的不同阶段，扣除费用后的五个管理的投资组合的年化收益以及其与3个基准指数的比较，也包括了波动率指数（衡量风险的指数：标准差越大，其风险也越大）。截止到2009年12月31日的这11年里，这五种投资组合都超过了标准普尔500种股票指数，这十年间最好的成绩是46％，仅仅是S&P指数的10％以及罗素1000指数的11％，都要比这两个基准指数的风险要小。虽然取得了不小的成就，但是这一时期却被称为"惨淡的十年"。

表12-2 2000～2009年第一中肯公司管理的投资组合和标准普尔500指数表

FA公司投资组合	2009年	2012年	2014年	从建立之初（1998年12月31日）	波动率标准差（3年）/％
多元化股权	26.77	-6.82	-0.44	0.92	19.6
资本增长	23.62	-4.68	0.56	2.07	16.8
平衡增长	21.60	-3.12	1.08	2.15	14.9
平衡	19.49	-1.74	1.64	2.82	12.8
保守收入/增长	16.82	-0.39	2.19	3.50	10.7
指数					
S&P 500指数	26.50	-5.64	0.40	0.85	19.2
罗素1000指数	25.47	-7.37	-1.23	0.92	19.2
罗素2000指数	27.17	-6.07	0.51	5.01	24.5

第一中肯公司取得成功的另一强有力的证明是公司不仅仅给顾客带来了利润的回报，同时也保护了他们的投资免于近年来一些不负责任的商业实践带来的破坏性影响。公司几乎没有接触安然公司、世通公司、Adelphia通信公司、美国国际集团和雷曼兄弟公司。这是第一中肯公司成功的另一证明，公司深入挖掘一个运行良好的公司的内在需求，并且避免不负责任的、不可持续发展的商业模式。

12.10 未来的挑战

尽管第一中肯公司取得了出色的成绩，公司仍在扩大商业模式方面面临着一些挑战。实际上，专门或者主要以积极服务于有社会意识的投资者需求为目标的投资管理专家的数量仍然是非常少的。舒特指出，美国 50 万持照投资专家中，不超过 500 人理解 SRI 的原则和关键点并且想要或者能够做出有意识的努力去确保向他们的顾客提出在这一领域中的最好的建议。在普通人群逐渐醒悟我们需要为建立一个负责任的、可持续的全球经济而付出努力的时候，当越来越多的证据证明社会责任投资——无论是个人股票，还是共同基金——具有更多的财务回报的时候，怎么会出现这样的情况呢？

答案很简单，除了自然资源行业，金融服务行业是相比于其他行业较少关注社会和环境责任商业问题的。在过去的几年里，次级抵押贷款的混乱残酷地证实了这一点，它不仅摧毁了数千亿美元的财富，也造成了巨大的社会损失，如很多家庭被引诱购买他们付不起的房子，这只能使他们陷入财务危机，甚至导致数百万的人破产。次级抵押贷款的混乱——金融界贪婪、不负责任行为的产物——也给像克利夫兰和布法罗这样的城市环境产生了不良影响，这里新建的大量房子——因为其不可持续的抵押贷款，几年之前迅速地泛起了需求泡沫——谎言空置，掠夺一切可以搬走的东西，只剩下几片不毛之地、垃圾场和贩毒场所。

糟糕的现实是，那些进入金融服务行业的大多数人普遍没有受过可持续发展原则的教育，他们不能很好地理解可持续发展的含义，并且他们认为确保投资者在短时期内获得最大利益回报是最重要的。大部分投资者是不会考虑要去选择一个不会对环境和社会造成危害的组织或者商业模式进行投资的。因此，那些个人投资者或者投资机构——真正想要通过他们的资金实现社会和环境目标（避免去投资那些对社会和环境造成危害的公司），并且在他们能承受的风险范围内，能确保他们获得一个客观的利润——却被认为是奇怪的。这些投资者，反过来也认为大多数的金融顾问和投资经理是完全不合格的。

所以，当第一中肯公司 1999 年私有化、公司专家团队致力服务于那些有社会意识投资者取得一定成功的时候，完全或者主要处理 SRI 的投资管理专家的数量没有像舒特和盖伊期待的速度增多。舒特面对这一事实显得困惑和沮丧。他将这一事实称作"沙漏问题"。沙漏的顶部代表了文化创意，即大约 15% 的美国成年人口，他们至少是潜在的有社会意识的投资者。沙漏底部表示着数量越来越少的好的社会责任共同基金、交易所贸易基金以及其他 SRI 投资产品。而沙漏的腰部则是那 500 名代表了第一中肯公司网络目标的投资专家们。专家数量并没有与社会意识投资或者可持续产业的兴起而等量增加。

鉴于第一中肯公司已经在沙漏腰部那一小部分的投资管理专家方面取得了突破，舒特总结道，公司未来的增长率将要被这一小目标市场人群的仍旧停滞膨胀情况所限制。他将这一现象归属于一种现实，即如上所述的大部分金融专家，无非是将金融回报最大化作为投资的动力，而不考虑其他因素，更不管投资的性质了。在任何情况下，他认为这种有限增长的情况是第一中肯公司最大的战略挑战，公司正在测试改变传统的商业模式，并且希望因此能开拓更多的市场。

舒特已经知道一批投资管理公司，虽然没有明确向社会意识投资的需求目标，但至少知道了 SRI 投资存在的事实，并有足够的智慧意识到社会责任投资的市场发展迅速，然而他们并没充分准备以应对这一变化。那些直接管理客户资金、为经纪人佣金较少的公司工作的大部分专家，没有足够大的社会责任投资工具来满足这些客户 SRI 投资的需求。

舒特相信全国有几千名经理人/规划师/顾问处于上述专家的处境。公司正在开发一个项目，将向那些认识到市场需求但是没有想将自己的业务集中建立在这一部分的专家提供增量值。由于第一中肯公司不管理顾客的资金，公司收益是经纪人佣金公司或者注册投资顾问从顾客那边获取的总费用的一小部分。因此，利润要比客户资金直接由公司管理的利润要少，但是舒特相信，随着有社会意识的投资者地位的稳步上升，公司将来获得的收益是很可观的。在任何情况下，这好像是唯一突破沙漏瓶颈的方法。

12.11 结论

我们可以从第一中肯公司成功的商业模式中学到什么呢？最重要的是，公司发现和探索市场商机，使自己拥有最初的市场以及不断开发市场来提高公众的意识，这是一个很好的案例。人们也意识到自己赖以生存的许多自然资源越来越少，全球大部分人口依赖于非常少、非常贫乏的社会条件维持生活，这些事实警示着人们应该采取行动改变现状。此外，整个社会——以全球为基础——需要商业在解决这些问题中起主要作用。

有关社会和环境责任的关注正在广泛地传播，但是准备通过个人行动来影响商业行为的人口比例仍然是很少的——大约是全美人口的 15%，欧洲的比例可能更大一些。但是，这些具有文化创意的人群通过他们的购买力来帮助这些致力于提供可以满足客户环境需求的产品和服务的公司成长，如全营养食品公司（Whole Foods）、巴塔哥尼亚公司（Patagonia）、Lands' End 公司、白波食品公司（White Wave Foods）、第七代公司（Seventh Generation）以及一些其他公司。和这些企业巨头（大部分是在 20 世纪 80 年代建立的）一样，第一中肯公司的服务向有社会意识的顾客和投资者提供了投资工具，让他们通过投资，既能为社会做贡献，同时可以获得丰厚的资金回报。

不像刚刚提到的公司，第一中肯公司并没有足够大的规模和市场力量，通过他的购买力去影响供应商，并且，由于公司并没有涉及有形产品——房地产、运输等——因此，公司减少其生态足迹的机会微乎其微。考虑到这些局限，公司制定承诺来使其言行一致，就像更大的公司提到的，建立一个内部文化，通过招聘并留下高素质的、有责任感的、专业员工，他们的目标——不是薪水——是致力于商业世界的运行。

由于公司渐渐明白提高管理自然和人力资源的重要性，第一中肯公司的领导相信，他们的公司将会越来越好。

小　结

（1）第一中肯公司对社会责任投资感兴趣的专业投资经理人的一个重要吸引力成为理解有社会意识的投资者价值观的规范方法，这是很重要的。

（2）日益增长的全球环境公众意识和社会意识的挑战，增加了新产品和服务的需求，这给睿智的、有创新性的公司提供了机会。

（3）即使公司有环境友好和社会责任的产品和服务，也需要公司言行一致来提升公司的形象和品质。

（4）具有可持续性基础的商业模式的公司，通常可以通过招聘留住非常聪明的年轻人。

参考文献

Aberdeen Group, Sustainability Matters: The Corporate ExecutiveÊs Strategic Agenda, April 2009, http://www.cintellate.com/news/ComplimentaryAberdeenReportonSustainabilityMattersTheCorporateExecutivesStrategicAgenda.

A. T. Kearney, Green Winners: The Performance of Sustainability-Focused Companies During the Financial Crisis, March 2009, http://www.atkearney.com/index.php/Publications/green-winners.html.

DuPont, DuPont Sustainability, 2010, http://liveneutraldupont.org/dp_sustainability Ecomagination, 2010, http://ge.ecomagination.com/.

"Mutual Funds: It Pays To Be Good = T. K. ," Business Week, February 1 and 8, 2010, p. 69.

Ray, Paul H. , and Sherry Ruth Anderson, The Cultural Creatives: How 50 Million People Are Changing the World. New York: Harmony Books, 2000.

Social Investment Forum, 2007 Report on Socially Responsible Investing Trends in the United States, 2007, http://socialinvest.org/pdf/SRI_Trends_ExecSummary_2007.pdf.

Social Investment Forum, Social Investment Forum: Two Thirds of Socially Responsible Mutual Funds Outperformed Benchmarks during 2009 Economic Downturn, 2010, http://www.socialinvest.org/news/releases/pressrelease.cfm?id=151 SRI in the Rockies, 2010, http://www.sriintherockies.com/.

Walmart, Sustainability, 2010, http://walmartstores.com/Sustainability/.

Wikipedia: The Free Encyclopedia, Socially Responsible Investing, 2010, http://en.wikipedia.org/wiki/Socially_responsible_investi.

13

博尔德景色酒店

娜塔莎·格莱希曼、肯尼斯·贝滕豪森
杰米·M.唐德研究贡献

坐落于落基山脉山脚下的科罗拉多州博尔德市,位于丹佛市西北方 35 英里处,是科罗拉多大学博尔德校区和国家大气研究中心(艾尔·戈尔和他的气候科学家团队于 2007 年获得了诺贝尔和平奖)的所在地。博尔德市是一个以其自然风光、户外休闲、天然产品零售商和餐馆而闻名的城市。博尔德市被城市公园的绿化和开放空间环绕,并且始终在各种"十大"或"25 强"名单中。近两年博尔德市所获得的排名如下:美国最棒的目的地第 19 名,最宜居的城市第 9 名,地球友好城市第 4 名,娱乐城市第 1 名,美国最健康城镇第 2 名,户外儿童休憩最好城市第 1 名,艺术城市第 8 名,最宜居城镇第 1 名,最佳中型大都市第 2 名,世界自行车友好城市第 4 名,美国最佳教育城市第 1 名(博尔德市,科罗拉多州,2010)。

博尔德市也是博尔德景色酒店的所在地。丹·金是管理业主,他称自己为"清凉大使",于 2003 年 8 月建立了酒店,并致力于创造一个可以"映射博尔德市生活方式的地方:它是积极的、教育优良的、进步的和与众不同的"(金,2007,2008)。博尔德景色酒店是中等价位的酒店,有 162 个房间,60 名员工,年收入约为 400 万美元。它提供了高层次的服务和设施,而价格方面,金说,"在这个市场中,没有哪个酒店可以承担得起"(金,2008)。

一开始,金想将酒店通过无浪费和环境友好的方式经营,首先就要从建筑本身着手去做。酒店最初是在 50 年前以假日酒店的形式运营的,并逐渐扩大到现在的规模。金指出,"拯救一个濒临危机的酒店,重要的是将建筑物循环利用,而不是弃之新建另一个。"在 2003 年景色酒店开业之前,酒店重新装修以满足绿色能源与环境设计先锋奖(LEED)和绿色印章认证标准。酒店安装了高效率的供热系统、通风系统和空调系统。在构思方面,博尔德景色酒店将可持续发展思想融入酒店每一个业务运营中,并形成了一个值得骄傲的运营模式,其他酒店都希望能跟上他的步伐。

13.1 起初融合的可持续发展思想

由于可持续发展思想是博尔德景色酒店建立之初的核心价值观，所以金不会遇到其他公司需要更换供应商和运行程序绿色化的困难。然而，即使当地的供应商和新建的程序是支持和匹配他的价值观的，但是仍面临着严峻的挑战。金说，"作为行业的先驱者，找到愿意融入可持续发展过程中的可用的供应链成员是非常困难的。"值得庆幸的是，金找到了许多接受可持续作为运营战略的供应商，他能够自己掌控酒店的运营，并扩大酒店以可持续为导向的价值链。

除了确定相应的供应商外，重新筹划运营程序也是实践可持续发展的关键步骤。例如，金让他勤劳的工作人员在他们的推车上放 4 个垃圾桶而不是 1 个。这不是一个巨大的调整，但它确实增加了额外工作，所以成功实施依赖于意识和积极的客房部员工。通过对这些调整的构思和实施，金创造了一个将可持续发展目标转变为现实目标的酒店环境。

13.2 首创和制度

13.2.1 购买正确的商品

绿色环保并不需要引人注目的投资。博尔德景色酒店所接受的许多高能效策略都是由于顾客希望酒店更加绿色环保而采取的。金做了许多减少酒店生态足迹的决定，如使用高能效的节能灯、使用由 100％再生材料制作的纸张、酒店电力的 10％来自风力发电、使用环保清洁产品等。

即使对于个人消费者来说，节能灯泡也是容易购买的，并且螺旋形灯泡很容易辨认。这些节能灯，被称为 CFLs，在灯泡 6 个月的使用寿命期间，为消费者节省了 30 美元的费用。节能灯泡要比普通白炽灯泡少使用 75％的能量，并且使用寿命是普通白炽灯泡的 10 倍（能源之星，日期不详）。

令人吃惊的是，美国 90％的纸张是由原木制造的，他们认为 100％再生材料纸张价格合适且有较好质量的数量很少。实际上，有关回收厂（圣马刁县，加利福尼亚）的一项研究发现，再生纸超过了原生木材纸规定的质量标准，并且可以方便地在办公设备中使用。"如果用再生纸替代 20 箱非再生纸，将会节省 17 棵树，390gal 的油，7000gal 的水，4100kW·h 的能源。并且消除 60lb 空气污染物排放，节约 8ft³ 的垃圾填埋空间"（循环工作，日期不详）。由于大多数纸张供应商和印刷企业现在提供了多种选择的可再生纸，公司可以花费更多的钱购买可再生纸来满足减少公司环境影响的追求。

利用风能逐渐成为流行的方式使企业运营变得绿色环保。2009 年美国能源署有关目前风能的报告中指出，"据初步测算，新的风电项目在 2008 年约占新增电力生产量的 40%。2008 年风电行业的迅速崛起表明，潜在的风能会在美国国内可再生清洁能源生产中起到重要作用，同时也会巩固美国的经济实力"（美国能源局，2009）。风和太阳是可再生能源的原始资源。通过提高能效减少能源使用量，以及增加清洁能源的使用量是减少产业碳足迹的重要手段。

2006 年博尔德景色酒店用斯巴达化学公司生产的绿色方案清洁产品代替标准清洁产品，这是在保护环境和客户、员工健康方面做出的努力。这些产品不包含有毒和破坏臭氧的化学物质，也不产生危险废弃物。除此之外，由于产品不含有致癌、诱变和致畸物质，所以可以确保员工的健康和安全。

13.2.2 水资源保护

尤其是对于那些提供舒适服务的酒店，像游泳池和浴缸，水源的保护是非常重要的。博尔德景色酒店利用太阳能热水器和向水中添加蜡状扑热息痛，减少 80% 的蒸发量，来减少水的浪费。此外，无论是泳池还是浴缸用水都不会添加氯进行消毒，而是用臭氧和溴。臭氧消毒池水的用量要比氯或者溴的用量少，如果与溴一起使用，消毒效果更好，因此使用臭氧和溴可以减少化学品的使用量（臭氧实验室仪器，2010）。

由于控制顾客房间内的用水量是困难的，酒店通过安装节水莲蓬头和低量冲水马桶来减少顾客水用量，金在公共厕所也安装了无水男式便池，Waterless Co. Inc 公司（2009）指出，一个无水便池每年可以节约 $2\times10^4 \sim 4.5\times10^4$ gal 的水。

酒店里对环境影响的主要因素是洗衣房。博尔德景色酒店对此的解决办法是将洗衣房外包给了一家当地的公司——NexGen 公司，"公司发明了一个目前正在申请专利的系统，它可以节水 80%。这个系统化学制品使用量少，并且可以大量回收干燥机使用的能量"（博尔德景色酒店，2007）。虽然酒店洗衣物外包出去后减少了酒店内洗衣物使用的水、肥皂和能量的消耗，但是运输衣物到 NexGen 公司所消耗的燃料会对环境造成不良影响。金指出，"最近我们增加了 33%

亚麻布的库存量，虽然消耗了我们大量资金，但是使酒店可以不用每天都要运输衣物，从而减少了一半由运输产生的环境影响"（博尔德景色酒店，2007）。

13.2.3 减少垃圾

在博尔德景色酒店最引人注目的创举就是酒店污染物的零排放。无论你在哪里看到一个垃圾箱，你都会找到4个桶——堆肥、垃圾、瓶子和罐头回收、干净的纸回收——上面有很清楚的标签用以说明什么样的垃圾扔到哪个桶中。顾客可以通过由生态循环组织设计的标志知道每个垃圾桶中的垃圾去向，包括不鼓励的垃圾场填埋垃圾的照片。所有的客房里都有一个普通废纸篓和一个用于回收的手工制作的废纸箱。酒店鼓励客人将生物可降解塑料袋放入堆肥箱，这样酒店可以利用塑料袋制作其他合成物重复利用。此外，金以及酒店的企业可持续发展报告提到，酒店所有餐厅使用的一次性杯和吸管，都是由废弃纸张、植物纤维素或玉米淀粉等可堆肥材料制成的（博尔德景色酒店，2007；金，2007）。

"堆肥是一种天然的生物过程，需要在可控的好氧条件（需要氧气）下进行。在这个过程中，各种微生物（细菌和真菌）分解了有机物，并将其转化为简单的物质"（艾科，日期不详）。因为博尔德景色酒店不仅利用废纸，还利用餐厅剩余的肉类和奶制品进行堆肥，而堆肥需要一个商业堆肥设施进行，所以酒店与科罗拉多州博尔德市生态循环组织达成了一项合作。生态循环组织将废材料运输到商业堆肥设施中，通过高温工艺杀死无用细菌，来确保堆肥分解的安全。金指出，90天以后，酒店所有的垃圾堆肥都能够重新使用了。目前，85%的酒店的废物通过堆肥或回收实现循环利用，但金指出，减少酒店的废物流是一个持续的过程，不会停止，直到酒店真正做到零废弃物。

13.2.4 拒绝使用塑料水瓶

消费者逐渐意识到使用一次性塑料水瓶喝水会对环境造成不良影响。在旅行的时候，做得较好的顾客是像在家一样使用水瓶，而不是只图方便。在博尔德市这么高的海拔（海平面以上5430ft）多喝水是很重要的。因此，水壶以及方便活动的水袋在博尔德和周围城市经常出现。此前2007年10月，当"拒绝塑料水瓶"行动启动的时候，酒店只在前台提供给每个客人一个塑料水瓶，水在商务客房以及会议室提供。即使酒店提供了瓶子回收箱，但是金仍然担心这不是环境友好的举措。作为代替的是，向客人收取6美元租金来提供0.6L的不锈钢水瓶，当他们退房并还回不锈钢水瓶时就全额退回租金。酒店的净化水系统成为除瓶装水之外的另一个好的选择。

虽然这些举措看起来很普通，但是却产生了重要的影响。在零废弃物创举实行的第一个 12 个月中，博尔德景色酒店节约了：

① 361 棵 30ft 的树。
② 306 立方码的垃圾填埋场空间。
③ 150000gal 的水。
④ 120000kW·h 的能量（足以供应 13 个美国普通家庭使用的电量）。
⑤ 1300lb 的空气污染物。
⑥ 3371ft^3 的沼气（金，2008）。

除此之外，燃气和电力的消费金额分别由每间客房的 12.9 万美元下降到 10 万美元，以及由 4.33 美元下降到 3.66 美元，大量节约了酒店消耗。

13.3 持续创新

不满足于这些令人印象深刻的成就，金正在不断寻找新的方法来提高酒店的环境可持续性。酒店网站上的视频报道，博尔德景色酒店正在研究购买碳补偿，为实现酒店碳平衡而努力（金，2007）。当前的另外一个创举就是利用循环纸张代替塑料制作房卡。目前酒店每年会使用 11000 张塑料房卡，许多房卡因为遗失或者故障而丢弃。用循环纸质卡代替塑料卡将会减少酒店不可循环资源的浪费，这样将会向着第一个零废弃物酒店的目标迈进一步。

13.4 绿色团队：包括所有员工

也许是因为环境意识已经渗入了博尔德的文化，博尔德景色酒店招聘员工是不成问题的。金不断地将员工们融入可持续进程的各个部分，以确保他们具有强烈的主人翁意识。在公司可持续发展报告中提到，"员工工作的第一天，丹就让每个员工将家里的车库或者浴室中的旧油漆带到酒店来。在一个星期六的下午，员工和他们的家人用旧油漆装饰纸箱，这些纸箱最终会被放到每一个酒店客房中，供分拣和回收用。所有员工都参加这个活动。"

正是金对员工们参与到酒店可持续发展的鼓舞，员工们通过他们持续不断的努力，减少了酒店的资源使用量，坚持实践，增加了酒店的可持续性。酒店的绿色团队由 Diane Schevené 领导，她是 2005 年 12 月来公司的，她的正式头衔是绿色女神。绿色团队是由酒店的各个运营部门代表组成的：厨房、餐厅、客房服务、营销、宴会服务、特殊项目和前台。绿色团队的存在是为了追踪酒店当前的工作都与它的环境目标有关，并且确保酒店取得的进步都是有利于可持续发展的。"他们每一个月开一次会，目的是找出让酒店更加可持续发展的最有效的措施，策划新的项目，随后与酒店的员工、客人和公众交流这件事情"（金，2008）。

金承认走向零废弃物的过程中是充满挑战的。"从162间客房和公共空间中收集和运输四种物质流（混合纸、混合箱、堆肥和垃圾）需要操作上的改变和员工的独创性"（金，2008）。金把这些成就归功于员工出色的领导能力和他们的努力。

金招聘的员工都关注可持续发展并不是偶然的。金强调他一般不会在招聘的时候心里有一个特定的职位。他坚信员工的思想与企业文化的适合程度将会影响员工为酒店所做出的贡献，因此他一般会优先考虑"适当的态度和积极性"，其次是承担工作的技术能力。

13.5 他们如何负担得起？

当然，很多企业老板会愿意使他们的业务更加可持续，但是，在恶劣的经济环境下，这样做在经济方面是很困难的。令人吃惊的是，当被问到与环境友好相关的酒店措施的花销时，金说得到的收益要比花费多得多。金将使用清洁产品和清洁用品产生的成本差异称为"微不足道的"。博尔德景色酒店每个月花费600美元来维持零废弃物的措施，其中150美元是专为运输垃圾、堆肥和可回收垃圾花费的。金说，这些花费与能源和水的节约措施相比是相形见绌的。金也指出"企业每月都有至少1万美元的增长。金额的增长主要是来自企业客户，但是散户客户也在增加"（金，2008）。

13.6 更加绿色环保的持续旅程

博尔德景色酒店可持续发展的努力和成功使其理所当然地给其他企业提供了灵感，金仍然争取更好的做法。例如，在顾客参与回收方面，金指出顾客的参与率为60%，他意识到这么低的比例往往是因为缺少员工的承诺而不是顾客。"在团队取得成绩之前，业主就应该首先推出策略。当前，大约有60%的顾客参与到了垃圾回收项目。为了将这一数字提高到接近100%，我们需要'绿色团队'发明、改进和实践一个新的项目"（金，2008）。在酒店运营的方方面面，金强调酒店的员工"需要付出更大的努力，并且去发现新的、更好的或者是长久的方法，来维持和改进酒店的零废弃物模式"。

13.7 可持续发展的另一方面——社区的参与

博尔德景色酒店没有限制在环境方面的可持续发展的努力。金希望为更好地博尔德社区做出一份贡献。为了确保员工的成长，金提供了一个免费的英语培训班。酒店还与博尔德学区合作，向残疾学生提供有关酒店餐厅的在职培训，并且已经从该计划中聘请了一个学生。作为博尔德社区基金会的一员，每年酒店2%的利润都会捐赠给慈善机构。此外，非营利性慈善组织可以使用酒店的行政会议室开会。通过酒店的当地艺术家项目，博尔德景色酒店支持当地的艺术家在酒店大厅展览他们的作品，并提供葡萄酒和奶酪，卖出的作品也不收取佣金。最后，通过酒店的环境管理、与来自不同学院和大学的学生一起工作以及在行业会议上的发言，金希望传播可持续发展的业务实践。

13.8 成功的秘诀和建议

博尔德景色酒店通过每一个员工的一致努力，成功地实施了可持续发展的措施，并从中获利。虽然金强调酒店的成功离不开员工们的想法和他们的积极参与，员工们却认为有一个激情饱满的领导是非常必要的，而他们认为金就是这样的一个老板。从垃圾直接扔到垃圾箱到垃圾分类回收，再到持续不断地探索实现零废弃物的创新方法，员工们无法忽视金的热情和努力。

当被问及走上可持续发展道路的诀窍时，金呼吁到"你还在等什么？！你不能只是说说你打算这么做，并且希望它就这么发生了。你需要有势不可挡的坚定信念去解决、去反复思考，需要想办法做到可持续发展。你必须有真正的和不懈的对可持续性的奉献。这里没有尽头，只是一次旅程。这里总是有可以进步的空间。最后，员工们需要抓住机会，并且做出灵活积极的改变"（金，2008）。

博尔德景色酒店的成功是必然的，人们可能会认为金会担心有其他酒店模仿他们酒店。博尔德肯定是有一个成熟的行业环境，当环境友好的行为获得奖励与利润时，竞争就会快速出现，威胁酒店在市场中的独特地位。这些根本不能威胁金。实际上,他的反应和预期的企业老板的反应是相反的。在 2007 年可持续发展报告中,金强调:"我们支持其他企业采取环境友好的项目,尤其是酒店行业。我们在行业会议上也已经倡导其他酒店加入零废弃物的行动中来"(博尔德景色酒店,2007)。他鼓励其他企业咨询有关如何使企业可持续发展等问题,并且希望有一天博尔德的酒店社区实现全部的无垃圾排放和碳平衡。

小 结

(1) 建立一个环境友好的运营模式需要持续地努力。

(2) 员工在实施和提高可持续发展的运营程序方面是十分重要的。要让他们参与、给他们权利、并且使用他们的想法。

(3) 直接节约能源和用水的效率要比零废弃物和购买环境友好产品和清洁用品的直接成本高。

(4) 虽然你必须去寻找他们,但是你可以找到可持续发展的供应商和服务提供者。不要吝惜你在运营方面的努力。

参考文献

Boulder Outlook Hotel,The Boulder Outlook HotelÊs 2007 Corporate Sustainability Report,http://www. boulderoutlookhotel. com/docs/2007CSR. PDF.

City of Boulder,Colorado,http://www. bouldercolorado. gov.

Ecochem,Composting Process,n. d.,http://www. ecochem. com/t _ compost _ faq2. html.

Energy Star,Learn about CFLs,n. d.,http://www. energystar. gov/index. cfm? c=cfi s. pr _ cfls _ about.

King,Dan,Video on Boulder Outlook Hotel's sustainability efforts,2007,http://www. boulderoutlookhotel. com/ecovid. html.

King,Dan,Personal interview by Jamie Dandar,January 2008.

OzoneLab TM Instruments,http://www. ozoneservices. com/faq/faq015. htm.

RecycleWorks,Why Buy Recycled? n. d.,http://www. recycleworks. org/paper/paper _ wbr. html.

U. S. Department of Energy,Wind Power Today,April 2009,http://www. nrel. gov/docs/fy09osti/44889. pdf.

Waterless Co. Inc.,Water Conservation,2009,http://www. waterless. com.

经验总结

14 可持续发展总结:为何中小型企业应投资可持续发展实践

14

可持续发展总结:为何中小型企业应投资可持续发展实践

布莱尔·吉福德

大部分公司都忙于销售产品以及提高薪资,并且觉得他们没有时间或者热情来"拯救世界"。然而,忽视可持续发展并不是一个明智的选择。所有的企业都有很多利益相关者需要企业负责。利益相关者,如员工、顾客和其他企业,会自主做出利益选择,他们的忠诚度是十分易变的。也许一个握手和一个漂亮的节日贺卡将保持几个亲密的利益相关者的忠诚度,但是也确实存在很多有竞争力的潜在中小型企业,特别是在经济困难时期,企业不应该忽视与公司有生意往来的人和企业的感受。

转折点已经出现了。一个不断紧密的合作伙伴需要并期望企业适应他们想将世界变成可持续发展典范的想法。利益相关者感兴趣的领域可能包括:

① 确保企业将环境威胁视为企业风险。

② 一些消费者会考虑他们购买的产品中包含什么,组织是从中获利还是相反。

③ 电子商务消费者需要供应商告知他们如何生产产品以及产品中包含什么。

④ 想要与自身价值和热情相匹配的员工和潜在员工。

⑤ 银行也会将加强分解环境风险和其他可持续发展问题考虑到贷款决策中。

这些利益相关者和其他人对企业的财富有着实质性影响。因此,与企业有关的可持续发展在项目融资、减少市场中产品量以及一个公司是否能够吸引和留住顾客和员工方面起着重要作用。

14.1 中小型企业如何符合可持续发展要求

大型和小型企业都要比过去承担了更多的社会责任,如产品安全、产品和服务的质量保证、商业道德、工作环境的健康和安全、公平贸易、市场营销和沟通、利益相关者参与、透明度和行为道德准则。不同的公司赋予了可持续发展实践不同的价值。

当然，一个公司的规模会影响可持续发展的措施程度。几乎每一个大公司财富中都有可持续发展的影响，因此这些公司经常较好地执行可持续发展的政策。更小的公司没有这样的地位以及缺少相关政策。根据《经济学》最近的一篇研究（经济学人信息部，2008），大企业有关三个底线的报道——环境、社会和金融——要比小企业多4倍。很多大企业和小企业不能在可持续发展前景方面表现出较大的差别，因为小企业一般不倾向于政策的指引，是依据可持续发展的目标运营，而不是详尽的政策。

先不管已公开的政策，中小型企业缺乏清晰的可持续发展战略确实是一个问题。从明确的环境和社会的成果来看，更大的企业要比小企业付出的努力更多。例如，38%的大企业在温室气体和垃圾减量化方面做出努力，而中小型企业只有19%。更令人吃惊的是，在经济学家的调查中发现，超过2倍的小型企业认为他们在可持续发展行动方面表现得很差。

中小型企业采用较少的可持续发展策略的原因可能是由于用户期望和市场的压力。中小型企业在采取可持续发展策略方面有较少的压力。这些公司通常不是行动家的目标，因此，他们在这一方面不必采取措施。另一个原因是中小企业都是面向本地的。

无论是什么原因导致他们在可持续发展方面表现得不好，中小型企业都需要提高他们的可持续发展水平。他们和大型企业、全球企业面临着同样的机遇和挑战。并且在许多方面，小型企业可以抓住被大型企业忽视的小众机会。另外，小企业的业绩对可持续发展的总体成功有很大的影响。世界上80%都是小型企业。小企业存在的问题加起来会造成很大的影响。小企业想要满足社会需求的创新举措，会因为规模小而使其实施决策要比大企业的多级批准快得多，因此我们有理由相信中小企业在很多领域都可以实现可持续发展。

最后，很多小型企业都是本地企业。企业主和经营者都在本地生活和工作。选择在本地开公司往往是情感的选择而不是经济方面的选择。有相同信仰和未来预期的债券企业家选择了发挥他们商业价值的地点，而不是为了扩大规模。因此，对那些小型企业来说，可持续发展提供了用关系质量衡量的盈利能力以及卓越的行为。在这样的环境下，工作生活达到平衡以及实现可持续性价值就不再是一个秘密。

14.2 领导能力

那么，谁负责领导？似乎没有这方面的共识。每一个管理者都希望所有的员工在可持续发展方面占据主导权，而员工们却想配合领导者的决策。最好的办法就是让想要拯救世界的人们对可持续发展产生浓厚的兴趣，给他们创新的空间，找到将可持续发展作为企业核心价值的方法。这种以平民主义为基础的方法让基层成为引领可持续发展战略的人，领导的责任可能还是落在管理上。员工的退却一定会存在，但是管理者要坚持到底。管理者推动企业可持续发展为基础的远见有四个基本策略：了解公司、将可持续发展看作一个机遇、一体化、监测和报告的作用。

（1）了解企业　可持续发展方案应该基于企业的正确指导以及相应的行动。该方案不应该基于变化无常的公共需求。一个企业不可能满足所有人的所有需求，但是他可以在对企业市场感兴趣的一两个领域中成为领导者——无论是在企业内部还是外部。因此，一个基础牢固的企业知道什么时候去拒绝外界影响。

（2）将可持续发展看作一个机遇　企业面临的解决可持续发展问题的一个最大挑战是陈旧的思维模式和可持续发展的观点。许多公司要么是无视可持续性问题，要么是不知道该怎么走出第一步。最好的方法是，可持续发展方案既可以找到市场开发的新机会，又可以预防一些领域不断增长的风险。可持续发展不能被看作是当前必须接受的、一时的流行热潮，也不能被看作是外界强加的负担。可持续发展涉及企业和社会其他方面的关系，考虑社会和环境问题将会使企业收获大量创新成果以及商业荣誉，这样会减少长远的运营成本。

（3）一体化　可持续发展不是一种附加工作。它需要融入企业运营结构和发展进程中，并且成为核心任务。这种改变是很难的，但这却是成功的关键要素。需要员工了解目标实现的远景，并且需要对员工进行相应的评估和奖励。这些目标可以是新可持续产品的开发、成本节约或者良好的顾客关系。但是如果想要培养员工对可持续发展的主动性，那么公司也需要将此作为可持续发展目标的一部分。

（4）监测和报告的作用　一个公司必须衡量可持续发展干预措施的基准条件，并分析其影响，以便展示方案的影响和信誉。更重要的是，分析需要包括三条底线的各个方面——环境、社会、金融，还包括员工的利益。其中，公司不应该回避员工利益的分析报告。毕竟，商业可持续发展的最主要收益就是创造财富和就业岗位。

14.3 可持续发展的关键战略

将可持续发展的概念结合实际是一个非常大的挑战。一些预见性的工具和方法为企业提供战略和思想上的框架，被认为是可持续战略的发展，如人类、繁荣和地球这三个底线。广泛的责任明确了——可持续发展问题不仅仅是有关环境的，还有关于更广泛的市场和地方两级关系概念，涉及企业和社区。

虽然企业走向绿色环保的原因有很多，但是通常存在一个主要动机。这可能是出于战术原因，如避免违反环境法规的罚款，以及有关废物处理、重税或负面宣传的相关费用；其动机也可能是为了省钱或者回击其竞争对手；也有可能是对概念的利用，如将可持续发展作为市场工具，来吸引未来的生意，以及为企业制造一个积极向上的形象。毕竟，如果只有一小部分的市场是有环境意识的，那就有可能是一个机会，分给这些有环境意识的企业一定的市场份额。另一个走向绿色环保的动力也许是出于不同企业利益相关者的压力和影响，如顾客、政府、有兴趣或生压的人群、媒体投资者、金融机构以及当地社区。一些企业的决策者都已经意识到绿色环保的内部和外部机会和利益。如通过提高效率和减少废弃物排放、减少风险、加强进入国际市场的能力、员工的招聘和保留。最后，还有可能是无私主义或道德的影响，如对环境和社会的关注。一个真正的具有责任感的决策者很可能会更倾向于采取一个长期可持续的战略措施。同时，决策者也可能觉得他们必须考虑绿色环保问题，因为他们公司的本质及公司对环境和社会的影响。

企业绿色环保的一个主要驱动力是创造收入。A. T. Kearney 的报告（环保领袖，2009）发现，在当前经济低迷时期，一个真正致力于可持续发展的公司在金融市场的表现优于业内同行。具体来讲，报告指出被调查的 18 家企业中，有 16 家认为以可持续发展为重点的企业要优于业内同行，并且在价值侵蚀中得到了保护。被定义为可持续发展的公司都包括在道琼斯可持续发展指数和高盛公司可持续关注名单中。

同样，《经济学家》（经济学家信息部，2010）有关 2009 年可持续发展企业增长情况的报告指出"可持续发展领导者相信可持续发展将会提供一个市场优势；43%的企业认为可持续发展对顾客是重要的，而只有 16%的企业发言人不这么认为。相似的，39%可持续发展领导者相信可持续发展将会加强企业的创收能力，而 26% 的企业不这么认为。"例如，2008 年，通用电气公司的绿色创新产品有 21% 的销售增长，而世界所有企业的平均增长率仅为 5.8%。而对未来的展望，80% 的可持续发展领导者认为这些举措对未来的发展十分重要，被调查的 40% 其他企业的发言人不这么认为。

本书中的案例都是选择了不同行业中最好的企业。这本书的目标是让中小型企业和管理者意识到企业可持续发展的可能性，帮助企业家和管理者以一个恰当的水平向前发展。基于可持续发展创造收入和利润的潜力，中小型企业家需要提出疑问：我们需要关注什么样的可持续发展战略？不知道如何明确地走出可持续发展的第一步是由于类似企业缺乏可持续发展的知识和经验，但也可能是由于对可持续发展价值主张的忽视。

《经济学家》（经济学家信息部，2008）关于"可持续发展创新的关键动力"的研究提供了一个分析和总结案例研究结果的框架。这些动力包括品牌推广和市场营销、管理和成本的节约以及创意和新产品。第四个动力——员工关系——也是非常重要的。员工关系在中小型企业当地和其他更加密切的环境中尤为重要。

14.4 管理和成本的节约

最近懈怠的金融服务已经仅仅是众多丑闻中的一部分，这已经降低了公众对经济的信心。在过去的十年中，一些美国的公司辜负了公众的信任——安然公司、艾德尔斐公司、泰科、南方保健、新光、世通、废物管理和英克隆制药公司。根据爱德曼信任度调查，2008 年，美国只有 38% 自述知情的成年人是相信商业企业的，比例比前一年下降了 20%，是近十年来最低的信任水平。由此一来，政府就对企业如何在可预见的未来进行管理，产生了强烈的兴趣。

私营企业的管理者已经习惯于躲藏在企业政府关系专家的背后，他们需要去开发一种新的思维方式和技能，使他们和政府部门保持合作的关系而不是敌对关系。管理者期待一个新的工作伙伴关系，政府要提供一个理想商业行为的激励措施，以便管理人员可以直接与政府机构合作来利用这些激励措施。人们都倾向于尽可能长时间地遵守最低的环境标准。然而，在强制实施更严格的标准之前遵从最严格的标准才是明智的，这样做会促进创新和抢占市场份额，因此可以产生大量的先驱优势。

例如，医院在解决履约问题上是臭名昭著的。实施可持续发展常常会导致大幅度节约和规避成本，博尔德社区医院（BCH）利用可持续发展作为其财政策略的一部分，以满足监管要求。BCH 已经成为使用风能的先驱；鼓励使用新型交通，发展绿色环保，促进高效节能，支持可持续建筑以及循环利用。通过绿色技术的运用，BCH 赢得了业内组织的认可和奖励。BCH 起初通过真诚关心他服务社区民众的健康，将可持续发展付诸行动。由于可持续发展的实践，BCH 作为 LEED 建筑认证和可再生能源的先驱者，节约了 50 万美元与能源有关的成本。

预见到公司可以致力于电子垃圾处理的潜力，迈克·莱特决定建立绝对回收专家（GRX），把电子废弃物回收作为他接下来的商业活动。虽然他并没有打算成立一个清洁技术公司，或者去创造一个可持续发展商业模式，但是莱特预计未来将会给这种服务提供市场。正如莱特所想，政府开始制定有关电子废弃物的法规，消费者也开始有确保对其进行处理以避免被罚款的需求，还要保证数据的保密性，并限制负面宣传。GRX 利用可持续发展来扩大它的顾客基础。公司利用法律禁止企业和当地政府采用垃圾填埋的方式处理电子废弃物的契机，向许多小型组织推广了他们的服务，由此增加了公司的收入。莱特还联合与其志同道合的合作伙伴，提高他们对公司经营的了解，并且公司获得 ISO 9000 和 ISO 14000 认证，这些都给 GRX 带来了明显的竞争优势。可持续发展事业既对环境有好处，又给 GRX 公司带来了利益，并且还是莱特企业成长的驱动力，莱特企业在落基山地区不断扩大。

一旦企业能够学着跟上法规的步伐，他们将会在环境问题上更加具有前瞻性。在这个更进化的可持续发展水平上，企业应与供应商和零售商合作，开发生态友好型原材料和零部件，以减少浪费。这样一来，中小型企业就受到了大企业带来的巨大的压力，他们需要在不断降低价格的同时，确保服务和质量。不仅如此，他们需要了解产品组成的信息，产品的原料来自哪里，成分有哪些，产品如何制成。在很多行业，对环境负责的行为已经成为获得商业联系和维系顾客的必要条件。大企业和小供应商之间可持续性的关系具有提高工作效率的潜力，可以通过加强合作减少压力。

沃尔玛可能是近几年向供应商施加压力的最著名的大企业，他要求降低化石燃料的使用，以及减少包装浪费。沃尔玛以要求所有供应商填写绩效记分卡的方式来推动变革，提高公司的总体业绩。沃尔玛甚至让供应商计算产品的能源消耗量，——一种从摇篮到坟墓的方法——从原材料的加工到产品的分销。这种压力通过供应链传递下去：沃尔玛供应商向他们的供应商提供压力，等等。

14.5 创新和新产品

可持续发展需要将绿色价值观融入企业结构、程序和内部模范行为的创新实践，而环保措施不应该是企业获取利润的障碍。相反，可持续发展应该是企业繁荣的核心战略。

可持续发展不是单独的过程，它不是企业盈亏的直接计算。可持续发展改变了企业如何做的问题。任何运营模式的改变都会带来一些优点和一些缺点，不管结果是取决于执行还是新的想法。因此，最好的做法是发现可持续发展带来的经济机会，而不是实施可持续发展措施所带来的整体净经济利益。

绿色环保措施如通过提高能效和新能源的使用减少污染物的排放、自然资源和垃圾的减量化，近几年越来越流行了。有绿色环保行动的企业都获得了最大的收益，并且他们持续的有意义的投资将会持续在商业业绩和公众观念方面繁荣发展。例如，数码前线公司并没有将可持续的做法作为一种有意识的战略，以增加市场份额和利润。相反，在使用了比传统印刷机更加环保的海德堡 DI 平板印刷机之后，公司意识到了这种商业模式的潜在价值。在行业贸易展与其他展销商讨论后，公司总裁马克·斯科特才完全意识到可持续发展带来的机遇。

这一见解是该公司营销工作转型背后的动力，即强调环保措施。如今，这一营销活动仍然是公司优化可持续发展目标的动力。不像其他通过可持续发展可以降低成本的公司，数码前线公司耗费更多的成本来使用更加环保的工艺和产品，如大豆油墨以及更加持续性的设备。然而，公司仍然致力于减少碳足迹，并且将可持续发展作为公司主要的营销战略。

开发一个新产品或者是商业模式需要不断探索当前商业运行方式的各种选择，同样也需要了解企业如何用不同的可持续方式来满足顾客的需求。管理者必须学会质疑现有的模式，并采取行动开发新的交付机制。随着公司在这一方面越来越熟练，他们的经验会使新产品不仅仅面向单一市场。例如，肯特·萨瓦赫和史蒂夫·萨瓦赫尽心打造的环保产品食品服务供应商，是于 1990 年为应对新兴的环保运动而产生的。他们父子二人力图开拓一个独特定位的市场，利用可持续发展作为主要战略，通过创新获取更多利润。根据第一个商业计划，公司"同时把握客户和企业的实际和理念，这在回收和购买再生产品方面是非常关键的。"

纵观环保产品公司的生命周期，环保产品一贯的核心理念是——扩大再生产品的市场——宣传回收利用的做法。这种模式创新思路的刺激可以持续地帮助公司获取更大的市场份额，有助于形成鼓励创新和全球性思维的文化。例如，某公司将目光投向堆肥技术非常先进的亚洲，环保产品公司通过建立一个独特的品牌、降低成本和开发优势产品，由此从众多竞争中脱颖而出。将可持续发展作为灯塔，公司可以通过分公司获得更多的市场份额，埃莉的生态家商店（Ellie's Eco Home Store）给广大人群提供了多种环境友好型产品和服务。

14.6 市场营销和客户关系

中小型企业是以开发当地市场为导向的。想要给顾客最好服务和产品的愿望，虽然有时候看似是不理性和不经济的，但是却建立了企业适应力和内在价值的关联。小型企业担负不起声誉破坏和由于工艺低劣而造成的长期处于低迷的状态，所以他们尽力避免这两种情况的发生。因此，可持续发展对小企业来说具有真实的意义，通过检测许多提高盈利能力的质量提供了卓越的性能。这些企业在工作中已经融入了生活、利益和可持续的价值观。

丹佛机械商店将可持续发展作为业务运营的核心，公司通过尽可能不产生浪费来节约成本，如延长切削液的使用时间以及在晚上关闭压缩器和机器。虽然这些好的可持续发展实践是非常重要的，对丹佛机械商店来说，将可持续发展融入顾客关系中也是非常重要的。丹佛机械商店通过利用顾客关心的核心价值来推进收益增加已有100多年的历史，并且会持续这么做。由于公司在社区事务中非常活跃，通过精良的制作工艺，不断地回馈社区，并且展示了诚信度。这样的做法让丹佛机械商店在当地成为更加持久的、更加可持续的机器公司。

另一个可持续发展政策的好处是可以夯实企业声誉，有利于增加品牌价值和减少信誉风险，如吸引和维持顾客的机会、管理信誉风险的能力、品牌因致力于可持续发展获得的更高的感知价值。例如，森林城市公司（Forest City），是大型私营开发公司，于1998年，成为丹佛斯泰普尔顿社区的主要开发商，在这之后便将可持续发展融入其价值声明中，并且实施了斯泰普尔顿的可持续发展计划绿皮书。公司与斯泰普尔顿社区一起可持续发展。根据可持续发展主管梅丽莎·诺特所说，可持续发展理念贯穿了公司的所有活动，并作为一项战略，以品牌社区吸引忠实客户，并保证积极健康的公共关系。30%斯泰普尔顿社区的土地致力于开阔空间和环境友好服务，如公园设置堆肥区和回收区，建立儿童中心，使得社区房地产的需求很多。因此，直到2008年金融危机前房价都是以10%的比例逐年增长的，目前房价也维持不变，即使其他许多地区房价在不断下降。

一个主导可持续发展的企业一定会注重与投资者和利益相关者的交流。这种会影响信誉的政策必然是一直存在的。最基本的，书面的营业执照对社会来说是一个很好的凭证。例如，博尔德谷信用社（BCVU's）对可持续发展感兴趣是由于财政激励的原因。它通过安装太阳能电力系统而节约财政成本。公司将可持续发展作为一项战略，通过减少能源成本而增加投资回报。首席执行官里克·艾伦决定安装节能照明设备和窗户以及监控系统，并且在网站上展示系统产生的电量和通过新电池板的使用节约了多少能源。这些努力为信用社做了良好的宣传，并且将可持续发展作为营销信息的一部分原动力。

由于从顾客和行业得到了积极的反馈，博尔德谷信用社的可持续发展热情不断上涨，并且将其作为可信的可持续发展途径，而不是在各个行业中普遍存在的漂绿行为。信用社增加了额外的太阳能电池板，与有环保意识的群体建立伙伴关系，并开始使用环保用品。这种变化的方向并不总会降低成本，但它确实可以通过奖项和认证形式产生效益，使 BCVU 可以用有环境意识的机构标注自己，他那引以为豪的可持续性使得他在与其他金融机构的竞争中获取优势。

博尔德景色酒店一开始就坚持科罗拉多州博尔德市保持健康社会、保护环境、有趣又好客的价值观。丹·金做出了要将博尔德酒店建立成为第一个零废弃物酒店的决定，而其环境友好的成本就是已经被采纳的运营模式的成本。通过新顾客和新的收入，这些成本已经被抵消了。博尔德景色酒店在吸引有环保意识的顾客方面获得了惊人的成功。

14.7 员工关系

好的员工真的能够成为企业生存的竞争力。我们知道，员工关键的内在动力是自主性、主导性和目标性。拥有这些员工的企业需要很长的过程创造一个高性能的环境。这尤其与中小型企业息息相关。小型企业将关注中心聚焦在个人绩效上面。通过加强关系的亲密度和即时性，创造一种不让顾客和员工失望的愿景。一个真正与员工利益相关的组织创造了一个提供内在动力的氛围。

当新比利时酿酒公司傲然挺立在杰夫·莱贝什的地下室以及他的第二个家——铁路仓库时、当公司搬到当前所在地柯林斯堡市区时，公司一直都没有忘记自己的环保责任以及小型企业的意识。一开始，杰夫和他的妻子金·乔丹提出了公司有关社会和环境管理的愿望，今天已经成为现实。新比利时酿酒公司成为第一家 100% 使用风能发电的企业，不仅如此，公司不断提高效率来减少环境影响以及巩固公司基础，如热回收系统、就地水处理厂、各种酿造自动化系统。

这些可持续性的措施使新比利时酿酒公司成为一个值得工作的地方，他树立了通过可持续策略招聘成功地保留好员工的企业形象。新比利时酿酒公司也成为企业如何成长为并获利于可持续发展企业并且仍然是有趣的、创新的工作地方的典范。优秀的传递行为以及对社区导向关系质量的衡量，对于人们来说是具有真实意义的。

博尔德景色酒店的任务是保护环境和展示科罗拉多州博尔德市的价值观，社区和员工也起到了环境领导者的作用，他们每周开一次会来讨论接下来做什么来完成未来零废弃物排放的终极目标。顾客加入保护社区环境的行动中，向酒店学习如何实现零废弃物。

如今价值观真的是企业的一个重要考量。它是帮助企业发现商业机会以及员工和合作伙伴的助力。员工不只是对其工资和工作中的创新有期待，他们同样希望所工作的企业关注世界性环境问题。比如第一中肯金融网络（FAFN）公司通过合理的方式进行可持续发展的投资，在释放员工感性许诺方面有很大潜力。FAFN 向我们显示了以营利为商业模式作为企业底线是失败的，因为只机械性地赚钱并没有使企业获得真正意义上的信任。其失败的原因是公司的意义没有实质基础，也没有使员工的承诺植根于价值观。

FAFN 自成立以来，一直致力于社会责任投资。长期以来，公司利用可持续发展的创新产品营利，他们关注于投资者慈善和盈利的需求。公司在这个细分市场经营的少数几家公司中，占有独特地位。公司致力于社会和环境可持续发展，为其在行业中建立一个好的声望。可持续发展不仅仅是这一特定市场刺激利润的转折点，也是一个有价值的招聘工具。公司基本的任务是吸引求职者，FAFN 在同行中最好的求职者之中选择，降低了招聘成本，提高了生产效率。

表 14-1 列举了可持续发展战略的驱动力。

表 14-1　可持续发展战略的驱动力

项目	监管和降低成本	创新和新产品	市场营销和消费者关系	员工关系
环保产品公司		首要	次要	
巴雷特建筑设计工作室		首要	次要	次要
森林城市公司		首要		次要
博尔德社区医院	首要		次要	次要
数码前线公司		首要	次要	
博尔德谷信用社	首要		次要	次要
新比利时酿酒公司	次要			首要

续表

项目	监管和降低成本	创新和新产品	市场营销和消费者关系	员工关系
绝对回收专家	首要	次要		
丹佛机械商店	次要		首要	
博尔德景色酒店	次要		首要	
第一中肯金融网络公司		次要	首要	

14.8 中小企业未来的前进方向

无论一个企业是否想要拯救世界，中小企业是有很多好的原因来跟进可持续发展计划的。由之前几章描述的以及本章总结的可以给中小型企业带来价值和利益的最主要的四种可持续发展战略总结如下：由博尔德社区医院和绝对回收专家举例说明的通过保护和遵守法规带来的成本降低；由环保产品和数码前线公司举例说明的新产品研发；由丹佛机械商店、森林城市公司和博尔德谷信用社举例说明的需要将顾客和企业客户的兴趣向可持续发展方向做出行为和态度方面的改变；由新比利时酿酒公司和第一中肯金融网络公司举例说明的努力工作的顶尖员工的需求。

我们的研究让我们能够坚定很多有关商业可持续发展举措的信念，但是我们也学习到了一些新的东西。例如，我们惊奇地发现，导致小企业开始走上可持续发展道路的因素有很多。正如我们所想，往往是企业主或者创始人个人的人生观——不仅通过生意赚钱还希望造福于地球、社会和本地社区——导致的可持续发展。正是这种本地社区的观念，使得中小型企业的可持续发展实践与大型非社区型企业采取的可持续发展举措区别开。其他的，一个可持续的商业模式源于严峻的环境管理问题，这威胁到了企业的生存，或许需要通过设计环境友好和对社会负责的品牌和新产品来摆脱市场的威胁。在博尔德社区医院案例中，两个中层员工（护士）开创了可持续发展的先例。

在几乎所有的案例中，我们发现企业都是以小型的、典型的、便宜的创举开始可持续发展旅程的，当他们获得了一些重大的成功并意识到这可以获利之后，便采用更加雄心勃勃的措施，即使是一个非常小的企业。我们也能确认，可持续发展像保持环保一样与保留人力资源和员工关系有关。所有企业家都意识到他们可以将可持续发展作为建立强大、多产的环境的重心，这样可以吸引那些在追求薪资之外会做出额外贡献的员工。此外，我们也发现这些特定企业的领导都对企业可持续发展做出的努力有着强烈的自豪感,这不仅仅是因为他们认为所付出的努力给他们带来了成功的商业模式,还因为他们感觉自己的运营真正为社区和社会的幸福和福利做出了贡献。他们不仅仅愿意分享他们小产业可持续发展的想法和观念,还面向公众展示自己有教育意义的努力。

总之,大部分的中小型企业由于各自环境和社会目标不同,对可持续发展的定义也不同。面向企业的可持续发展政策的特殊形式不可避免地由不同驱动力、需求和价值观确定。幸运的是,中小型企业几乎不需要建立一个明确的、新的价值观。但是他们需要在已经存在的环境、区域、员工和顾客中去实践。因此,社会和环境的创新不应该是阻碍中小型企业获利的举措,反而应该变成公司获取财富的价值和策略。

小　结

(1) 大型和小型企业都需要比过去承担更多的社会责任,如产品安全、产品和服务的质量保证、商业道德、安全和健康的工作环境、公平交易、负责任的市场营销和沟通、利益相关者的参与度、透明度以及行为道德准则。

(2) 有相同信仰和未来预期的债券企业家选择了发挥他们商业价值的地点,而不是为了扩大规模。因此,对那些小型企业来说,可持续发展提供了用关系质量衡量的盈利能力以及卓越的行为。

(3) 所有企业家都意识到他们可以将可持续发展作为建立强大、多产的环境的重心,这样可以吸引那些在追求薪资之外会做出额外贡献的员工。

(4) 面向企业的可持续发展政策的特殊形式不可避免地由不同驱动力、需求和价值观确定。幸运的是,中小型企业几乎不需要建立一个明确的、新的价值观……因此,社会和环境的创新……应该变成公司获取财富的价值和策略。

参考文献

Economist Intelligence Unit, "Doing Good: Business and the Sustainability Challenge." The Economist, 2008, pp. 1-52 (sponsored by A. T. Kearney, Bank of America, Orange, Jones Lang LaSalle, PricewaterhouseCoopers, SAP and ExxonMobil, SunGard), http:// a330. g. akamai. net/7/330/25828/20080208191823/graphics. eiu. com/upload/Sustainability allsponsors. pdf.

Economist Intelligence Unit, *EIU Mediadirectory Summary*, The Link between Sustainability and Profits Remains Unclear to Businesses in the Short

Term, According to New Research, February 8, 2010, p. 1, http://www.eiuresources.com/mediadir/default.asp? PR=2010020801.

Edelman, *Edelman Trust Barometer*, 2008, http://www.edelman.com/TRUST/2008/TrustBarometer08 FINAL.pdf.

Environmental Leader, "Sustainable Companies Outperform Peers during Financial Crisis," *Environmental Leader.Com*, February 11, 2009, p. 1, http://www.environmentalleader.com/2009/02/11/sustainable-companies-outperform-peers-during-financial-crisis/.

名词解释

经济适用居住：开发多样的、负担得起的住房产品，包括平均收入以下的家庭可以负担得起的住房。

阿斯本研究所的超越灰色地带：阿斯本研究所是一个非营利机构，致力于推广以价值观为基础的领导，鼓励个人表达自己的梦想、观点，以及探讨批判性问题。超越灰色地带鼓励社会环境管理者在工商管理硕士（MBA）学校学习和研究。MBA 有关学生社会环境管理方面准备的项目是举世闻名的（参考：http://www.beyondgreypinstripes.org/index.cfm）。

平衡计分卡：一个企业的报告不仅仅要包括公司是如何依据利润（财政方面）运营的，还应该包括对人群的关注（社会方面），以及公司对地球的影响（环境方面），一般被记录为经济、环境和公平层面。

巴塞尔行动网络（BAN）：是一个非营利的慈善机构、监察部门以及教育机构，他们的使命是打击全球化的有毒化学品危机，包括工业国家向发展中国家出口有毒垃圾、技术和有毒产品（参考：http://www.ban.org）。

可生物降解产品研究所（BPI）：是一个非营利的协会，由重点个人，以及来自政府、工业界和学术界的群体组成。BPI 致力于使用和回收来自市政和住户的可堆肥材料，以及提供发现堆肥的信息和资源。BPI 有一个可堆肥标签方案，目的是让厂商、议会议员和消费者学习生物可降解材料的科学标准和其他服务（参考：http://www.bpiworld.org）。

棕色地块：将被遗弃的工业或者商业设施重新开发、另作他用，再被重新使用之前需要对旧环境进行清理。

碳排放限额与交易：交易排放权以减少污染，因此需要经济激励政策支持。由政府或者核心权威组织提供一个污染物排放量的限额或者限值，允许有充足、等价于限额或者信贷的企业发行分配的排放许可权（不可超过限值）。当企业需要扩大自己排放限额的时候，企业可以从其他排放污染少的企业购买信贷，信贷可以通过碳交换的形式购买，如芝加哥气候交易所（www.chicagoclimatex.com）和其他联合交易所（有关历史权限和不同国家交易系统的细节方面，请参考 http://en.wikipedia.org/wiki/Emissions_trading，有关碳交易的调查请参考 http://www.exchange-handbook.com）。

碳足迹：根据发电和运输所需化石燃料排放温室气体的数量来衡量个人或者企业对环境的影响。一级碳足迹向我们展示了这些活动（参考第一类排放，由公司控制和举办的活动）中 CO_2 的直接排放量。二级碳足迹包括以使用的所有生活产品（参考第二类排放，如从公用事业公司购买的电力；第三类排放，如出差、员工上班搭乘的交通工具、外包工具和垃圾处理）为基础的间接 CO_2 排放量。

Carbonfund.org：是一个以向零碳世界转变为使命的非营利组织，致力于让个人、企业和其他组织机构能够容易地减少和抵消他们的碳影响，并且在未来通过气候变化教育、碳抵消和减少、碳核算和清单、大小企业的协作关系以及公众教育方面的延伸等，逐渐将能源转变为清洁能源（参考：http://carbonfund.org）。

碳补偿：是一个以减少温室气体排放量为目的的金融机构，一单位碳补偿的量等于减少一吨二氧化碳排放量，或者是等量的温室气体。目前存在两种市场：一种是合规性市场，企业可以通过购买碳补偿来避免超出规定碳排放量的上限，另一种是小规模的自愿减排市场，通过购买碳补偿来减少公司温室气体的直接和间接排放。一些企业销售（追加销售）碳补偿，一些企业向其他公司提供碳足迹核算和购买碳补偿的服务，包括减少温室气体排放项目的金融支持（参考：http://en.wikipedia.org/wiki/Carbon_offset for a detailed discussion）。

阴极射线管（CRTs）：阴极射线管用于电脑主机、电视机和其他电子设备中，由含有大量铅的厚玻璃制成，用以保护人们不受辐射的伤害。由于 CRTs 中含有大量的铅而很难被回收。

芝加哥气候交易所（CCX）：是一个金融机构，通过芝加哥气候交易所和芝加哥气候期货交易所（CCFE）的金融创新和鼓励机制来实现社会、环境和经济目标。CCX 是北美仅有的包含所有六种温室气体的限额和贸易系统，与世界联通，拥有全球性的项目。CCFE 是衍生交易所，它提供与排放许可和其他环境产品有关的标准、明确的期货和交易权（参考：http://www.chicagoclimatex.com）。

清洁技术：是一种开发和更好利用世界资源的技术。清洁技术意味着产品和服务的多样性，意味着低成本高性能运营的同时，减少、削减生态影响，提高自然资源的效率和生产率（参考第 1 章和 http://cleantech.com/about/cleantechdefinition.cfm）。

气候保护协会评估：由气候保护协会进行的生命周期评价（LCA），由大学、企业、工程专家和研究生组成，致力于开发以温室气体排放量为中心的LCA标准（参考：http://www.climateconservancy.org）。

气候领袖小型企业网络：一个由美国环境保护署赞助的小企业领袖联合，致力于核算、建立和实现减少他们温室气体排放量的目标。这一网络为成员提供培训、最好的实践以及公众认可他们成绩的机会。一个小企业的构成条件是每年的税收不超过2亿美元，每年购买的电力不超过1500万千瓦时，每年用于交通的燃料不超过100万加仑，每年使用不超过 2×10^9 J 的天然气（参考：http://www.epa.gov/stateply/smallbiz/smallbiznetwork.html）。

气候注册：是一个提供核算和报告温室气体清单导则的组织（www.theclimateregistry.org）。

紧凑型荧光灯灯泡（CFL）：是一种省电且寿命长的节能灯。因为CFL中含有汞，因此其废弃物很难处理。

连通度：在设计住宅开发的背景下，连通度是指容易进出以及多样的交通（参考第四章）。

责任经济联合组织（CORE）：是科罗拉多州丹佛市组织的非营利的企业联盟，致力于帮助中小企业学习如何通过可持续商业策略的竞争优势获得收益。

企业社会责任/可持续发展报告：一份面向利益相关者（股东、员工、顾客、监管者等）的报告，涉及公司为保护环境、减少环境负面影响和造福社会所采取的措施。

邻苯二甲酸二（2-乙基己基）酯（DEHP）：用于静脉注射袋和注射管（以及其他医院用途）的聚氯乙烯软化剂。通过特定的医疗过程，一些人可以暴露于一定浓度的DEHP［邻苯二甲酸二(2-乙基己基)酯］中，不同的化学形式会给实验动物带来不同的影响。

生态循环公司：是科罗拉多州博尔德市的一个非营利公司，向企业、个人和社区提供有关回收、零废物检定方面的援助和专家意见，使他们成为零废物的实体（参考：http://www.ecocyle.org）。

环境友好产品：是一种对环境负责的产品——对环境和人体有益。如无毒的、可回收的、自然的、有机的、无污染的、产生少量或者不产生废弃物的产品，并且在生产产品和产品使用过程中都几乎是无害的。

合理布局：在建筑学中，当各种规模的住宅和混合用途的建筑形成了复杂多样的层次时，便形成了社区的一致性和多样性。合理布局就允许服务和设施为主要的住宅社区提供参考（第 4 章）。

能源之星：一个政府支持的项目，帮助企业和个人减少他们的能源消耗，并且通过使用高能源效率的产品来保护环境（参考：http://www.energystar.gov）。其产品依据能源效率排名向公众供应。除此之外，能源之星的能源效率的排名经常包括一些绿色建筑标准，如美国绿色建筑评估体系（LEED 认证）。能源之星项目也开发了商业、公共设施建筑和生产设施的能效排名系统（参考：http://en.wikipedia.org/wiki/Energy_Star#Energy_Performance_Ratings）。

环境管理系统（EMS）：企业为减少环境影响和提高运营效率所采取的一系列实践和程序（参考：http://www.epa.gov/ems）。

环境保护署（EPA）：是美国的政府机构，致力于保护人类健康和人类赖以生存的自然环境安全，包括通过立法来教育人类保护环境（http://www.epa.gov）。

赤道原则：是在大型国际银行和金融机构之间达成的有关环境标准和贷款原则的协议。赤道原则包括给发展中国家贷款来解决社会和环境问题，以及给环境评估提供贷款。

欧洲气候交易所（ECX）：是欧洲和国际二氧化碳排放量交易的领先市场，有两种碳信用额交易：欧盟津贴和核证减排量（参考：http://www.ecx.eu）。

电子垃圾处理：对电子产品的处理，如电脑、显示屏、电视、传真机、复印机、电话和电缆这些如果不进行适当处理和回收就会对环境有害的电子垃圾。

全球报告倡议组织（GRI）：依据协议报告经济、社会和环境指标的组织，并且要解释每个指标、方法、设定指标的意图，以及制定特定行业的补充指标。（http://www.globalreporting.org）。

温室气体（GHGs）：是使空气变暖的气体。温室气体中的一部分二氧化碳是自然界排放的，而其他的温室气体也包括二氧化碳是由于人类活动产生的，如化石燃料的燃烧、固体垃圾和其他化学反应；生产和运输煤、天然气和石油过程中产生的甲烷；由农业和工业活动产生的氧化亚氮；以及由于不同工业活动产生的含氟气体（参考：http://www.epa.gov/climatechange/emissions/index.html 和 http://www.greenhousegasemissions.com）。

温室气体清单：记录了一年或者一段特定时间产生的各种温室气体的量，清单中还需要描述产生温室气体的活动以及计算排放量的方法（参考：http://www.epa.gov/climatechange/emissions/index.html）。

温室气体协议（GGP）：提供碳排放清单报告的计算方法（参考：http://

www.ghgprotocol.org）。

绿色经济：提供绿领工作来给环境带来效益，如开发减少垃圾、促进可持续发展的新型环境友好型能源和产品。美国绿色经济创新组织帮助政府发展绿色经济，如发展清洁技术、可再生能源、城市水务、绿色交通、垃圾管理、绿色建筑和可持续发展的林业和农业；减少温室气体排放、减少使用和开发自然资源、减少垃圾和社会的不平等（参考：http://www.unep.org/greeneconomy）。

丹佛市绿色足迹：是美国市长气候保护协议的一部分，通过政府和社区自己的努力和教育为公众提供减少全球气候变暖影响方面的信息。目标是达到或超过联合国《京都议定书》提出的目标（参考：http://www.greenprintdenver.org）。

绿色供应链：致力于可持续发展实践并且能够达到企业绿色目标的供应商。绿色供应链实践包括远程办公、减少包装、使用再生产品、减少纸张，通过信息技术优化提高运行效率、降低运营成本，通过交通管理系统优化货物运输、减少散货拼车运输，使用高效加热、冷却机器和其他地球友好技术（参考：http://www.greensupplychain.com）。

漂绿：公司通过一个组织的宣传提高自己在环境方面的声望，而实际上企业并没有采取环境友好活动。

利用太阳组织：是一个农业方面的概念，正在研究提供怎样的保护设施才能使地区的任何地方都可以利用太阳能，包括考虑周到的场地规划和太阳能挡板，来获取更多采光和太阳能（参考第4章）。

美国废料回收工业协会（ISRI）：是一个加工、转让、购买废旧商品的企业联盟，为环境管理和经济增长保持平衡提出了可持续性的解决方法（参考：http://www.isri.org）。

国际标准化组织（ISO）：该组织建立环境管理标准，以及确保企业达到标准。ISO还基于现有的产品生命周期的信息，去帮助企业评估环境问题。

ISO 14000：是一系列环境管理和核算的加工标准，并且这一系列标准还在不断地被国际标准化组织（ISO）改进，ISO 14000已经成为环保认证的国际标准了（参考：http://www.iso14000-iso14001-environmental-managemen.com/一个有关于不同ISO 14000标准的讨论）。

ISO 26000：是面向所有规模企业的自愿型导则，ISO 26000是2010年由国际标准化组织起草的，向中小型企业提供与社会责任、原则、实践、主要观点和问题与的概念、定义、依据，并且提供与社会负责行为有关的集中、执行和发展方面的建议（参考：http://www.iso.org的细节信息）。

LEED 标准：建筑 LEED 标准包括咨询费用，为致力于投资建筑领域以领导未来能源节约的美国绿色建筑委员会工作。LEED 是国际认可的绿色建筑认证系统，它提供第三方核算使建筑或者社区通过使用策略度量能源节约、提高水耗效率、减少二氧化碳排放量、提高室内环境质量、加强资源管理和冲击敏感性以提高自己的性能（参考：http://www.usgbc.org/DisplayPage.aspx?CMSPageID=1988）。

生命周期分析（LCA）：对产品全方面影响的细节分析，包括对传统批发和零售的考虑、对生产产品的原材料的供应链和运输的分析。LCA 涉及产品生产过程对环境和社会影响的衡量，它允许管理者通过分析 LCA 的结果来发现任何可以减少环境影响的产品设计或者程序。从摇篮到坟墓：产品的生命周期分析的是从产品的生产到一个产品使用结束的全过程。从门到门：生命周期分析希望能够达到在产品废弃的时候重新加以利用的目的。从摇篮到摇篮：产品的生命周期分析是产品价值增加的研究工作。从油井到燃料：是对产品运输的生命周期分析（参考第 2 章）。

发光二极管（LED）：一种使用二极管的节能灯，它们是电子组件，允许电力仅在一个方向通过，通过电力发射光，类似于灯泡。

居住社区：设计成为可以建设环境、栽培食品以及有大片优良开阔空间的相互关联的社区系统（参考第 4 章）。

永久培养：对农业、住宅小区、城市、区域和其他人类居住系统的设计，使其模仿自然界中的生态关系。

PVC：在家居装饰、包装、玩具、汽车配件、建筑材料和医疗用品中使用的聚氯乙烯塑料。PVC 是对环境最有害的一种塑料之一，它在其全生命周期中都是对人体和环境有害的，PVC 具有毒性。

回收利用：通过将它们转化成新产品防止有用的材料浪费；减少对稀有金属和能源的消耗，减少污染；减少温室气体的排放。

减量化、再利用、再循环：帮助减少人类活动的环境影响和自然资源浪费的 3R 原则。

可再生选择能源公司：一个位于科罗拉多州博尔德市的公司，与其他公司一起核算温室气体的排放总量，并且购买相应数量的碳减排量，商品出售给美国甲烷回收融资项目。

资源意识：恪守所需能源标准中对能源减量使用的承诺，如 50%（参考第 4 章）。

社会责任投资：又被称作道德意识投资或者社会意识投资，旨在同时将财务回报和社会利益最大化的投资战略，包括环境管理和其他社会目标（历史细节和讨论请参考：http://en.wikipedia.org/wiki/Socially_responsible_investing）。

可持续发展系统：是一个可以满足当前和未来需求同时不伤害可再生资源和独特的人类环境（空气、土地、水、能源、矿产资源、人类生态系统和其他可持续发展系统）的系统（参考第1章）。

可持续发展管理体系：所有有关付出努力的方法、建立底线以及通过一个组织创造和发现的可持续发展行为（参考，例如一个有关博尔德谷学区的讨论：http://www.bvsd.org/green/Pages/sms.aspx）。

3P原则：人类、地球和利润（或者其他指代繁荣的词语）关系原则，不仅关注利益，还关注减少企业环境影响使地球重新获得自净能力，通过环境、社会和经济和谐的关系建立一个理想社会，使地球环境可持续发展（详细概念和努力参考：http://www.ricoh.com/environment/management/earth.html）。

TIF：税收增量融资是一种公共融资，向社区或者乡村提供社会发展项目的经济补贴。公共融资（如市、州或国家政府）的实质是因为这样的观点才提供补贴的，即一旦开发完成，房地产价值的增长是由于税收的增加。通过税收增量融资，税收增加也反过来为项目补偿第一次债务（参考：http://en.wikipedia.org/wiki/Tax_Increment_financing 和 http://www.lincolninst.edu/pubs/1078_Tax-Increment-Financing）。

美国绿色建筑委员会：是一个非营利组织和精英团体，他们致力于绿色建筑的开发，建立了LEED认证体系，并且提供教育和资源（参考：http://www.usgbc.org）。

验证减排：出售给美国融资甲烷抵消项目的一件商品。

零碳足迹：通过可持续管理（回收、太阳能、堆肥和其他措施）和购买碳补偿抵消仍然存在的碳排放，来减少碳足迹。

零废物：是一种鼓励在产品生命周期中重新设计产生新产品的概念，使得产品不断被重新利用（详细讨论请参考：http://en.wikipedia.org/wiki/Zero_waste）。

关于作者和撰稿人

关于作者

FRED ANDREAS，美国建筑师协会（AIA），LEED 认证专家（LEED AP），是科罗拉多州注册的首席建筑师；是国家认可的建筑师，美国建筑注册登记委员会（NCARB）的 LEED 认证专家（LEED AP）；在科罗拉多丹佛大学担任助理教授，并且在生态、可持续和美国绿色设计方面拥有 30 多年的经验。

ELIZABETH S. COOPERMAN 是金融和创业学教授，目前担任科罗拉多丹佛大学的商学院工商管理硕士课程主任。

BLAIR GIFFORD 是科罗拉多丹佛大学商业和公共健康学院国际健康管理专业的助理教授，也是耶鲁大学全球健康计划的高级讲师。2009 年 10 月，他获得了新世纪的学者/富布赖特（海地）称号。

GRAHAM RUSSELL 曾是科罗拉多州可持续发展商业协会责任经济联合组织（CORE）的执行董事，目前是科罗拉多州丹佛市的可持续发展顾问。

关于撰稿人

STEPHEN R. BERNARD 是在航空航天和电信行业方面拥有超过 20 年有关可持续发展经验的环境工程师和管理者，目前正在完成可持续发展工商管理硕士学位。

KENNETH BETTENHAUSEN 是一名管理学助理教授，目前在科罗拉多丹佛大学商学院管理项目担任主任。

ELIZABETH R. BROST 是一名创业顾问，并且目前是科罗拉多丹佛大学的工商管理专业的硕士生。

CLAY CHASE 是科罗拉多州丹佛大学建筑学的学生。

JAMIE M. DANDAR 拥有美国科罗拉多州丹佛大学商业管理专业在创业方面的硕士学位，是卡梅隆-科尔有限责任公司的业务发展总监，卡梅隆-科尔有限责任公司是一个有关于可持续发展、社会责任和气候变化/温室气体管理的咨询公司。

　　SHAREN A. DURST-ALDRIDGE 是一名基督徒，四个孩子的母亲，她是科罗拉多州丹佛大学建筑与规划学院建筑学的硕士研究生。

　　BECKY ENGLISH 是一位丹佛市可持续发展顾问，专门开发和记录企业社会责任措施。

　　NATASHA GLEICHMANN 是科罗拉多州丹佛大学的工商管理学的硕士研究生。

　　PAMELA GOODRICH-YOHE 是科罗拉多州丹佛大学建筑学硕士毕业生。

　　ROBIN GROPPI 是空间事项（SPACEmatters）项目管理公司的业务经理，并于最近获得了科罗拉多丹佛大学建筑和城市设计专业的硕士学位。

　　DAVID JACOBS 是科罗拉多州丹佛大学建筑学学生。

　　ELIZABETH LONG 拥有科罗拉多州丹佛大学工商管理硕士学位，在科罗拉多州丹佛市一个可持续发展公司任业务顾问。

　　LIZ LOWRY 是科罗拉多博尔德大学的一名毕业生。

　　CLINT MCCARVER 是科罗拉多博尔德大学的一名毕业生。

　　K. J. MCCORRY 就职于科罗拉多州博尔德市生态效率、可持续发展咨询公司，与中小型企业一起开发可持续发展项目。她是责任经济联盟的总裁，并且是可持续发展专业人员国际协会的董事。

　　JENNIFER MICH 是普洛斯的一名企业责任分析师。她拥有美国科罗拉多州丹佛大学工商管理学士学位和市场营销理学硕士学位。

　　MARIBETH NEELIS 是科罗拉多丹佛大学企业管理健康管理项目的毕业生。

　　CARRIE YASEMIN PAYKOC 拥有生物科学学士学位、工商管理健康管理硕士学位和科罗拉多州丹佛大学的可持续发展管理硕士学位。目前，她在水星医疗保健公司工作，并且是全球健康协会现任执行董事。

　　MARIA ELENA PRICE 是科罗拉多博尔德大学的一名毕业生。

　　ALAN ROMERO 是科罗拉多州丹佛大学的卫生行政工商管理学硕士毕业生。

　　SARAH E. THOMPSON 拥有科罗拉多州丹佛大学工商管理可持续发展管理硕士学位和管理学硕士学位，目前教授科罗拉多州的野外生存和远足技能课程。

　　CHRISTOPHER THORP，美国建筑师协会非正式会员（ASSOC. AIA），LEED 认证专家（LEED AP），拥有科罗拉多州大学建筑与规划学院建筑硕士学位，现在是科罗拉多州博尔德市 Arcadea 建筑的合伙人。